高等院校"十四五"应用型经管类专业精品教材
省级一流课程人力资源管理配套教材

劳动关系管理

主　编　吴士文　周　奕　黄俊发

东南大学出版社
·南京·

内 容 简 介

本教材为校企合作精品教材,立足于高等教育应用型教学改革的实际需求,以战略劳动关系管理为主线,突破了一般劳动关系管理类教材按劳、资、政三个方面进行编排的传统方式,创造性地按人力资源管理流程或职能来构建劳动关系管理的主体内容,丰富了劳动关系管理的理论框架与思考逻辑。本教材共十章,分为基础篇、实务篇和调控篇三篇,按招聘、培训、绩效、薪酬、职业生涯管理、规章制度、劳动合同管理、员工参与管理、劳动争议处理等来具体编排,其内容既重理论体系,又讲实操方法,更有最新发展,所以有较高的参考价值。为了突出其应用性、专业性和创新性特点,书中融入了较多一线劳动关系管理中的小案例,重点章节后面还附了最新的劳动用工政策与校企合作案例。本书既可作为高等院校相关专业的教材,也可作为人力资源管理和劳动关系管理从业人员的参考书。

图书在版编目(CIP)数据

劳动关系管理 / 吴士文,周奕,黄俊发主编. — 南京:东南大学出版社,2023.9
ISBN 978-7-5766-0853-3

Ⅰ.①劳… Ⅱ.①吴…②周…③黄… Ⅲ.①劳动关系-管理 Ⅳ.①F246

中国国家版本馆 CIP 数据核字(2023)第 161517 号

责任编辑:徐潇　责任校对:周菊　封面设计:顾晓阳　责任印制:周荣虎

劳动关系管理
Laodong Guanxi Guanli

主　　编	吴士文　周　奕　黄俊发
出版发行	东南大学出版社
出 版 人	白云飞
社　　址	南京市四牌楼2号　邮编:210096
网　　址	http://www.seupress.com
经　　销	全国各地新华书店
排　　版	南京私书坊文化传播有限公司
印　　刷	南京玉河印刷厂
开　　本	787 mm×1092 mm　1/16
印　　张	15.75
字　　数	370千
版　　次	2023年9月第1版
印　　次	2023年9月第1次印刷
书　　号	ISBN 978-7-5766-0853-3
定　　价	56.00元

本社图书若有印装质量问题,请直接与营销部调换。电话(传真):025-83791830

编委会

主　编　吴士文　周　奕　黄俊发（企业）

副主编　左晓娟　李　燕　李　觉

编　委　迟　妍　何清华　邓丹凤

　　　　　王　欢　刘滨睿

前言

应用型高校是深化产教融合改革的重要试验田,因此需要进行深度的校企合作、行业协作和强化实践教学,主动对接企业的转型升级和管理创新。人力资源管理是企业管理的重器,其中的劳动关系管理是用工单位管理链条上的核心环节,新形势下更是越来越向管理链条的首要位置发展,所以,必须加强劳动关系管理。

随着社会经济结构的优化调整和企业的转型升级,加之受新冠疫情影响及经济下行冲击,企业用工用人环境发生了剧烈变化,因此劳动关系管理迎来了更加复杂、棘手的局面。这既是挑战,更是机遇,因而有必要将一般劳动关系管理向战略劳动关系管理转变,为构建具有中国特色的和谐劳动关系与和谐社会添砖加瓦。

基于以上考虑,同时也为了满足更具针对性的应用型教学的迫切需要,我们组织了一批既有理论水平又有丰富人力资源管理经验的师资力量,并邀请在知名企业长期从事劳动关系管理的资深高管,编写了这本具有校企合作特色的《劳动关系管理》教材。本教材站在马克思主义科学劳动理论立场,从劳动关系管理实践出发,突出劳动关系的新发展、新变化、新问题及新对策,以战略劳动关系管理为主线,突破了一般劳动关系管理类教材按劳、资、政三个方面进行编排的传统方式,创造性地按人力资源管理流程来构建劳动关系管理的主体内容,以期丰富其理论框架与思考逻辑。为适应当前我国民族企业在"走出去"和共建"一带一路"过程中调处劳资关系的需要,我们还增加了国际劳动关系管理的部分内容。

本教材为校企合作精品教材,共十章,分为基础篇、实务篇和调控篇三篇,其整体内容既讲理论体系,又讲实操方法,更有最新发展,对应了企业人力资源管理的职能实践过程,所以有较高的参考价值与实用价值。为了突出其应用性、专业性、情境性和创新性特点,我们在每章章首设置了"引导案例",在篇中融入了许多一线劳动关系管理中的小案例,重点章节后面还附了一些最新的劳动用工政策与校企合作案例。

本书既可作为高等院校、大中专及职工大学相关专业的教材,也可作为人力资源管理和劳动关系管理专业从业人员的参考书。

本书由吴士文、周奕和黄俊发(企业)担任主编,左晓娟、李燕、李觉担任副主编,迟妍、何清华、邓丹凤、王欢、刘滨睿任编委。其中,吴士文负责编写前言、第三章、每章的知识结构图和引导案例、参考文献,周奕负责编写第一章的第一节和第六章,黄俊发负责编写第十章,左晓娟负责编写第一章的第二、三节以及第四章、第五章,迟妍负责编写第七章,李燕负责编写第八章,李觉负责编写第二章和第九章,何清华负责章尾的案例与政策及文字润色。最后,全书由吴士文、周奕进行文字、内容的质量把关和统稿、顺稿、润稿。

感谢刘滨睿、王欢两位老师的后期参与,并不辞辛劳地对有关内容和图表进行修改、补充与完善,感谢邓丹凤老师精心提供的教辅资料,还要感谢我们的学生杨媚、刘曦、王思颖、谭杨等同学在图表编绘、输入和文字校对等方面所作的贡献。

本书在编写过程中参考和吸收了相关教材、著作、论文等文献资料,并引用了一些材料与观点,在此,我们将这些文献目录列于书后,并向所有文献作者深致谢意和敬意!

因编者水平有限,书中肯定还有不足和错误之处,敬请有关专家和读者批评指正。

编者

2023 年 7 月

目 录

第一篇　基础篇

第一章　劳动关系管理概述　002
- 引导案例　没有签订劳动合同存在劳动关系吗？　003
- 第一节　劳动关系概述　003
- 第二节　劳动关系管理简述　014
- 第三节　战略劳动关系管理　024

第二章　劳动关系的历史演进与发展趋势　029
- 引导案例　如何认定网约货车司机与平台企业之间是否存在劳动关系？　030
- 第一节　早期工业化时代的劳动关系　031
- 第二节　管理时代的劳动关系　033
- 第三节　制度化时代的劳动关系　035
- 第四节　现代劳动关系管理的成熟　037
- 第五节　劳动关系管理的发展趋势　040

第二篇　实务篇

第三章　招聘中的劳动关系管理　052
- 引导案例　李某某与重庆漫咖文化传播有限公司劳动争议纠纷案　053
- 第一节　招聘主体资格的认定　053
- 第二节　劳动者的主体资格认定　057
- 第三节　招聘过程中的劳动关系管理　061

第四章　企业组织架构与规章制度	086
引导案例　用人单位未按规章制度履行加班审批手续,能否认定劳动者加班事实？	087
第一节　企业组织架构设计	087
第二节　企业规章制度概论	090

第五章　培训中的劳动关系管理	100
引导案例　华为员工培训与开发	101
第一节　培训中的劳动关系管理概述	101
第二节　培训中的战略劳动关系管理	106

第六章　职业生涯管理中的劳动关系管理	111
引导案例　电信企业分公司职业生涯管理迫在眉睫	112
第一节　职业生涯规划概述	113
第二节　组织职业生涯管理概述	125
第三节　职位管理概述	130

第七章　绩效与薪酬管理中的劳动关系管理	137
引导案例　因"考核不合格"解聘员工	138
第一节　绩效考核和薪酬管理制度设计原则	138
第二节　共赢的绩效考核制度	142
第三节　基于战略劳动关系管理的薪酬管理	149

第三篇　调控篇

第八章　劳动合同管理	158
引导案例　网约货车司机与平台企业之间是否存在劳动关系？	159
第一节　劳动合同法概述	160
第二节　劳动合同的订立	164
第三节　劳动合同的履行和变更	172
第四节　劳动合同的解除与终止	174
第五节　特殊用工形式	179
第六节　法律责任	183

第九章　员工参与管理　　191
引导案例　华为员工持股:是投资分红还是薪酬激励?　　192
第一节　员工参与概述　　193
第二节　员工参与的形式　　199

第十章　劳动争议处理　　205
引导案例　昝某能恢复与用人单位的劳动关系吗?　　206
第一节　劳动争议概述　　206
第二节　劳动争议处理机制　　210
第三节　劳动争议协商制度　　216
第四节　劳动争议调解制度　　219
第五节　劳动争议仲裁制度　　222
第六节　劳动争议诉讼制度　　230

参考文献　　238

第一篇 基础篇

第一章
劳动关系管理概述

知识结构图

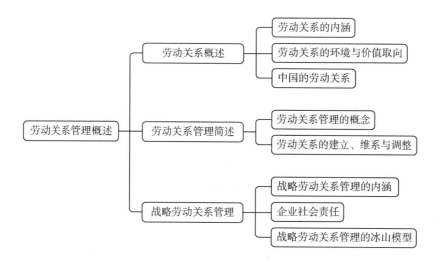

学习要点

- ❖ 劳动关系的内涵
- ❖ 劳动关系的主体
- ❖ 劳动关系的类型
- ❖ 劳动关系的实质
- ❖ 构建中国特色的劳动关系
- ❖ 劳动关系管理的内涵
- ❖ 劳动关系管理的主要内容
- ❖ 劳动关系管理的目标
- ❖ 劳动关系的调整模式
- ❖ 战略劳动关系管理的内涵与特点
- ❖ 战略劳动关系管理的冰山模型

学习目标

通过本章的学习,首先要理解劳动关系的概念和特征,了解其基本理论,其次要掌握劳动关系管理的概念,清楚劳动关系的建立、维系与调整的方法,最后要理解战略劳动关系管理的内涵、企业社会责任与战略劳动关系管理的冰山模型。

引导案例

没有签订劳动合同存在劳动关系吗?

李某就职于某公司,但是劳资双方一直没有签订劳动合同。2019年9月6日,李某驾车运货到公司客户处,在卸货时因货物塌落而被砸伤。李某要求工伤待遇,公司则否认李某是其职工。由于缺乏劳动关系的证据,李某的工伤认定申请未被劳动部门接受。无奈之下,李某提起劳动仲裁确认双方存在劳动关系。劳动仲裁过程中,李某提供了如下证据:送货单二张,上面盖有"企业业务专用章";出入证,工作单位为该企业;证人证言,证明李某在该企业从事驾驶员工作;银行工资发放记录。

本案中李某最终胜诉。在本案中,劳动者李某如果仅仅提供送货单、出入证、证人证言等其中的一个证据,肯定无法说明双方存在劳动关系。但是众多的间接证据构成的逻辑严密的证据链证明了双方存在事实劳动关系。

(资料来源:华律网《劳动关系认定的案例分析》)

第一节 劳动关系概述

一、劳动关系的内涵

(一) 劳动关系的概念

劳动过程的实现,必须以劳动力和生产资料两个要素相结合为前提。或者说,劳动过程就是劳动力和生产资料两个要素的动态结合过程。在劳动力和生产资料分别归属于不同主体的社会条件下,只有这两种主体之间形成劳动力与生产资料相结合的社会关系,劳动过程才能够实现。

因此,我们可以这样界定劳动关系。从广义上讲,劳动关系是指人们在劳动过程中发生的一切关系,包括劳动力的使用关系、劳动管理关系、劳动服务关系等。劳动者与任何性质的用人单位之间因从事劳动而结成的社会关系,都属于劳动关系的范畴。从狭义上讲,现实经济生活中的劳动关系是指按照国家劳动法律法规规范的劳动法律关系,即双方当事人是被一定的劳动法律法规规范的权利和义务联系在一起的,其权利和义务的实现是由国家强制力来保障的。

基于此,本书认为,劳动关系是指劳动力所有者(劳动者)与劳动力使用者(用人单位),在实现劳动过程中建立的社会经济关系与权利义务法律关系。

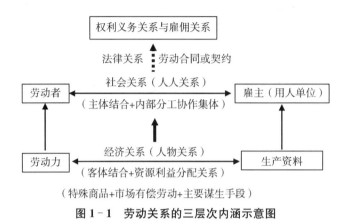

图1-1 劳动关系的三层次内涵示意图

(二)劳动关系主体

劳动关系主体,是指劳动关系中劳动力的所有者和劳动力的使用者,即拥有劳动力的雇员(劳动者)和使用劳动力的雇主(用人单位)。其中,劳动者也称劳动主体,用人单位亦称用人主体。在世界各国,哪些公民、社会组织能够成为劳动关系主体,一般需要由劳动法律法规予以确定和认可。

从狭义上讲,劳动关系的主体包括两方:一方是雇员以及以工会为主要形式的雇员团体,另一方是雇主以及雇主协会。由劳动关系主体双方组成的组织,可以称为就业组织,也就是我国通常所说的用人单位,它可以是营利性的,也可以是非营利性的。从广义上讲,劳动关系的主体还包括政府。在劳动关系发展过程中,政府通过立法介入和影响劳动关系,其调整、监督和干预作用不断增强,因而政府也是广义上的劳动关系的主体。

1. 雇员

雇员是指在就业组织中,本身不具有基本经营决策权力并从属于这种权力的工作者。雇员又称员工、劳动者,包括所有通过从事体力或脑力劳动而获取工资或报酬的工作者。雇员的范围相当广泛,包括蓝领工人、医务人员、办公室人员、教师、警察、社会工作者,以及其他在西方被认为是中产阶级的从业者和低层管理者。因为低层管理者只负责监督和分配,无权命令或奖惩下属,因而也属于雇员的范畴。雇员不包括自由职业者、自雇佣者。从产业部门来看,雇员的范围包括第二产业和第三产业,即工业、服务业中所有不具有基本经营决策权的劳动者。第一产业中的农业劳动力,尤其是从事种植业和畜牧业的农民,一般不属于雇员的范畴,因为土地所有者与农民之间的关系同我们研究的雇主(管理方)与雇员之间的关系在总体上存在很大的区别。

劳动关系中的雇员指具有劳动权利能力和劳动行为能力,由雇主雇佣并在其管理下从事劳动以获取工资收入的法定范围内的劳动者。劳动关系中的雇员一般具有以下四层含义：

图 1-2 劳动关系主体

（1）雇员是指被雇佣的人员；
（2）雇员是在雇主管理下从事劳动的人员；
（3）雇员是以工资为劳动收入的人员；
（4）有些国家的劳动法规定某种或某几种人员不属于雇员，如公务员、军事人员、农业工人、家庭佣人、企业的高层管理者。

2. 雇员团体

雇员团体是指因为共同利益、兴趣或目标而组成的雇员组织，包括工会和类似于工会组织的雇员协会和专门的职业协会。

工会的主要目标是代表其成员争取利益和价值。在我国和世界上许多国家，工会是雇员团体的最主要形式。根据中国劳动统计年鉴的统计资料，截至 2021 年 12 月，我国工会基层组织数为 221.4 万个，全国已建工会组织的基层单位职工人数和会员人数分别为 26 595 万人和 25 491.8 万人，工会专职工作人员数为 82.9 万人。我国已成为当今世界工会会员人数最多的国家。中华全国总工会成立于 1925 年，是一个统一的全国性群众团体，是各地方总工会和产业工会全国组织的领导机关。中华全国总工会的最高权力机关是五年一届的全国代表大会及其选举产生的中华全国总工会执行委员会。

非工会组织通常是指独立于工会的雇员协会和职业协会。雇员协会往往是在一个就业组织内部形成的，如基于某一兴趣而组织的员工俱乐部、员工体育运动协会等，也包括由员工组成的非正式组织。职业协会是由跨企业、跨行业从事某种特定职业的雇员组成的组织，其主要目标是为其成员争取更多的特定职业方面的利益。

3. 雇主

雇主一般是指由于拥有法律赋予的对组织的所有权（一般称产权），而在就业组织中具有主要经营决策权力的人或团体。所谓雇主，也称为管理方或资方，是指雇佣他人为其工作，并支付其工资或报酬的法人或自然人。在国际上，一般把招用劳动者并将劳动者纳入劳动组织中的自然人或法人称为雇主。雇主可以包括雇佣劳工的业主、经营负责人或代表业主处理有关劳动事务的人。雇主处于管理方地位，其最重要的意义在于享有对员工的劳动请求权和指示命令权,以及决策的权力。在就业组织中,只有一个或少数几个人具有比较完全的决策权力,而其他管理层级的决策权力是逐级递减的,每一级都要在服从上级权力的情况下行使其权力。所以,管理方是分层级的,权力分布是不均衡的,多集中于管理方的上层。也就是说,除了最高层管理者之外,其他管理者都会同时处于服从上级和指挥下级这两种关系之中。低层管理者只负责监督和分配,而无权命令或奖惩下属,因而他们属于雇员的范畴,而不属于雇主方。

4. 雇主组织

雇主组织的主要形式是雇主协会,它们以行业或贸易组织为纽带,一般不直接介入雇员与雇主的具体劳动关系事务之中。雇主组织的主要任务是与工会或工会代表进行集体谈判,在劳动争议处理程序中向其成员提供支持,通过参与同劳动关系有关的政治活动、选举和立法改革,比如修订劳动法来间接影响劳动关系。

5. 政府

政府在劳动关系中的角色有以下四种:一是劳动关系法律法规的制定者,通过立法介入和影响劳动关系,为劳动关系的调整提供法律保障和依据,切实保障劳动者的"劳动三权",即结社权、集体交涉权和争议权;二是公共利益的维护者,通过监督、干预等手段促进劳动关系的协调发展,切实保证相关政策、制度的有效执行,并建立一整套执法与司法制度和程序,包括加强劳动监察、对违法者实行严厉的制裁,建立解决集体谈判和集体协议纠纷的司法制度和程序等;三是公共部门的雇主,以雇主身份直接参与和影响劳动关系;四是有效服务的提供者,重点是加强对劳资双方的培训,并为劳资双方的谈判提供高质量的信息服务和指导。

(三)劳动关系的类型

劳动关系可分别依不同标准进行多种分类:

(1)根据生产资料所有制进行分类。在当前市场经济条件下,可以将劳动关系划分为全民企业劳动关系、集体企业劳动关系、私营企业劳动关系以及外商企业劳动关系四种。

(2)根据管理方与员工之间在利益方面的相互关系进行分类。可以将劳动关系划分成一致型劳动关系、利益协调型劳动关系以及利益冲突型劳动关系。

(3)根据劳动关系主体中各方力量的对比进行分类。可以将劳动关系划分成均衡型劳动关系、不均衡型劳动关系和政府主导型劳动关系。

(4)根据劳动者是否在编进行分类。可以将劳动关系划分成正式工的劳动关系和临时工的劳动关系。

(四)劳动关系的特点

劳动关系具有以下特点:

1. 法律的平等性

劳动者与企业签订劳动合同时,双方法律地位平等,均须履行各自的义务并享有权利。

在劳动法律法规中,劳动者与企业的权利义务也是并列的。在正常合理、双方未受到胁迫的情况下,劳动合同的签订与执行在法律上具有平等性。

2. 经济的依赖性

劳动者以劳动交换企业的薪酬福利,以满足其经济与生活上的需求。企业则需要将劳动者的劳务转换成产品与服务,以满足顾客的需求,创造投资的经济效益。劳资双方在经济上虽有相互依赖性,但在一般实务上,劳动者对企业的依存度较高,而企业对劳动者的依存度则较低。

3. 管理的从属性

企业基于生产与服务的需要,必须安排劳动、指挥人员、行使管理权,劳动者则要服从指挥调度,依企业需求提供劳务。劳动关系一经确立,劳动者就要服从雇主的指挥和安排,完成一定的工作,双方之间存在管理与被管理、指挥与服从的关系。劳动者提供的是从属性劳动,基于明示、暗示,或依劳动之本质,在一定时间内,对自己的作息时间不能自行支配。根据德国法人格从属说的观点,人格从属性是指"除法律、团体协约、经营协定、劳动契约另有规定外,在雇主指挥命令下,由雇主单方决定劳动场所、时间、种类等之他人决定劳动而言"。[①] 管理的从属性主要表现在四个方面:一是劳动者要服从用人单位的工作规则。劳动关系的确立意味着劳动者不仅要遵守国家的法律法规,还要遵守用人单位的工作规则,如工作时间的起止、休息休假的安排等,劳动者自行决定自由的权利受到一定限制。二是劳动者要服从用人单位的指示和命令。在劳动关系存续期间,劳动者的工作内容会不断发生变化,劳动合同难以做到穷尽全部工作内容,因此,用人单位有指示命令的权力,劳动者有服从的义务。三是劳动者有接受监督、检查的义务。劳动者在工作中要接受用人单位的考察和检查,以确定是否遵守工作规则和雇主的指示。四是劳动者有接受制裁的义务。劳动者应对自己的错误行为承担责任,用人单位对违反工作规则的行为享有惩处权,惩处方式可以从口头申诫到解雇。

4. 权益的冲突性

基于人性,绝大多数劳动者希望能以较少的劳务交换最高的薪酬福利,但为了创造最大经济效益与利润,企业则竭尽所能降低劳动成本,并期望激发出最大、最高产值的劳务。劳资双方为争取各自最大的权益,常常会引发许多隐性与显性的冲突,冲突结果虽然依劳资双方的实力、冲突议题、协商策略而定,但基于实力上的差异,企业常常是劳资冲突中占据优势的一方。

5. 实力的差异性

劳资双方拥有和可行使的权利的程度有相当大的差异。实力的差异受到工作性质、雇佣时间和雇佣关系有效期的影响,它也是劳动者在劳动力市场讨价还价能力的体现。例如,医院里的清洁工、看门人与医生拥有的实力不同,清洁工和看门人的谈判实力较弱,一旦离

---

① 刘志鹏.劳动法理论与判决研究[M].台北:元照出版有限公司,2002.

开,雇主很容易找到替代者。权利是劳资关系中的基本要素,对劳资关系的管理及其结果都有重大影响。实践中,企业的经济实力是其在劳资冲突中最重要的筹码,通过经济力量的发挥,个别劳动者几乎难以对抗雇主在法律、管理权上的优势地位,唯一的策略就是整合多数劳动者的力量来与企业抗衡。不过,即使面对集体劳动者的力量,在许多冲突中,拥有较多经济资源的企业,其实力仍强于集体劳动者的力量。

6. 冲突的影响性

劳资冲突的影响并非仅局限于企业内部,常常会波及劳动者家属、顾客、社会大众权益,加之劳动者占有较高的人口比例,劳资冲突的议题常常衍生为社会重大问题,而全球化的趋势也有可能扩大劳资冲突的影响,如航空公司、港口公司的劳资冲突波及范围更为广泛。

7. 互动的复杂性

基于人的心理特质,个人之间的互动关系本身就有其复杂性,而集体劳动者之间的互动关系、集体劳动者与企业之间既有竞争又有合作的互动关系,其复杂程度常常超出一般人的想象。劳动者、企业与政府不能低估劳资互动的复杂性。

因此,劳资关系可以说是另一种人际关系或社会关系。了解劳资关系特点,既有利于构建正面的劳资互动机制,也有利于体会良好的劳资关系对经济发展和社会安定的影响。

(五)劳动关系的实质

劳动关系的实质是劳动关系双方的合作、冲突、力量和权利的相互交织。劳动关系双方要进行生产,就要共同合作,遵守一套既定的制度规则。劳动者通过提供劳动获得一定的报酬和福利,在法律上可以通过集体协议或劳动合同的形式予以表现。然而,劳动者在获取经济利益的同时,还要从工作中获得作为人所拥有的体面、尊严、归属感、成就感和满足感。劳动关系的一些内容,比如对工作的预期和理解、工作保障、晋升机会、对团队的归属感以及社会声誉等,并不完全是用书面契约进行约定的,有时它是建立在一种"心理契约"的基础之上的,即建立在双方对"工资与努力程度之间的动态博弈"结果之上。虽然"心理契约"不是有形的,但发挥着有形契约的作用。企业清楚地了解每个员工的需求和发展愿望,并尽量予以满足;而员工也为企业的发展全力奉献,因为他们相信企业能满足他们的需求与愿望。这种非经济性报酬不仅会因为雇佣关系本质的不同而不同,也会因为雇员个性的不同而有所差别。

在劳动关系中,由于双方的利益、目标和期望常常会出现分歧,甚至彼此背道而驰,因而冲突也在所难免。冲突的形式,对劳动者来说,有罢工、旷工、怠工、抵制、辞职等;对管理方而言,有关闭工厂、惩罚或解雇等。

劳动关系双方选择合作还是冲突,取决于双方的力量对比。力量是影响劳动关系结果的能力,是相互冲突的利益、目标和期望以何种形式表现出来的决定因素。力量分为劳动力市场的力量和双方对比关系的力量。劳动力市场的力量反映了工作的相对稀缺程度,是由劳动者在劳动力市场供求中的稀缺性决定的。一般而言,劳动者的技能越高,其市场力量就越强。双方对比关系的力量是指劳动者进入就业组织后能够影响资方的程度,其中尤以退出、罢工、岗位三种力量最为重要。"退出"是劳动者辞职给用人方带来的成本增加,如寻找和培训新员工顶替辞职员工的费用;"罢工"是劳动者停止工作给用人方带来的损失;"岗位"主要是由于在岗员工不服从、不配合用人方的工作安排而带来的管理成本增加。在劳动关系中,管理方享有决策权。决策权是管理方拥有的权力,即对劳动者进行指挥和安排,以及影响劳动者行为和表现的各种方式。拥有决策权,使得管理方在劳动关系中处于主导优势地位,但这种优势地位也不是固定不变的,在某些时间和场合可能会发生逆转。

二、劳动关系的环境与价值取向

(一) 劳动关系的环境

劳动关系受社会关系的其他环节的影响,又反作用于这些环节。因此,这些环节便构成了劳动关系赖以存在和变化的环境,包括组织内部劳动关系双方的合作、冲突、力量和权利与组织外部的政策环境、经济环境、社会文化环境及技术环境。

1. 政治环境

在劳动关系领域中,政治环境主要指国家政策环境。政策环境是指政府的各种政策方针,包括货币政策、财政政策、就业政策、教育和培训政策以及其他政策。例如,政府教育和培训政策,能够提高劳动力的素质和技术水平,最终会影响由雇主提供的工作种类以及工资和工作条件。

在诸多政策环境中,就业政策对于劳动力市场以及就业组织中的劳动关系的影响最为直接。它往往通过对供求状况的调整来改变双方劳动力市场的力量,以经济激励和惩罚措施来改变双方在就业组织内部的关系的力量。例如,我国出台了促进残疾人就业的政策,对残疾人的比例达到一定标准的就业组织给予税收、费率等方面的优惠。这些政策从客观上促进了企业雇佣更多残疾人。

货币政策和财政政策也会通过宏观经济环境来影响各组织的劳动关系。另外,这两种政策还可以通过影响资本的价格,改变资本和劳动的价格比率来影响企业的雇佣决策和企业的劳动关系。

教育和培训政策主要作用于人力资本投资的供求关系,改变劳动者的知识技术结构,从而改变不同种类的劳动力市场供求关系和企业的资本/劳动比重。因此,教育和培训政策对于劳动关系具有更加长期的影响。

政府政策也包括对于企业劳动关系的直接干预的行动,包括制定和调整最低工资、直接调处罢工事件等。

法律和制度是指规范雇佣关系双方行为的法律和其他力量的机制,其规定了双方的权利和义务,并具有相对的稳定性。市场经济国家在规范劳动关系、保护劳动者权益方面,构建了比较完善的法律体系,法律和制度是政府调整劳动关系的最基本形式。比如,《中华人民共和国劳动法》(简称《劳动法》)规定了集体谈判中双方的权利和义务,雇员的最低工资、健康和安全保护等。法律要求雇主承认工会,并同工会进行集体谈判,这一规定提高了工会有效代表其会员的能力,进而影响了工会会员的工资和工作条件。

2. 经济环境

所谓经济环境,既包括宏观经济状况,如经济增长速度和失业率,也包括更多的微观经济状况,如在某一特定产品市场上雇主所面临的竞争程度。经济环境影响劳动关系的例子有很多。比如,作为经济环境重要指标的失业率如果很高,就会削弱劳动者凭其技术和能力获得工作的力量,即削弱他们的劳动力市场力量,从而影响他们对工作的预期。再如,在同行业工资普遍上升的情况下,企业可能就会面临更大的员工要求增加工资的压力。

经济环境能够改变劳动关系主体双方的力量的对比。一方面,经济环境的变化可能来自劳动力市场的变化,这些变化直接影响双方的劳动力市场力量的消长;另一方面,经济环境也可能来自厂商所面对的要素市场,要素市场的变化会通过影响雇主的生产函数和员工的消费函数来改变双方的成本收益,从而带来各种关系的力量的变化。同样,偶发的经济冲击以及有规律的经济周期都会影响就业组织内部的劳动关系调整机制。经济冲击往往会造成产量的骤减,不同的企业会因为对未来预期的不同而制定不同的人力资源政策。在经济周期的影响下,就业组织内部的大量调整也会随着经济的起落而变化。一般来说,经济处于繁荣阶段时,雇员的力量就会强些,管理方会做更多的让步;而经济处于低谷阶段时,管理方让步的空间很小,雇员的力量相对较弱,雇员在谈判和冲突中处于不利的地位。

经济环境往往会首先影响劳动者的工资福利水平、就业、工作转换,以及工人运动和工会的发展,其次会影响产品的生产、工作岗位的设计、工作程序等,最后可能会间接影响劳动关系的整体状况。

3. 社会文化环境

社会文化环境由各国、各地区甚至各工种的主流传统习惯、价值观、信仰等组成。如果社会文化环境表现为笃信工会的重要性和积极作用,那么,政府和企业就会通过制定政策,提高工会的密度,以扩大工会的影响力。社会文化的影响是潜在的、不易察觉的,它通过社会舆论和媒介来产生影响,其对于违反社会文化规则的个人和组织的惩罚,虽然不像法律那样具有强制性,但作用却不可低估。

4. 技术环境

技术环境包括产品生产的工序和方式,以及采用这些工序和方式所必需的资本密集(人均资本投资量)的程度、产品和工序是否容易受到新技术的影响、工作是否复杂和需要高水平的知识和技能。如果企业的产品易受新技术影响(比如IT产业)或者企业是资本密集型的(比如汽车生产商),那么雇员不服从管理会给管理方带来更多的成本,因而雇员的岗位力量就会增强。相反,在那些不易受新技术影响(比如手工编织业)或者劳动密集型的行业(比如餐饮业),雇员的岗位力量就弱些。

同样,技术环境的变化也会改变劳动力市场上不同技术种类工人的供求状况。例如,近年来随着我国互联网技术产业的兴起,计算机、网络方面的人才需求量成倍增加,这类人才在劳动力市场上的力量上升,因而在劳动关系中的优势更大。

表1-1 组织外部环境

政治环境	经济环境
● 国家政策形势:政治体制、经济体制、外交政策、环境保护政策、劳动政策、税收政策、货币政策、政府补贴等 ● 行业方针政策:产业政策、财政支出、专利法案、行业法规等 ● 相关法律法规:监管法律、规范文件等 ● 地方政府管理 ● 政局稳定性、产业结构规划、企业扶持政策、人才政策等	● 宏观经济政策:人均GDP、人均可支配收入、通货膨胀率、货币政策、外交政策、政府预算等 ● 经济结构:产业结构、消费模式、规模经济、股票市场趋势、地区差异化收入和消费、就业情况、价格变动、国民生产总值变化趋势等 ● 产业结构:也称为行业结构,包括上下游利率分配、资源分布情况、行业规则等 ● 投融资环境:贷款政策、投融资市场趋势
社会文化环境	技术环境
● 人口因素:生育率、人口结构比例、年龄结构、人群趋势、收入差距、出生率、受教育程度、婚恋情况等 ● 文化风俗:信仰、对休闲的态度、生活方式、购买习惯、质量偏好、审美观点等 ● 社会管理:对职业的态度、社会责任感、对政府的信任程度、道德责任、储蓄偏好、对权威的态度、价值观念等 ● 自然生态:对环境污染的态度、环境对文化的影响等	● 技术政策:知识产权、专利保护、科技政策、研发政策、国家重点支持项目等 ● 社会技术水平:趋势性技术、发展性技术、普及性技术、变革趋势等 ● 产业技术水平:成熟技术、趋势性技术(如新材料、新工艺)、产业技术关注、龙头企业技术革新、迭代周期等

(二) 劳动关系的价值取向

根据劳动关系学者对工作场所关系的理解不同,我们可以归纳出劳动关系领域三种主要的理论观点或者框架。

1. 一元论观点

在一元论观点中,组织被认为是完整和谐的整体,是"一个幸福的家庭",组织成员有共同的目的,强调相互合作。此外,一元论观点倾向于资方的管理权威,即要求所有员工忠诚,对忠诚的强调和应用成为其管理实践的主导模式。因此,一元论者认为工会是必要的存在,因为工人和组织间的忠诚具有相互的排他性。一元论者认为冲突是煽动者、人际摩擦和沟通失败的非理性结果,具有破坏性。

2. 多元论观点

在多元论观点中,组织被视为一个由多个权力强大的子群组成的集合,每个子群都有自己合法的忠实拥趸,有自己的目标体系和领导者。在多元论的视角下,管理者和工会是两个主要的子群。因此,管理的角色更多倾向于劝说和协调,较少地倾向于强制和控制。工会被视为职工的合法代表,劳资冲突是通过集体谈判来解决的,而且冲突不一定就是坏的事情,如果能够有效地进行冲突管理,实际上可以把劳资冲突引导成为一种积极的力量,从而促进组织的变革和组织制度的合理化。

3. 激进主义观点

激进主义着眼于资本主义社会的本质,即资本与劳动的利益有着根本的区别。激进主义者认为权利和财富的不平等是植根于资本主义经济体系的,因此劳资冲突是不可避免的,而工会则是工人对他们被资本剥削的自然反应结果。激进主义的观点有时候也被归入"冲突模式"理论,主要是因为多元论的观点也倾向于把冲突认为是工作场所内生或者固有的。激进主义的理论并不仅限于马克思主义的范畴,但激进主义的理论经常被等同于马克思主义理论。

三、中国的劳动关系

在我国,对劳动者而言,和谐的劳动关系是物质财富的来源,也是个人获得社会地位与心理满足的主要源泉。对企业来说,劳动者的工作绩效、忠诚度、工资福利水平是影响生产效率、人工成本、生产质量的重要因素,甚至会影响企业的生产与发展。企业雇佣关系状况是企业在日益复杂的产品市场上获得竞争优势的关键。对社会而言,它能影响经济增长、通货膨胀、失业情况、社会财富和收入的总量与分配,并进一步影响全体社会成员的生活质量,劳动关系和谐发展是社会孜孜以求的目标。

(一)主要特点

中国劳动关系的特色,是在比较国际劳动关系体系中体现的。相对于国际上自由市场经济的劳动关系和协调市场经济的劳动关系两种类型而言,中国的劳动关系是一种国家主导的市场经济的劳动关系。与其他此种类型的国家相比具有相似性,但也有其他国家不具备的特征。这些特征或称特色,是由中国特定的历史文化以及政治经济环境所决定的。特别是由社会转型而来的中国市场经济的发展路径,对于劳动关系特色的形成更有直接的影响。这种影响既有先前体制的制度延续和承继,也有机制运行的路径依赖。历史遗存和社会传统,与新建立的市场经济的制度及机制相结合,形成了中国劳动关系的特色。

第一,中国市场化劳动关系形成过程的特点。西方市场经济国家一般是自下而上、市场主导、社会推动、逐步形成的路径,而中国则是自上而下、政府主导、行政推动、跨越形成的路径。这种形成路径的特点,致使中国劳动关系具有多样化、多元化、复杂化的特点。

第二,中国市场化劳动关系主体结构的特点。其一,劳资力量对比极不平衡。资方不仅在经济权利上,而且在政治权利和组织权利方面,也具有绝对优势。其二,现实中的劳动者实际上处于一种无组织或自组织的状态,个别化的劳动关系是目前中国劳动关系的基本形态,集体化的劳动关系刚刚处于发端和形成的过程中。中国工会与中国工人的疏离,致使劳动关系的三方结构在中国是一种"三方四主体"的特殊形态。其三,中国共产党组织在劳动关系调整方面发挥重要作用,地方党组织和企业党组织在劳动关系调整中也发挥着不同的作用,这是西方国家所没有的。

第三,中国市场化劳动关系调整方式的特点。其一,法制化调整。这是劳动关系调整的主要途径和方式。目前,中国在个别劳动关系法律规制方面已经形成较完整的体系,集体劳动关系法律规制正在构建中。其二,行政化调整。政府动员各种行政资源和力量,特别是劳动行政力量来促进劳动法制的实现。在预防和处置劳动关系群体性事件中,更是通过各个不同部门分工配合,制定实施应急方案来处理应对。其三,政治化调整。劳动关系调整在中国不仅关涉社会经济关系,而且直接影响执政党的执政地位。因此,各级党组织将劳动关系调整作为党的政治任务,动员政治力量推进和谐劳动关系建设。其四,社会化调整。通过加强社区建设和政府购买社会服务,动员各种社会力量,形成网格化管制体系,形成教育、服务、争议预防和调解的劳动关系社会调整机制。这种党政主导的多途径多方式调整的综合治理模式,具有明显的中国特色。

(二) 构建中国特色的劳动关系

在我国,构建中国特色的劳动关系形成了党委领导、政府负责、社会协同、企业和职工参与、法治保障的工作体制,这与欧美强调集体谈判的劳动关系模式存在较大的差异。

第一,党和政府主导劳动关系的机制建设与实践运行。党和政府是构建中国特色的劳动关系的核心主体,并且是领导和统筹协调劳动关系制度的主体。在劳动关系实践运行中,党和政府是主导力量。构建中国特色的劳动关系成为地方党委和政府促进社会治理与社会协同发展的重要组成部分。

第二,工会、企业组织等是协同力量。作为劳动关系中最为核心的主体,工会组织和雇主组织在构建中国特色的劳动关系中是协同力量。工会作为劳动者一方的代表,在构建中国特色的劳动关系过程中,维护劳动者权益是其基本职责。所以,中华全国总工会要求,各级工会要切实履行维护职工合法权益的基本职责,自觉把工会维权工作纳入党政主导的维护群众权益机制。企业代表组织作为企业利益的代表,党和政府要求加强基层企业代表组织建设,支持企业代表组织参与协调劳动关系,充分发挥企业代表组织对企业经营者的团结、服务、引导、教育作用。

第三,企业和职工共同参与。在党和政府主导的中国特色的劳动关系构建中,企业和职工作为两大核心主体也共同参与进来。对于劳动者,要加强对职工的教育引导,引导职工树立正确的世界观、人生观、价值观,追求高尚的职业理想,培养良好的职业道德,增强对企业的责任感、认同感和归属感,爱岗敬业、遵守纪律、诚实守信,自觉履行劳动义务。加强有关法律法规政策的宣传工作,在努力解决职工切身利益问题的同时,引导职工正确对待社会利益关系调整,合理确定提高工资收入等诉求预期,以理性合法形式表达利益诉求、解决利益矛盾、维护自身权益。对于企业,党和政府教育引导企业经营者积极履行社会责任。加强广大企业经营者的思想政治教育,引导其践行社会主义核心价值观,牢固树立爱国、敬业、诚信、守法、奉献精神,切实承担报效国家、服务社会、造福职工的社会责任。教育引导企业经营者自觉关心爱护职工,努力改善职工的工作、学习和生活条件,帮助他们排忧解难,加大对困难职工的帮扶力度。

中国劳动关系在理念、制度特色、治理方式方面都与欧美国家存在本质差别。在构建中国特色劳动关系的过程中,党和政府的力量对我国劳动关系规范建设以及未来发展起到至关重要的作用,这也是中国劳动关系的主要特色之一[①]。

第二节　劳动关系管理简述

一、劳动关系管理的概念

(一) 劳动关系管理的内涵

劳动关系管理是管理活动的一种,在学科分类上属于管理学学科门类,具备管理活动的一些基本特征。对于"管理"的定义,学者们从不同的研究角度出发给出了不同的定义。比较有代表性的有,泰勒:"管理就是确切知道要别人去干什么,并注意他们用最好最经济的方法去干。"法约尔:"管理是所有的人类组织(不论是家庭、企业或政府)都有的一种活动,这种活动由五项要素组成:计划、组织、指挥、协调和控制。管理就是实行计划、组织、指挥、协调和控制。"孔茨:"管理就是设计和保持一种良好环境,使人在群体里高效率地完成既定目标。"小詹姆斯·唐纳利:"管理就是由一个或更多的人来协调他人活动,以便收到个人单独活动所不能收到的效果而进行的各种活动。"彼得·德鲁克:"归根到底,管理是一种实践,其本质不在于'知'而在于'行',其验证不在于逻辑,而在于成果,其唯一权威就是成就。"

马克思更是高屋建瓴,他在《资本论》里就明确指出:"一切规模较大的直接社会劳动或共同劳动,都或多或少地需要指挥,以协调个人的活动,并执行生产总体的运动——不同于这一总体的独立器官的运动——所产生的各种职能,一个单独的提琴手是自己指挥自己,一个乐队就需要一个乐队指挥。"马克思这里所说的"指挥"就是管理。

综合上述定义,我们认为管理的概念可表述为:组织或管理者为了有效地实现组织目标,对组织资源尤其是人力资源进行计划、组织、领导和控制的系统协调过程。

尽管关于管理的概念众说纷纭,但是我们还是可以从中概括出管理的最基本特征:首先,管理是一种活动,是一种行为,既然是活动、是行为,就应当有活动、行为的主体,即谁在进行管理;其次,要有活动、行为的客体,即管理谁、管理什么;再次,还要有行为活动的目的,即为什么而进行管理。这三点是构成管理活动的基本要素,应该在管理概念中体现出来。当然,我们还应想到,任何管理活动都不是孤立的活动,它必须要在一定的环境和条件下进行,即在什么情况下管理的问题。

综上,从管理概念的一般内涵,我们看到,劳动关系管理活动实际上是可以由不同主体

[①] 吴清军.构建中国特色和谐劳动关系的基本理念与工作体制[J].工会博览,2021(8):27-28.

从不同角度来进行的。

1. 以企业管理方为管理主体的劳动关系管理

这是指企业管理方为了生产经营活动得以正常开展,而采取一系列组织性、综合性手段和措施,对劳资之间围绕经济利益而展开的冲突与合作进行协调、控制等,以达成调整与缓和劳资冲突、实现劳资合作为目的的管理活动。站在企业角度,以企业为主体的劳动关系管理,与企业人力资源管理活动密切相关,通常被看作企业人力资源管理活动的组成部分,往往是一种从管理者角度出发的单向度立场。尽管人力资源管理也主张"以人为本",但应该看到,人力资源管理的终极目标始终是企业效益。在研究范围上,以企业为主体的劳动关系管理的关注点主要集中于企业层面的企业与员工关系上,因此也被称为"员工关系管理"。

2. 以工会为管理主体的劳动关系管理

这是指劳动者及其组织为了能够维持和获得自己的利益,由工会组织采取一系列组织性、综合性手段和措施,对劳资之间围绕经济利益而展开的冲突与合作进行组织、协调、控制等活动。当然,以工会为主体的劳动关系管理活动最终也只有通过调整与缓和劳资冲突、实现劳资合作才能实现维持和获得自己利益的目的。以工会为主体的劳动关系管理与以企业为主体的劳动关系管理一样,通常也是单向度的,即站在劳动者一方的立场上,其关注点同样也主要集中在企业层面上。工会在管理劳动关系方面的职能往往容易被忽视。

3. 以政府为管理主体的劳动关系管理

在广义的劳动关系中,除了劳动者与管理者外,还包括政府这一主体。作为广义劳动关系的主体,政府并不直接介入其他两方的利益关系中去,不发生与其他两方围绕价值的创造和分配所引发的合作与冲突关系,而只是代表国家以第三者(尽管只是形式上的第三者)的身份,通过法律、政策、经济等手段调解劳动力市场,协调、监督、干预劳资双方的关系。显而易见,政府具有劳动关系管理的职能。以政府为主体的劳动关系管理是指政府站在自身利益的立场上,以第三者的身份,为协调、干预、监督、控制劳资双方之间的冲突与合作所采取的一系列法律、政策及经济手段和活动。当然,以政府为主体的劳动关系管理活动也是以调整与缓和劳资冲突、实现劳资合作为目的的。

需要指出的是,作为劳动关系管理研究,对劳动关系管理的把握,不应该站在雇主、工会或政府任何一方的单向度立场上,而是将各方主体的观点都考虑在内,从一种更独立、客观、公正的立场出发,以追求社会和谐与公正为目的。从劳动关系的社会现实出发,由于劳动者的弱势地位,在劳资关系问题上应该更加强调劳动者权利和利益的保护,并把更多的注意力放在对集体劳动关系和社会劳动关系的关注上。

此外,工会是形成集体劳动关系的基础。如果没有工会,劳动者就没有代表自己利益的团体,从而使集体谈判、三方协商和工人参与等劳资合作机制因缺乏载体而无法存在或流于形式;同时,抵制、怠工、罢工等工人与管理方产生冲突的几种形式也无法有效展开。这种情况下的劳动关系管理只有政府为主体的管理,以及企业管理方对工人单向度的管理。这种劳动关系也不是市场经济条件下规范意义上的劳动关系管理。本书所探讨的劳动关系管理是以有工会组织存在为前提的。

（二）劳动关系管理的主要内容

一门学科的研究内容是由其研究对象内在决定的。不管哪种主体的劳动关系管理，都是以围绕经济利益展开的劳资之间的冲突与合作为基本研究对象的，由此也就决定了劳动关系管理的研究范围和主要内容。

劳动关系管理的研究范围限定在两个方面：一是限于劳资冲突范围内的问题；二是限于劳资合作范围内的问题。

具体来说，劳动关系管理的主要内容包括：

（1）劳动关系的主体。包括政府、劳动者及其工会、雇主及其组织。劳资合作与冲突是围绕着主体之间的利益关系展开的，因此，劳动关系主体作为劳动关系系统运行的具体承载者，当然是劳动关系管理的研究对象。说到底，劳动关系管理就是研究如何协调、控制主体之间利益关系的。

（2）劳动合同管理。劳动关系系统的运行以劳动关系的建立为前提，劳动关系管理把劳动合同管理作为劳资之间展开合作与冲突关系的必备前提加以研究。

（3）集体谈判和集体合同管理。集体谈判与集体合同管理是市场经济条件下处理劳动关系的核心机制，是劳资合作的最主要形式之一，理所当然地成为劳动关系管理研究的核心内容。

（4）三方协商管理。三方协商机制是市场经济条件下，劳动关系系统运行制度化、法制化、规范化的基本机制之一，也是劳、资、政三方合作的基本形式之一，所以也是劳动关系管理研究的重要内容。

（5）劳动者参与管理。劳动者参与管理是促进劳资双方力量平衡，构建和谐劳动关系，实现劳资合作的重要组织手段，同样是劳动关系管理研究的核心内容。

（6）劳动争议管理。劳动争议与劳资冲突之间存在密切联系，特别是集体劳动争议与劳资冲突是劳资矛盾发展过程中的两个阶段，彼此可以相互转化。劳动争议也是劳动关系管理的内容之一。

（7）产业行动管理。在规范的市场经济条件下，产业行动是劳资冲突的基本表现形式，因此，劳动关系管理把它作为重要研究内容。

（8）影响劳动关系系统运行的外部环境。劳动关系系统运行的外部环境，对围绕劳资利益展开的劳资合作与冲突具有重要影响，所以也是劳动关系管理需要研究的重要内容。

（三）劳动关系管理的主要原则

劳动关系管理的基本要求是符合劳动法律要求、符合用人单位和劳动者的发展要求的。具体来说，包括三个基本原则：

一是劳动关系管理要切实遵守劳动法律、法规。劳动关系管理要依据《劳动法》的相关规定，签订劳动合同，调节劳动纠纷，制定符合最低工资标准的薪酬制度，提供符合劳动安全卫生标准的生产经营环境。

二是劳动关系管理要尊重劳资双方利益。无论是劳动合同还是劳动管理制度,都要明确劳动关系主体双方的地位和权利义务关系,保证劳动者的工资与其付出对等,保障企业劳动关系的协调发展。

三是坚持制度化、规范化的劳动关系管理方式。制度具有普遍性和稳定性,在劳动关系管理过程中,只有坚持制度化、规范化,才能保障劳动关系冲突和争议的处理有章可循,保证劳动关系管理符合企业的发展需求。

二、劳动关系的建立、维系与调整

(一) 劳动关系的建立

劳动合同是指劳动力使用者(或称用人单位)与劳动者协商确立劳动关系、明确双方权利和义务的契约或协议。协商所确定的权利和义务为劳动合同的内容,权利和义务的外在表现则为劳动合同的形式。劳动合同是确立劳动关系的法律依据,理论上讲,劳动合同订立的起始时间应该与劳动关系的起始时间是一致的,但是现实中常常出现两者分离的现象。

1. 劳动关系建立的标志

《中华人民共和国劳动合同法》(简称《劳动合同法》)第七条规定:"用人单位自用工之日起即与劳动者建立劳动关系。"第十条规定:"用人单位与劳动者在用工前订立劳动合同的,劳动关系自用工之日起建立。"这就是说,引起劳动关系产生的基本法律事实是用工,而不是订立劳动合同,劳动关系的建立并不必然以订立劳动合同为标志而是以用工为标志。换言之,即使用人单位没有与劳动者订立劳动合同,只要存在用工行为,该用人单位与劳动者之间的劳动关系即建立,与用人单位存在事实劳动关系的劳动者即享有劳动法律规定的权利,当然也同样受到《劳动合同法》的规范。实践中,"用工"往往被理解为当事人达成一致而建立劳动关系的过程。但是,这种理解并不能涵盖所有的用工行为,特别是"实际用工"行为。在很多情况下,当事人并没有建立劳动关系的意思表示,司法实践中却往往将其定性为"用工"。

2005年5月,劳动和社会保障部发布的《关于确立劳动关系有关事项的通知》规定,用人单位招用劳动者未订立书面劳动合同,但同时具备下列情形的,劳动关系成立:主体资格合法;劳动者受用人单位的劳动管理,从事用人单位安排的有报酬的劳动;劳动者提供的劳动是用人单位业务的组成部分。同时,《关于确立劳动关系有关事项的通知》中还进一步强调,认定双方存在劳动关系时可参照下列凭证:工资支付凭证或记录(职工工资发放花名册)、缴纳各项社会保险费的记录、工作证、服务证、登记表、报名表、考勤记录、其他劳动者的证言等。目前,《劳动合同法》还规定,用人单位应当在用工之日起建立职工名册。这样,"用工"的事实还可以要求用人单位出具职工名册来证明。

2. 劳动关系建立与劳动合同签订之间的关系

依据《劳动合同法》,劳动关系建立与劳动合同订立之间的关系可以分为以下三种情形:

劳动关系管理

（1）劳动关系建立与劳动合同订立同时发生。从通常意义上讲，这种情况可谓"理想模式"，即用人单位与劳动者发生"用工"的同时订立劳动合同。《劳动合同法》第十条第一款规定："建立劳动关系，应当订立书面劳动合同。"

（2）劳动关系已建立，但劳动合同并没有订立。这种情形在现实中更是大量存在，可谓"现实模式"。《劳动合同法》第十条第二款规定："已建立劳动关系，未同时订立劳动合同的，应当自用工之日起一个月内订立书面劳动合同。"同时，为确保书面劳动合同之证据功效，《劳动合同法》又为用人单位违反上述规定设置了严厉的法律责任，其第八十二条第一款规定："用人单位自用工之日起超过一个月不满一年未与劳动者订立书面劳动合同的，应当向劳动者每月支付二倍的工资。"至于用人单位与劳动者已订立劳动合同，但用人单位未将劳动合同文本交付劳动者，《劳动合同法》第八十一条规定："由劳动行政部门责令改正；给劳动者造成损害的，应当承担赔偿责任。"另外，对于用人单位自用工之日起满一年不与劳动者订立书面劳动合同的情形，《劳动合同法》第十四条第三款规定："视为用人单位与劳动者已订立无固定期限劳动合同。"由此可见，对于先建立劳动关系后订立劳动合同的情形，无论从法律责任讲还是从稳定劳动关系讲，立法者都是着眼于追求劳动合同订立与劳动关系建立共存的效果。这不仅符合劳动关系建立的客观要求，而且符合劳动合同订立的实际需要。

（3）劳动合同已订立，但劳动关系并没有建立。双方先订立劳动合同后建立劳动关系，在签订劳动合同日与实际用工日之间的时段，劳资双方没有实际发生用工关系，雇佣双方不具有劳动关系，不受劳动法律的约束。

总之，从劳动合同法相关条款可知，劳动合同订立与劳动关系建立是既有联系又有区别的。法律要求建立劳动关系应当订立劳动合同，但是，劳动合同订立并不必然意味着劳动关系的建立，劳动合同订立以"劳动者与用人单位在劳动合同文本上签字或者盖章生效"为判断根据，劳动关系建立以"劳动者为用人单位实际劳动"为判断根据。

（二）劳动关系的维系

劳动关系通过劳动合同予以维系，劳动关系按照不同的标准可以划分为不同类型，常见的划分方法如表1-2所示。

表1-2 劳动合同的类型

划分标准	劳动合同类型
合同形式	书面劳动合同、口头协议
合同期限	固定期限劳动合同、无固定期限劳动合同、以完成一定工作任务为期限的劳动合同
用工形式	全日制用工合同、非全日制用工合同、劳务派遣合同

1. 按合同形式划分

按照合同形式的不同，劳动合同可划分为书面劳动合同和口头协议。

劳动合同形式作为权利和义务的载体，主要用于确定劳动关系双方的权利和义务，一旦发生争议,起到证据的作用。书面劳动合同较之其他形式的合同,更为严肃、慎重、准确可靠、有据可查,一旦发生劳动争议时,便于查清事实,分清是非,也有利于主管部门和劳动行政部门进行监督检查;另外,书面劳动合同能够加强合同当事人的责任感,促使合同所规定的各项义务能够全面履行。因而,书面形式的劳动合同是最常采用的劳动合同形式。口头形式的劳动合同由于没有可以保存的文字依据,随意性大,容易发生纠纷,且难以举证,不利于保护当事人的合法权益。因此,《劳动合同法》首先规定劳动合同应当以书面形式签订,而根据目前国内多种形式用工的实际情况,对订立劳动合同的形式做出"特殊规定",作为例外情形,这主要是针对近几年各地出现的不断增加的非全日制用工形式,其中第六十九条规定"非全日制用工双方当事人可以订立口头协议",即可以采用口头协议的形式建立劳动关系。但同时规定,用人单位凡是与劳动者订立全日制劳动合同的,合同都必须采用书面形式。

2. 按合同期限划分

按照合同有效期限的不同,可划分为固定期限劳动合同、无固定期限劳动合同和以完成一定工作任务为期限的劳动合同。

(1) 固定期限劳动合同。固定期限劳动合同是指企业与员工约定合同终止时间的劳动合同。双方当事人可根据生产、工作的需要确定劳动合同期限。固定期限劳动合同的意义在于,它在明确的合同存续期内使劳动关系相对稳定;同时,在合同到期时,劳动合同双方可以选择是否续订,有利于实现用人单位用人和劳动者择业的自主权,有利于劳动力的合理流动和劳动力资源的有效配置。

(2) 无固定期限劳动合同。无固定期限劳动合同,是指用人单位与劳动者约定无确定终止时间的劳动合同。无固定期限劳动合同的意义在于通过维护劳动关系的稳定,倾向性地保护劳动者的利益。如用人单位自用工之日起满一年不与劳动者订立书面劳动合同的,视为用人单位与劳动者已订立无固定期限劳动合同。

(3) 以完成一定工作任务为期限的劳动合同。以完成一定工作任务为期限的劳动合同,是指用人单位与劳动者约定以某项工作的完成为合同期限的劳动合同。用人单位与劳动者可以签订以完成一定工作任务为期限的劳动合同的情形主要有:以完成单项工作任务为期限的、以项目承包方式完成承包任务的、因季节原因临时用工的,以及其他双方约定的以完成一定工作任务为期限的劳动合同。以完成一定工作任务为期限的劳动合同的意义在于,它实际上是一种特殊的固定期限劳动合同,但又不是以具体的时间为期限,具有一定的灵活性和实用性。

3. 按用工形式划分

按照用工形式不同,可分为全日制用工合同、非全日制用工合同和劳务派遣合同。

(1) 全日制用工合同

全日制用工合同是传统的用工合同,即劳动者与用人单位订立的以日为工作时间单位,实行标准工作时间而确立劳动关系的协议。这是劳动合同的常态。除非特别规定,我国劳动法律法规均是按照全日制用工来加以规定的。按照《劳动合同法》的规定,全日制用工合同必须采用书面形式。

(2) 非全日制用工合同

非全日制用工合同是指劳动者与用人单位约定的以小时作为工作时间单位确立劳动关系的协议。《劳动合同法》第六十八条规定:"非全日制用工,是指以小时计酬为主,劳动者在同一用人单位一般平均每日工作时间不超过四小时,每周工作时间累计不超过二十四小时的用工形式。"非全日制用工是随着市场经济的就业形式多样化而发展起来的用工形式。与全日制用工相比,非全日制用工更为便捷、灵活,具有缓解就业压力、扩大就业机会、降低用人单位成本、方便劳动者自由灵活选择劳动时间等重要作用。《劳动合同法》用专节对非全日制用工方式作出规定。与其他用工方式的规定不同,《劳动合同法》第六十九条第一款规定:"非全日制用工双方当事人可以订立口头协议。"

(3) 劳务派遣合同

劳务派遣合同是指由派遣机构与被派遣劳工订立的劳动合同。由被派遣劳工向要派遣企业给付劳务,劳动合同关系存在于派遣机构与被派遣劳工之间,但劳动力给付的事实则发生于被派遣劳工与要派遣企业之间。劳务派遣的最显著特征就是劳动力的雇佣和使用分离,即派遣单位"招人不用人",用工单位"用人不招人"。相对于劳动关系中的直接聘用,劳务派遣在整个用工制度中处于次要和补充的地位,它是一种非典型的雇佣关系。劳务派遣用工形式近年来在我国发展迅速,该用工方式增加了用工单位劳动用工和劳动者就业的灵活性,但同时又为用工单位规避劳动用工上的法律责任提供了便利。为规范劳务派遣人员的聘用和管理,明确用工单位、劳务派遣机构和被派遣劳动者三方的权利和义务,保证劳务用工制度的规范执行,《劳动合同法》首次用专节对劳务派遣用工方式作出规定,明确了劳务派遣三方的权利和义务,以保障劳务派遣的规范运行。按照《劳动合同法》的规定,劳务派遣一般在临时性、辅助性或者替代性的工作岗位上实施,劳务派遣用工合同也必须采用书面形式,只是合同的当事人是派遣单位和被派遣劳动者。

(三) 劳动关系的调整

劳动法的立法宗旨是为了保护劳动者的合法权益,调整劳动关系,建立和维护适应社会主义市场经济的劳动制度,促进经济发展和社会进步。我国劳动关系的调整体系包括劳动合同制度、集体合同制度、劳动规章制度、职工民主管理制度、劳动争议处理制度、协调劳动关系三方机制和劳动监察制度,其中劳动合同制度是劳动关系调整的核心。劳动合同签订之后,劳动关系的调整则主要涵盖了劳动合同的中止、变更、解除、终止与续订等内容。

1. 劳动合同中止履行

劳动合同中止履行是指在劳动合同履行的过程中,出现法定或者约定的情形,致使不能继续履行劳动合同,但是劳动合同关系仍继续保持的状态。劳动合同中止履行的,劳动合同约定的权利和义务暂停履行(法律、法规、规章另有规定的除外),待到法定或约定的原因消除后,劳动合同仍继续履行。

2. 劳动合同的变更

劳动合同的变更是指当事人双方对尚未履行或尚未完全履行的劳动合同，依照法律规定的条件和程序，对原劳动合同进行修改或增删的法律行为。劳动合同的变更只限于劳动合同内容的变更，不包括当事人的变更。

劳动合同变更一般包括两种类型，即协议变更（或自愿变更）和法定变更（或强制变更）。

（1）劳动合同的协议变更

劳动合同的协议变更是指劳动合同订立后，由于订立劳动合同所依据的情况发生变化，当事人双方协商同意，变更原订的劳动合同的情形。只要合同中约定了变更合同的条件，当该条件出现时，双方应对合同的事项进行变更。协议变更劳动合同的原则与订立劳动合同的原则完全一致，应遵循合法、公平、平等自愿、协商一致与诚实守信的原则。劳动合同的协议变更是劳动合同变更的主要方面。《劳动合同法》第三十五条规定："用人单位与劳动者协商一致，可以变更劳动合同约定的内容。变更劳动合同，应当采用书面形式。"

（2）劳动合同的法定变更

劳动合同的法定变更是指在法律规定原因出现时，劳动合同经过当事人中一方的要求可以变更，对方对这种变更要求不得拒绝。显然，劳动合同的法定变更即是依法定条件出现为决定性条件，同时如何变更劳动合同应遵循合法、公平、平等自愿、协商一致和诚实守信的原则。

《劳动法》和《劳动合同法》均有规定"劳动合同订立时所依据的客观情况发生重大变化，致使原劳动合同无法履行"时，双方应就变更合同进行协商。所谓"劳动合同订立时所依据的客观情况发生重大变化"，法律没有明确说明，根据有关劳动立法和劳动合同实践，主要指以下情形：

第一，订立劳动合同所依据的法律、法规已经修改或废止，致使合同若不变更，就有可能出现与法律、法规不相符甚至是违背的情况，进而导致合同因违法而无效。例如，2008年1月1日《劳动合同法》的实施导致之前签订的劳动合同的部分条款不得不调整。

第二，当事人所不能预见、不能避免且不能克服的客观情况发生重大变化，如自然灾害、意外事故、战争等，使得当事人原来在劳动合同中约定的权利和义务成为不必要或不可能，客观地需要变更劳动合同。

第三，由于用人单位根据市场环境的变化调整经营策略，部分岗位、工种可能被撤销，或被其他新的岗位、工种所替代，致使该类岗位的劳动合同无法继续履行。此时企业就需要根据变化了的情况与员工进行协商，变更原劳动合同中的相关内容。变更的内容和条款仅限于转产等有关的条款，如工作内容、劳动报酬等。其他条款，如合同期限、试用期、违约责任等与转产没有直接关联的条款不需要变更。

第四，劳动者患病或者非因工负伤，在规定的医疗期满后不能从事原工作；或者劳动者不能胜任工作，经过培训或者调整工作岗位后，仍不能胜任工作的。员工有诸如上述原因时，也需要变更劳动合同内容。

3. 劳动合同的解除

劳动合同的解除是指劳动合同订立后，尚未全部履行以前，由于某种原因劳动合同一方或双方当事人提前解除劳动关系的法律行为。从表面上看，解除劳动合同对于维护劳动合同当事人双方的劳动关系是一种消极行为，但从实质上看，规定合同当事人有权经过平等协商或者依据法定事由单方面提出解除劳动合同，有利于增强合同当事人的责任心，促进不同用人单位之间和劳动者之间在平等条件下展开公平竞争，进而从反面维护劳动合同的严肃性。

劳动合同的解除依据不同标准可以划分为以下多种类型。

（1）按解除方式不同，分为单方解除和协商解除

单方解除是指用人单位和劳动者之间享有单方解除权的一方以单方意思表示解除劳动合同。所谓单方解除权，是指当事人双方依法享有的，无须对方同意而决定解除劳动合同的权利。按照行使单方解除权的主体不同，可分为劳动者单方解除（通常称辞职）和用人单位单方解除（通常称辞退或解雇）。协商解除是指用人单位和劳动者协商一致而解除。协商解除包括两种情况：一是合同当事人双方均没有单方解除权，经过双方协商同意后解除；二是合同当事人双方之中的一方有解除权，另一方没有解除权，没有解除权的一方经征得有解除权一方的同意后，协商解除。协商解除没有法定的条件，只要解除劳动合同的内容、形式和程序合法即可。

（2）按解除条件的依据不同，分为法定解除和约定解除

法定解除即依据相关法规进行的解除。法定解除是为了限制单方解除劳动合同，尤其是辞退的任意性，以维护劳动合同关系的稳定。对于企业劳动合同的解除，国家规定了许多的条件，只有在符合这些条件的情况下，企业才可以解除劳动合同。约定解除即以劳动合同中解除条件的合法约定为前提。所谓合法约定包括三个含义：一是这种约定是在法律允许的范围之内；二是这种约定不得与法定的禁止性条件相悖；三是这种约定不得与辞职的法定许可性条件冲突，如果法律允许员工在一定条件下辞职，企业劳动合同就不得约定在该条件下禁止或限制员工辞职。

表 1-3 劳动合同解除的类型

分类依据	解除的类型	解除的特点
劳动合同解除的方式不同	单方解除	用人单位和劳动者之间享有单方解除权的一方以单方意思表示解除劳动合同
	协商解除	合同当事人双方均没有单方解除权，经过双方协商同意后解除
		合同当事人双方之中的一方有解除权，另一方没有解除权，没有解除权的一方经征得有解除权一方的同意后，协商解除
劳动合同解除的条件不同	法定解除	依据相关法规进行的解除，限制单方解除劳动合同，尤其是辞退的任意性，以维护劳动合同关系的稳定
	约定解除	以劳动合同中解除条件的合法约定为前提

4. 劳动合同的终止

劳动合同的终止是指劳动合同的法律效力被依法消灭，亦即劳动合同所确立的劳动关系由于一定法律事实的出现而被终结的行为。因劳动合同终止的具体法律事件或条件不同，劳动合同的终止分为自然终止和非自然终止（或因故终止）两种类型。

（1）自然终止

劳动合同的自然终止是指《劳动合同法》第四十四条前两款情形下的合同终止：一是劳动合同期满的。主要针对固定期限劳动合同而言，即在劳动合同规定的期限内，合同当事人双方按照劳动合同规定的条款全部适当地履行了各自的义务，全部实现了各自的权利，劳动合同履行完毕，自行终止。对于无固定期限劳动合同，用人单位不得适用期满终止这一规定。此外，对于以完成一定工作任务为期限的劳动合同来说，也是适用的。尽管该类劳动合同中没有明确的时间限定，但劳动关系双方约定以完成一定的工作任务为劳动合同期限，一旦劳动合同规定的工作任务完成，也就是劳动合同期限届满，劳动合同即自行终止。二是劳动者开始依法享受基本养老保险待遇的。上述两种情况出现时，劳动合同可以终止，但在实际操作中习惯上应提前30天通知劳动者。

（2）非自然终止（或因故终止）

劳动合同的非自然终止是指《劳动合同法》第四十四条提到的后四款情形下的合同终止：一是劳动者死亡，或者被人民法院宣告死亡或者宣告失踪的；二是用人单位被依法宣告破产的；三是用人单位被吊销营业执照、责令关闭、撤销或者用人单位决定提前解散的；四是法律、行政法规规定的其他情形。比如，原劳动合同签订后，因企业遭受了重大火灾、地震等不可抗力，其无法再恢复生产和经营、履行劳动合同，该劳动合同不得不终止。对此，企业可以向劳动争议仲裁部门和人民法院提出请求，经劳动争议仲裁部门和人民法院调查和审理，有权依法裁定或判处劳动合同终止。一旦有关劳动合同终止的裁定或判决书生效，劳动合同即告终止。当然，员工也有权向劳动争议仲裁部门和人民法院提出终止劳动合同的请求。

5. 劳动合同的续订

劳动合同的续订是指合同当事人双方经协商达成协议，使原签订的期限届满的劳动合同延长有效期限的法律行为。与劳动合同订立的原则相同，劳动合同的续订，应遵循合法、公平、平等自愿、协商一致和诚实守信等原则。关于劳动合同的续订，《劳动合同法》第十四条规定："无固定期限劳动合同，是指用人单位与劳动者约定无确定终止时间的劳动合同。用人单位与劳动者协商一致，可以订立无固定期限劳动合同。有下列情形之一，劳动者提出或者同意续订、订立劳动合同的，除劳动者提出订立固定期限劳动合同外，应当订立无固定期限劳动合同：劳动者在该用人单位连续工作满十年的；用人单位初次实行劳动合同制度或者国有企业改制重新订立劳动合同时，劳动者在该用人单位连续工作满十年且距法定退休年龄不足十年的；连续订立二次固定期限劳动合同，且劳动者没有本法第三十九条和第四十条第一项、第二项规定的情形，续订劳动合同的。用人单位自用工之日起满一年不与劳动者订立书面劳动合同的，视为用人单位与劳动者已订立无固定期限劳动合同。"

第三节 战略劳动关系管理

一、战略劳动关系管理的内涵

战略是指对于任何一个组织具有全局性或决定性的谋划。迈克尔·波特指出:"战略就是创造一种独特、有利的定位,涉及各种不同的运营活动;战略就是在竞争中做出取舍,其实质就是选择不做哪些事情;战略就是在企业的各项运营活动之间建立一种均衡。"罗伯特·巴泽尔把战略定义为"管理中所采取的对财务绩效具有主要影响的策略和关键性决策。这些策略和决策通常包括了有意义的且不易被撤销的资源约定"。

战略劳动关系管理就是企业为能够实现战略目标所进行和采取的一系列有计划、具有战略性意义的劳动关系部署和管理行为。战略劳动关系管理研究的核心问题就是如何通过对企业劳动关系的有效管理,以获取竞争优势,提高企业绩效,实现企业与员工的共同发展。

在经济全球化和我国经济结构大变化的新形势下,我们的企业需要从战略的高度思考企业的劳动关系管理和承担社会责任的问题。从这个意义上讲,战略劳动关系管理亦可以这样加以界定:企业通过实施战略层面的劳动关系管理,实现劳动关系与组织目标的纵向契合与横向匹配,以获取竞争优势,改善组织绩效,最终实现企业与员工的共同发展的管理方式和管理系统。

战略劳动关系管理的四大原则为:

(1)利益相关者的战略性地位原则,即企业拥有这些利益相关者是企业获得竞争优势的源泉。

(2)劳动关系管理最优实践的系统性原则,即劳动关系管理政策、实践以及方法和手段等构成一种战略系统。

(3)劳动关系管理最优实践的契合性原则,包括纵向契合和横向契合。

(4)劳动关系管理的目标导向性一致性原则,即战略劳动关系管理将劳动关系管理置于组织经营系统,促进组织绩效最大化,实现企业和员工的共同发展。

二、企业社会责任

企业社会责任(corporate social responsibility,CSR)是指企业在创造利润和价值,对股东承担法律责任的同时,还要向企业利益相关者承担一定的责任。这些利益相关者包括投资者、债权人、员工、客户、供应商、环境、政府和社区居民等。

企业承担社会责任是社会发展到一定阶段的必然产物,其思想起点是亚当·斯密的"看不见的手"。企业社会责任一词最早是在1923年由英国学者欧利文·谢尔顿(Oliver

Sheldon)在美国进行企业管理考察时提出的,他认为公司的社会责任作为一项衡量企业绩效的标准远远高于公司的盈利。在其《管理的哲学》一书中,谢尔顿把企业社会责任与公司经营者满足产业内外各种人类需要的责任联系起来,并认为企业社会责任有道德因素在内。1953年鲍恩首次在《商人的社会责任》一文中明确指出"商人具有按照社会的目标和价值观去确定政策、做出决策和采取行为的义务"。关于企业社会责任的讨论,理论家和实践界从来都是见仁见智,观点各异并存在各种不同的解读。对于这些理论,我们可以按照以下路径来进行归纳和梳理。

1. 基于成本收益比较的企业社会责任理论

经济学家弗里德曼认为,企业存在的唯一目的就是最大限度地盈利并实现股东利润的最大化。因此,企业高管的考核以及企业的每一项决策行为都要以此作为判断标准。由于这个标准的极端化容易受到来自社会不同方面的批评,甚至给企业带来潜在的负面影响,坚持成本效益理论的那些人开始对此理论进行修正,认为企业可以将承担社会责任当作一种投资,如果在干好事的同时还可以得到好处,那么企业承担社会责任就是一种有价值的投资,企业就应该主动去承担社会责任。该理论实质上就是站在股东的立场,有选择地承担企业社会责任。

2. 基于外部性效应的企业社会责任理论

经济学家萨缪尔森认为企业行为的外部性是指"那些生产或消费对其他团体强征了不可补偿的成本或给予了无须补偿的收益的情形"。企业行为的外部性理论表明正的外部性给外部相关方带来好处,而负的外部性给相关方带来损失。因此,坚持外部性效应理论的人们认为企业在经营活动中必须考虑自己行为可能产生的负的外部性影响,主张用法律手段约束企业行为,给企业施加压力,迫使企业承担社会责任,强制性地保护利益受损的相关方。

3. 基于利益相关者的企业社会责任理论

新制度经济学关于公司治理结构的研究有三条主线:第一条主线是从信息不对称和企业家能力的专有性出发,研究道德风险带来的委托代理问题;第二条主线是研究不对称信息条件下资本结构的激励理论、信号传递理论和控制权理论,从而将公司的资本结构与公司治理结构有机地联系起来;第三条主线是近年来在前两条主线的基础上发展起来的"利益相关者"治理模型,这种理论认为随着大型公司的股权普遍分散化,公司治理结构开始倾向于注重股东以外的其他利益相关者——"已向公司贡献了专用化资产,而这些资产又在企业中处于风险状态的集团和人"。第三条主线已经突破了单一的股东主权模式,提出企业的"状态所有权"概念,要求在公司治理结构中,股东、经营管理者、债权人和职工的利益都应实现均衡分配。

根据利益相关者理论,企业必须对员工、供应商、消费者、投资者、债权人、社区环境与政府等利益相关者承担一定的企业社会责任,只有当企业对利益相关者承担起足够的社会责任,企业才能顺利发展,才能获得长期的竞争优势,才能在市场经济中变得越来越强大。

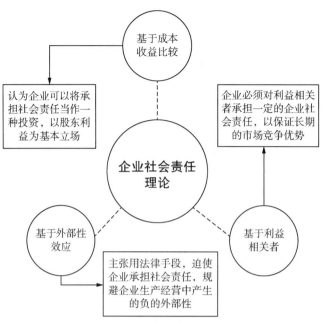

图1-3 企业社会责任理论

在关于企业社会责任的研究中,基于利益相关者的企业社会责任理论是目前该领域最完备和最具解释力的主流理论,它为企业社会责任理论的发展奠定了一个良好的基础,并为企业社会责任理论的实践提供了比较好的指导。该理论清楚地表明企业员工既是企业战略的直接执行者,又是企业利益的直接相关者,企业对员工的责任主要表现为保证员工的合法权益,并在此基础上实现员工的全面发展。可见,这些内容都可以归入企业的内部劳动关系管理实践,企业承担对员工的责任是企业社会责任的重要组成部分。

三、战略劳动关系管理的冰山模型

(一)战略劳动关系管理与企业社会责任

企业要获得长期健康发展,履行社会责任是其必要条件,而维持和谐的劳动关系是企业履行社会责任当中的应有之义。在企业社会责任的各种阐释中都无一例外地将企业的经济责任放在了首位,同时也将员工的利益,诸如员工的工资报酬、劳动时间、社会保障、职业安全等纳入其分析框架并将它们作为重要内容涵盖其中。在卡罗尔提出的"企业社会责任金字塔"模型中,第一层次的经济责任所占权重为4,第二层次的法律责任为3,第三层次的伦理责任为2,第四层次的慈善自愿责任为1。这就是企业社会责任理论中著名的4-3-2-1卡罗尔结构。依据卡罗尔的这一划分,第一和第二层次的企业社会责任被看作是企业赖以生存的社会责任底线,也可以说是企业最基本的社会责任。卡罗尔的"企业社会责任金字塔"模型告诉我们:一个没有盈利的企业最终是不可能存活下去的,一个不遵守社会法律的企业最终是无法立足的,一个不能保证员工基本利益的企业最终是不可能发展壮大的。可见,企业社会责任其实就是企业可持续发展的伦理基础,它应该包括两个方面:一是在组织内部,企业要为投资者创造利润,为员工提供安全的劳动环境和合理的薪酬福利待遇,实现企业和员工的共同发展;二是在组织外部,企业要向社会提供物质产品和服务,依法纳税,不得侵害消费者的合法权益,主动承担对自然环境和其他社会利益相关者的义务。

(二)战略劳动关系管理的分析模型

基于卡罗尔提出的"企业社会责任金字塔"模型分析,我们提出了企业劳动关系管理的"冰山模型"。该模型包括了劳动关系管理中的"合法""合情""合理"三个层面的内容,很好地把握了战略劳动关系管理的分析框架。

1."合法"层

"合法"层主要是指企业劳动关系管理要遵守现行的以《劳动法》和《劳动合同法》为代表的各种劳动法律法规。尽管企业担负社会责任的内容、方式以及所指向的对象不尽相同,但企业首先必须合法地获取利润,自觉承担起对企业员工的责任,特别是对员工工资报酬的责任和义务。一方面,它能够让员工获得与其贡献相匹配的经济收入,从而保障员工自身的生存与发展,维护员工的正当权益;另一方面也能够让员工体面地、有尊严地继续从事生产活动,以不断改善劳动关系,实现劳动关系的和谐发展。这是企业劳动关系管理"冰山模型"浮在海面部分的主要内容,属于一般劳动关系管理的主体部分。

2."合情"层

"合情"层主要是指企业的劳动关系管理实践要以人为本,企业对劳动关系的建立、变更、延续和终止要进行动态的人性化管理,其目的是确保企业用工过程的平滑性和可预见性,实现劳动关系的健康和谐,化解劳动争议,避免劳动冲突。企业只有通过劳动关系管理的最优实践,把企业劳动关系的政策、实践、方法、手段等构成一种控制系统,并将该系统纳入组织的发展战略,才能最终实现企业和员工的共同发展。"合情"层面的小部分内容也可以归入"冰山模型"浮在海面上的部分。

3."合理"层

冰山模型中最深层的"合理"部分主要是指企业通过科学的劳动关系管理,提高企业的经济运行效率,获取竞争优势,实现企业的可持续发展。"合情"层面的大部分内容与这里的"合理"部分共同构成冰山模型的水下部分,而企业作为理性人,冷静的"合理"动机才是企业一切社

图1-4 战略劳动关系管理的冰山模型

会行为的天然本能。这是战略劳动关系管理的核心部分。在本书中,战略劳动关系管理主要体现在职业生涯管理、员工培训开发、绩效管理等主体内容当中,这是读者需要注意的。

劳动关系管理

本章小结

首先，主要阐述了劳动关系内涵、劳动关系的主体和类型，提出了劳动关系的实质是一种社会经济关系以及权利和义务关系，并且强调了要构建中国特色的劳动关系。

其次，主要陈述了劳动关系管理的内涵、劳动关系管理的主要内容和目标，重点强调了劳动关系的调整模式。

最后，进一步上升到战略劳动关系管理高度来展开分析，主要阐述了其内涵、特点及战略劳动关系管理的冰山模型。

关键术语

劳动关系（labor relationship）

劳动合同（labor contract）

冰山模型（iceberg model）

企业社会责任（corporate social responsibility）

劳动关系管理（labor relations management）

战略劳动关系管理（strategic labor relations management）

复习思考题

1. 劳动关系建立与劳动合同的关系是怎样的？
2. 简述劳动合同的主要内容。
3. 简述订立和变更劳动合同的原则。
4. 简述劳动合同订立的程序。
5. 简述劳动合同履行的原则。
6. 简述劳动合同解除的法定条件和程序。
7. 简述劳动合同终止的法定条件和程序。
8. 论述西方劳动关系理论对中国特色劳动关系理论及实践的借鉴意义。

第二章
劳动关系的历史演进与发展趋势

知识结构图

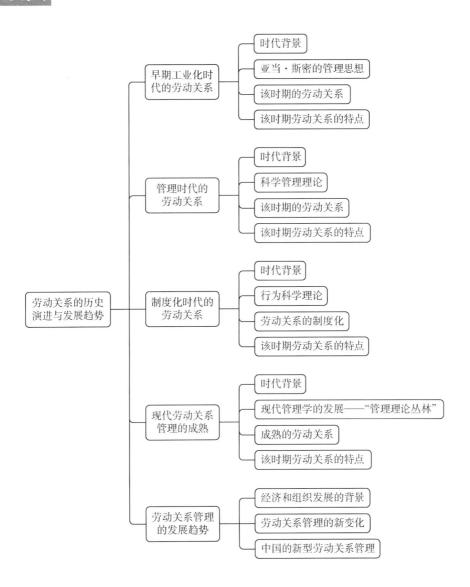

劳动关系管理

学习要点

- 劳动关系各发展阶段的背景
- 亚当·斯密的管理思想
- 早期工业时代的劳动关系
- 科学管理理论
- 管理时代的劳动关系
- 行为科学理论
- 劳动关系的制度化
- 管理理论丛林
- 成熟的劳动关系
- 现代劳动关系的主要特征
- 新型劳动关系管理

学习目标

早在19世纪上半叶,劳资矛盾就已经是发达资本主义国家非常重要的社会问题了。劳资问题在经历了几百年的发展之后,发生了很大变化。本章主要概述了发达资本主义国家历史发展中所蕴含的劳动关系内涵,其意义在于:了解当前的劳动关系制度安排和发展状况并不是一成不变的,也不是劳动关系仅有的状态,而是复杂而漫长的历史演进过程中的一个片段。为更好地理解劳动关系的现在和未来,有必要以史为鉴,了解劳动关系的起源和发展里程。通过本章学习,重点了解劳动关系历史发展的阶段特点、发展规律,以及当前劳动关系面临的问题和挑战。

引导案例

如何认定网约货车司机与平台企业之间是否存在劳动关系?

近年来,平台经济迅速发展,创造了大量就业机会。与此同时,维护劳动者劳动保障权益面临诸多新情况、新问题。其中,平台企业与劳动者之间的法律关系性质引发社会普遍关注。为此,人力资源社会保障部、国家发展改革委、交通运输部、应急部、市场监管总局、国家医保局、最高人民法院、全国总工会于2021年7月联合颁布了《关于维护新就业形态劳动者劳动保障权益的指导意见》(人社部发〔2021〕56号),对新就业形态中的劳动关系认定进行了明确规定。

2023年5月,人力资源社会保障部、最高人民法院又联合发布新就业形态劳动争议典型案例(第三批)。其中,典型案例1基本案情是:刘某于2020年6月14日与某信息技术公司订立为期1年的"车辆管理协议",约定:刘某与某信息技术公司建立合作关系;刘某自备中型面包车1辆提供货物运输服务,须由本人通过公司平台在某市区域内接受公司派单并驾驶车辆,每日至少完成4单,多接订单给予加单奖励;某信息技术公司通过平台与客户结算货物运输费,每月向刘某支付包月运输服务费6000元及奖励金,油费、过路费、停车费等另行报销。刘某从事运输工作期间,每日在公司平台签到并接受平台派单,跑单时长均在8小时以上。某信息技术公司通过平台对刘某的订单完成情况进行全程跟踪,刘某每日接单量超过4单时按照每单70元进行加单奖励,出现接单量不足4单、无故拒单、运输超时、货物损毁等情形时按照公司制定的费用结算办法扣减部分服务费。2021年3月2日,某信息技术公司与刘某订立《车辆管理终止协议》,载明公司因调整运营规划,与刘某协商一致提前终止合作关系。刘某认为其与某信息技术公司之间实际上已构成劳动关系,终止合作的实际法律后果是劳动关系解除,某信息技术公司应当支付经济补偿。某信息技术公司以双方书面约定建立合作关系为由否认存在劳动关系,拒绝支付经济补偿,刘某遂向劳动人事争议仲裁委员会申请仲裁。仲裁委员会经查明后认为,平台企业对劳动者存在劳动管理行为,据实认定劳动法律关系性质,最后裁决某信息技术公司向刘某支付解除劳动合同经济补偿。

实际上,一些平台企业占有数据信息这一新就业形态劳动者从业所必需的生产资料,通过制定规则、设定算法对劳动者的工作机会、劳动条件、劳动方式、劳动收入、进出平台自由等进行限制或施加影响,并从劳动者劳动成果中获益。此类模式下,平台企业并非提供信息中介、交易撮合等服务,而是通过对劳动者进行组织和管理,使他们按照一定模式和标准以平台名义对外提供服务,因此,其应当作为用工主体或用人单位承担相应法律义务和责任。

(资料来源:根据中华人民共和国最高人民法院等网站综合整理)

引导案例表明了"互联网+"引发的一系列对产业新模式合规性的探讨。在网络时代背景下,传统的劳动关系正在面临颠覆性的挑战,劳动关系的发展开始前所未有地受到社会各界的密切关注。

第一节 早期工业化时代的劳动关系

劳动关系是管理方与劳动者之间的关系,表现为劳动者在管理方的安排和指导下劳动,管理方支付劳动者相应的劳动报酬。这种关系是随着资本主义生产方式的产生而出现的。劳动关系的历史可以追溯到产业革命,从产业革命开始到19世纪中叶,是劳动关系发展历史的第一个阶段。

一、时代背景

18世纪中后期,以蒸汽机的发明为标志的产业革命从英国开始,进而席卷欧洲、美洲,全球进入了一个新的时代——资本主义工业化时代。在这个时代,经济制度发生了本质变化,机器生产取代了手工劳动,机器工业取代了手工业。新技术的采用、生产规模的扩大,提高了劳动生产率,带来了生产的飞跃,推动了社会的发展和进步。工业社会带来的最大变化,就是工业生产逐渐取代农业生产而占据经济发展的主导地位,市场经济取代了小农经济,社会结构日益复杂化。

在资本主义早期,资本主义处于原始积累阶段,对内表现为对本国劳动者的剥削,对外表现为在殖民地的掠夺。大批劳动者被迫离开土地,不得不依靠出卖劳动力谋生。这些劳动者具备了成为工人阶级的两个基本条件:一是他们是自由的;二是他们除了他们自身以外一无所有。资本与劳动相结合,新型的雇佣关系就这样产生和发展起来了。在这一时期,不但现代意义上的雇佣关系形成了,而且雇员人数逐渐增多,成为社会阶层结构中的主体。

二、亚当·斯密的管理思想

亚当·斯密是英国古典经济学家,他的管理思想也成为当时的主流管理思想。

亚当·斯密认为,劳动是国民财富的源泉,各国人民每年消费的一切用品均来源于本国人民每年的劳动,劳动创造的价值是利润的源泉,工资越低,利润就越高;反之,工资越高,利润就会越低。在亚当·斯密管理思想盛行的年代,企业将追求利润最大化作为唯一目标,雇主极力压低工人工资、延长工时、增加劳动强度,以获得更多的利润。

亚当·斯密主张以市场"看不见的手"来自动调整市场供求,政府仅仅作为看门人,不干涉市场的供求和经济的发展。在政府不干涉政策的影响下,雇主就具有了相当大的雇佣、使用和解雇员工的权力。

三、该时期的劳动关系

在早期工业化进程中,工人的生活状况没有随着经济的发展而改善。相反,雇主为了花费更少的劳动成本,获得更多利润,往往采用延长工时、增加劳动强度、压低工人工资、不改善工作条件和劳动保护设施,以及完全控制工人工作等办法剥削工人。由于过度竞争、贫富分化、商品和货币对劳动者的异化,工人的劳动条件和生活状况都急剧恶化。早期工业化时代,雇主对工人的剥削是非常残酷的。

各国政府普遍信奉古典主义"自由竞争"理论,认为市场是最有效率的。政府不干预劳资关系,完全交由劳动力市场自动调节。资方在劳动关系中具有优势,劳动者在缺乏制度保证时处于绝对劣势。劳动保障方面的法规非常少。1802年英国通过的《学徒健康与道德法》被视为第一个具有现代意义的劳动法规。

18世纪末19世纪初,西欧各国爆发了各种工人反抗斗争,他们通过破坏机器、烧毁厂房、停工怠工、罢工游行等形式,要求雇主提高劳动条件和工资。这些斗争往往是自发的和分散的行动,没有周密组织和计划,往往以失败为结局。正是在这些失败中,工人开始认识到,只有联合起来获得成倍的力量才有可能与雇主抗衡,达到运动的目的。所以在一些行业中开始出现了最初的工人组织,即早期的工会。

在同一时期的美国,也产生了早期的工会。只是与欧洲相比,产生的原因有所不同。在美国,大部分工会是在技术工人和半技术工人内部发展起来的,工会的目的是以其意志来规范所从事的职业。所以美国早期的工会具有中世纪同业互助会的性质,随后全国性工会在各行各业中出现。19世纪70年代早期,全国性的工会发展到大约30个,工人总数大约30万人。

面对早期的工人组织,雇主进行了激烈的抵制,政府也采取了法律上的不承认或严格限制的态度。当时各国的立法都禁止工人结社、罢工和示威。英国1799年颁布的《结社法》和法国 1791 年颁布的《夏勃里埃法》就是这类法律的典型代表。政府甚至动用军队来对付工人罢工,例如在美国,1834 年安德鲁·约翰逊总统在马里兰州镇压了爱尔兰裔工人的罢工。

四、该时期劳动关系的特点

早期工业化时代劳动关系的表现形式是激烈的对抗,劳动关系处于不稳定和直接对立之中。一方面,雇主或资方通过压低工资、延长工时、威胁压迫工人,以及对恶劣的工作条件漠不关心来获得更多利润;另一方面,工人或劳动者在争取工资、工时、就业和劳动条件的改善上进行了不断的斗争,但工人运动总体上处于分散、个别和局部状态,这一时期的工会还很不完善。

因此在该时期的劳动关系中,资方占有绝对的优势地位。政府表面上采取自由放任的态度,对于劳资纠纷采取不干预的方式,然而实际上,政府的立法和政策都倾向于雇主一方。

第二节 管理时代的劳动关系

一、时代背景

19 世纪末到 20 世纪初期,资本主义经济开始从自由竞争向垄断过渡。这一时期经济发展的基础,是从 19 世纪后期开始,在 20 世纪初达到高潮的第二次技术革命。科学技术的巨大进步、工业生产的迅速发展,使企业的规模越来越大,财富逐步聚集到少数资本家"精英"手中。生产和资本高度集中,为少数大资本家的联合和实行垄断创造了条件。垄断组织在各个部门陆续建立,并发展为工业资本与银行资本相融合的金融资本的统治。

新技术革命也带来了生产组织的变革。由于使用了电,原来以蒸汽机为基础的机器体系(包括工作机、发动机、传动机)现在联成一体,由此引起了生产工艺组织的变革。过去由于动力和传动装置限制而将同种机器并列的工艺组织,已由按产品加工工艺组成的流水线代替。在这个阶段,贫富差距不断扩大,社会矛盾日趋尖锐。从 19 世纪 70 年代到第一次世界大战爆发的 40 多年里,主要资本主义国家先后经历了 5 次世界经济危机的打击,每次经济危机都使资本主义国家的生产急剧下降、企业大批破产、资本贬值、工资削减、失业人数增加,生产力遭到破坏。同时,资本主义制度暴露出越来越多的问题,遭到社会有识之士的不断抨击。政府也认识到,为了稳固政权、巩固统治,就不得不要求雇主方做出某些让步,同时也要对劳动者的工作保障等问题加以管理。

二、科学管理理论

随着技术革命和流水线作业为基础的生产的发展,新的劳动组织和现代管理体系产生

劳动关系管理

了,这就是"泰勒制"。以弗雷德里克·泰勒为主要代表人物的科学管理理论以提高生产率为目标,以科学管理方法代替传统的经验管理,提出通过建立各种明确的规定、条例、标准,使一切科学化、制度化,认为这是提高管理效能的关键。科学管理理论的内容包括劳动定额原理和激励性的工资报酬制度等。

图2-1 "科学管理之父"泰勒

科学管理思想对这一时代产生了深刻的影响,各企业纷纷以此为依据制定新的管理方法。管理的改进不但提高了劳动生产率,也为工人创造了更加公平合理的竞争环境。著名的管理学家哈罗德·孔茨对泰勒做出的评价是:"尽管看起来过分全神贯注于车间一级的生产率,然而恰恰相反,贯穿在泰勒著作中的主旋律却是强烈的人道主义。他认为,要精心选人用人并加以培训,让他们做能够干得最好的工作。他还认为,工人、主管人员和工厂主的利益,是能够也应该能够协调一致的。此外,泰勒还强调主管人员精心制订先进计划的重要性以及主管人员有责任设计工作制度,以帮助工人把工作做得最好。但是,当他在谈到管理时,他从来没有忽略过这样的事实:雇主与工人之间的关系无疑是形成这种艺术的重要部分。"

但在同时,流水线式的生产和泰勒制也成为资本家提高劳动强度、加强剥削的重要手段。泰勒制,加强了资本家对工人的实际的隶属关系,使工人进一步附着在工作岗位上。

三、该时期的劳动关系

在雇主改变管理方式,加强剥削的同时,工人运动有了进一步的发展。在美国,1886年12月美国劳工联合会(简称"劳联",AFL)成立了,它是一个以熟练工人为主的在不同职业的基础上组织起来的全国性的总工会,目的是为工人谋取更多的利益。1905年在美国芝加哥,世界产业工会诞生了。欧洲各国政府相继废除了禁止结社的法律,各国工会组织获得了空前的发展。到19世纪末,工会在西欧各国已经相当普遍。

各国政府改变了早期工业化时代对工人运动和工会的或放任或压制的政策,采取了所谓的"建设性"干预政策,开始对改善工人状况进行国家干预,力图建立稳定的劳资关系。

建设性干预政策首先体现在立法上。各国相继通过了有关保护妇女和儿童就业、减少工时,以及以社会援助的形式发放各种津贴和失业补助的一些法律和条例。到19世纪末20世纪初,各国的工厂立法、劳动保护立法、劳动保险立法、工会法、劳动争议处理法等法律大量出台,相应的劳动行政管理机构也开始出现。1871年英国颁布了世界上第一部工会法,1875年又颁布了《企业主和工人法》,允许工人团体和企业主签订契约和合同。到1904年,新西兰出现了较规范的集体合同法。从此,集体谈判制度得到了国家法律的承认和保护。

四、该时期劳动关系的特点

管理时代的劳动关系的特点主要表现在：

第一，工人运动继续发展，工会组织广泛建立，队伍逐渐壮大，并且形成层次，工人力量开始不断增强。

第二，资方或雇主在不断加强的工人运动下，开始出现让步，从早期的对工人的直接的剥削和压迫变为通过改进管理，增加在工作中科学的分析和对工人的激励，来追求利润最大化的目标。

第三，劳资矛盾的目标没有变化，仍然是争取更好的工作和生活条件，但是其激烈程度有所弱化，表现形式出现多元化倾向，集体谈判制度得到了确认。

第四，政府的政策发生了变化，从不干预到出台大量的法律法规、建立相应的机构干预劳资关系，劳动关系向更加稳定、有序的方向发展。

第三节　制度化时代的劳动关系

一、时代背景

在20世纪上半叶，世界经济经历了两次世界大战和历史上最严重的经济危机。战争期间，资本主义国家的经济与政治均陷于动荡之中，生产和贸易遭到战争的严重破坏。由于民族矛盾突出，劳资矛盾相对退居次要地位。二十世纪二三十年代，西方资本主义国家发生了空前严重的经济危机，大量的企业破产和工人失业，使劳资关系重新紧张起来。受俄国社会主义革命和经济危机的影响，各主要资本主义国家相继都爆发了以政治要求为目标的较大规模的罢工。例如，英国的罢工在1919年达到1352次；法国在1919年罢工次数就多达约2000次。1905年美国产业工人联合会（简称"产联"，CIO）成立，形成了与劳联竞争的局面。

面对劳资关系的再度紧张，政府不得不直接干预经济。这一方面表现在劳动部门就业管理职能得到扩大和加强，政府开始对劳动力市场进行宏观干预。这种对经济的干预以美国的"罗斯福新政"为主要代表。为了减少大萧条所造成的失业，缓和劳资矛盾，罗斯福政府颁布了《产业复兴法》。该法律规定：工人有组织工会、参加自己选择的任何工会和通过自己的代表同资方签订集体合同的权利。该法律还规定了最低工资和最高工时等。政府还通过执行公共工程计划，吸收失业者就业。1935年美国通过的《国家劳动关系法》（又名《瓦格纳法》）进一步确认了工会的权力。另一方面，各国都进一步发展了社会保障制度，提高了社会保障水平。1935年罗斯福当政的美国政府通过了《社会保障法》，标志着现代社会保障制度从社会保险制度向综合性社会保障制度的转变。

二、行为科学理论

行为科学理论与科学管理理论产生的年代基本一致,但发展较后者更晚,直到1949年在美国芝加哥大学召开的会议上,该理论才被正式命名为"人际关系学说",后来又被称为"行为科学"。与管理学派偏重对工作进行科学分析相对比,行为科学理论侧重对人的心理活动的研究,研究人们行为的规律,从中寻找管理员工的新方法和提高劳动效率的途径。

在行为科学理论发展中,与组织中劳动者有关的三个最为重要的方面是:工业心理学的出现、霍桑试验和社会系统理论。

(一)工业心理学的出现

"工业心理学之父"雨果·芒斯特伯格在他的经典著作《心理学与工业效率》中提出,研究的目标是:寻求如何使人们的智能同他们所从事的工作相匹配;在何种心理条件下,才能从个人的工作中获得最多并最令人满意的产出;企业如何去影响工人,以便从他们那里获得好的结果。同泰勒一样,他对劳资之间的共同利益感兴趣。但是,他强调他的方法更侧重于工人,他希望以此来缩短工作时间,增加工资和提高生活水平。

(二)霍桑试验

霍桑试验是指在1924—1932年间由美国人埃尔顿·梅奥和罗特利斯伯格所进行的一系列分析改变照明和其他一些条件对工人和生产率的影响的试验。他们发现,照明强度和其他工作条件都无法解释生产率变化的原因。他们认为,在试验中生产率的提高是由于存在像士气、劳动集体成员之间满意的相互关系(一种归属感),以及有效的管理等一系列社会因素。因此,管理者要了解人的行为,特别是了解集体行为,并且通过激励、劝导、领导和信息交流来起作用。霍桑试验的重要之处在于,把人当作社会的人,从而要更多地考虑岗位上的人的情感、心理、期望等。

(三)社会系统理论

社会系统理论的代表人物是切斯特·巴纳德,他将管理工作纳入一个社会系统之中,并认为高级管理人员的任务就是在正式组织内尽力维护好一个协作系统。

三、劳动关系的制度化

在两次世界大战期间,劳动关系有了进一步发展。世界大战和经济危机影响了各国政治经济的稳定,加快了各国政府干预的步伐,各国从初期的国家干预向制度化、法制化过渡。

由于战争和经济危机对生产和就业带来的震荡,劳资矛盾一度非常尖锐,同时也引发了很多社会问题。为了缓解劳资矛盾,促进经济的复苏,各国依据新的行为科学管理理念,开展了"产业合理化"运动。该运动是以工人参与企业管理为主要内容的产业民主化运动。

在该时期,三方性原则开始出现。该原则最初的形式是,由政府的劳动部门安排雇主和工人代表或工会代表参加会议,共同讨论一些双方都关心的问题。经过逐步发展,已经演变成政府在制定产业政策时,主动征求双方的意见,政府参与调整双方关系,使双方的矛盾能够控制在一定范围内。三方合作的方式在当时主要有两种:一是在政府的主持和法律约束下,以集体方式处理劳资关系;二是雇主组织和工人(工会)组织共同参与劳动法的拟定和实施。第一种三方合作的方式——集体谈判和集体协议制度逐渐在各国兴起。在集体谈判制度中,以管理方与劳动者集体按照事先规定的程序通过讨价还价来共同决定工资和其他工作条件,而政府在谈判过程中作为第三方,除了帮助制定程序和规则之外,还担负着调解和仲裁双方纠纷,以及提供其他服务的责任。这种方式逐渐地在各国广泛地传播开来。第二种三方合作的方式,是在政府劳动立法的过程中,政府从原来只听取雇主方的意见转变为邀请雇主和工人代表共同参与协商。一些国家还为此成立了由三方共同参加的机构。当然,这一时期三方性原则在工业企业中还并不普遍和完善。

四、该时期劳动关系的特点

(1) 该时期的劳动关系受重大历史事件影响较其他时期更为明显。两次世界大战和世界经济大危机使劳资矛盾在缓解和激化之间反复震荡,客观上促进了劳动关系的加速发展。

(2) 政府进一步放弃了原来的不干预的政策,不但加强了劳动保障方面的立法,而且对产业发展和劳动力市场等诸多领域进行了宏观调控。

(3) 企业管理方更加关注员工的社会性特征,如士气、满意度等,客观上缓和了劳动关系紧张状态。

(4) 该时期冲突逐步制度化,产业民主化和三方性原则首次被提出,集体谈判制度的范围进一步扩大,使调整劳动关系的渠道更宽,选择余地更大。

第四节 现代劳动关系管理的成熟

一、时代背景

成熟的劳动关系时期是从第二次世界大战结束后直至二十世纪八九十年代。在这一阶段,世界经济发展出现了很多新变化:科学知识和技术的蓬勃发展、计算机的发明和应用、自动化控制领域的突飞猛进。在科技快速发展的情况下,世界各国经历了一个经济快速增长的时期,企业的资本密度不断增加,对工人的技术水平要求也在提高。同时,企业的规模也由于规模收益的原因而不断扩大。所有这些都对企业管理提出了新要求。

随着第二次世界大战后全球经济的快速发展,出现了像英国、瑞典这样的福利国家。福利国家以社会保障制度完善、社会保障水平高而著称。在其他西方国家,社会保障制度也有了不同程度的增长。现代社会保障制度于二十世纪四五十年代进入了成熟阶段。社会保障制度的发展对于改善劳动关系具有相当重要的意义。

二、现代管理学的发展——"管理理论丛林"

在科技进步和企业组织变化的背景下,原有的管理理念已经不再适应企业的需要,许多新理论应运而生。这些理论思想庞杂、内容广泛,因而被著名管理学家哈罗德·孔茨命名为"管理理论的丛林"。

在管理理论的丛林中,各派不但观点各不相同,而且在分析方法、研究具体对象等方面也各有所长。这里仅举几个相对重要的学派,并简单介绍其观点中与劳动关系有关的内容。

(一) 经验主义学派

该学派的代表人物彼得·德鲁克认为,管理科学阶段侧重于以工作为中心,忽视人的一面;而行为科学又侧重于以人为中心,忽视同工作的结合。目标管理则是综合以工作为中心和以人为中心的方法,实现工作与人的完美结合。

(二) 经理角色学派

经理角色学派产生于20世纪70年代,主要代表人物是加拿大的亨利·明茨伯格、乔兰、科斯庭等;该学派因以对经理角色的职务和工作为研究对象而得名。

该学派认为,经理提高工作效率的方法是:与下属共享信息;有意识地克服工作的表面性;处理好对组织施加影响的各种力量的关系,这些力量有股东、学者、政府、工会、公众、职工等等。

(三) 权变理论学派

权变理论,也称超Y理论,主要代表人物有约翰·莫尔斯和杰伊·洛西。该理论认为在企业管理中要根据企业所处的内部和外部条件随机应变,没有一成不变的、普遍适用的"最好"的管理理论和方法。

权变理论认为,人们加入工作组织的目标和需要是互不相同的,他们对管理方式的要求也有差别,员工的培训和工作分配、工资报酬和对工人的控制程度等管理政策应该随着工作性质、工作目标等因素而变化;当一个目标达到后,可以继续激发员工的胜任感,使之为新的更高目标而努力。

这些新学派的出现不仅反映了新的经济、技术环境下管理思想的变革,也反映了对原有的上一个比较特殊的历史时期的管理思想与传统的管理思想之间的某种整合。

三、成熟的劳动关系

劳动者重新返回劳动力市场和战后重建都为经济的复苏和在一个较长时期内经济的发

展提供了重要支持。经济发展的新要求和持续不断的工人运动,使政府采取了更多的产业民主化政策。在这些产业民主化政策中,最重要的是工人参与企业管理,主要体现在三方性原则的广泛推广上,即国家(政府)、企业和员工三方合作,共同制定产业政策和劳动政策。具体形式各国又有所不同。有的在全国一级的产业层次上由政府主持下的雇主协会与全国性的产业工会谈判,也有的按照政府的法律规定,在企业层面上由雇主与企业工会谈判。还有一些国家成立了一些由三方参加的民主决策机构,劳资议会就属于这样的机构。国际劳工组织也是一个三方组成的组织,它积极倡导劳动关系领域的三方性原则,在制定劳动法规、调整劳动关系、处理劳动争议等方面,政府、企业(雇主)和员工三方代表共同参与决策,相互影响、相互制衡。

另外,集体谈判制度也在进一步完善,并且被西方国家普遍采用。雇主与工会或工人代表通过相对公平的谈判来决定工资和工作条件等内容,所有员工——工会会员以及非工会会员,都可以享受谈判带来的福利的增加。集体谈判逐渐成为处理管理方与员工之间日常问题的主要手段。

政府对劳动关系影响的方式也从不干涉、直接干预到通过立法规范间接干预。在这一时期,西方国家形成了一整套规范化、制度化的法律体系和调整机制。

在美国,1947年通过了《劳资关系法》(也称《塔夫脱-哈特莱法》),对工会的权力进行了规范和限制。1955年劳联和产联合二为一,结束了两大工会力量长期竞争的局面。合并之后的劳联—产联的运作更加具有效率,并对内部各工会之间的冲突进行调整,使之控制在非暴力合法化的范围以内。一方面,工会的数量不再像第二次世界大战期间那样迅速增加,而多是旧有工会组织的延续;另一方面,参加工会的会员人数不断增加。

各国公共部门的工会发展壮大起来。从1972年开始,美国的制造业和建筑业蓝领工人中的工会组织数量骤减,同时从1960年起,公共部门的工会组织,尤其是在州、地方和联邦政府雇员中的工会组织,则维持了较长时期的增长。其他国家也有相似的过程:1985年工会代表中政府雇员的比重,在美国为36%,德国为58%,英国为81%。而在私营部门中,工会代表率在美国为14%,德国为28%,英国为38%。

在欧美国家,虽然员工中工会会员的比例有所上升,但是冲突的形式却变得并不激烈,劳动关系表现得更加成熟,因为劳资双方找到了解决冲突的更有效的办法,这就是法律规范下的由劳资协议制度、集体谈判制度等组成的制度体系。

四、该时期劳动关系的特点

成熟时期的劳动关系的特点主要表现为:

(1) 在前几个时期劳动关系发展的基础上,政府不但认识到调整劳动关系的重要意义,而且调整手段也已经相当完备,立法体系不断完善,社会保障制度和保障水平随着经济的发展而不断提高,为劳资双方有效沟通所提供的各种服务也比较完备。

(2) 在政府立法、服务体系干预下,管理方与员工双方都更愿意通过相对缓和的形式来解决冲突,使双方都得到好处,因此从总体上看,冲突的激烈程度在不断下降,合作成为劳动关系的主流。

（3）经过长期的发展，"三方格局"形成，员工参与管理的产业民主制度、集体谈判制度等都已相当完善。解决劳资矛盾、劳资争端的途径趋于制度化和法律化。

第五节　劳动关系管理的发展趋势

一、经济和组织发展的背景

近年来，一些学者从社会学和人类学角度对泰勒式的工作组织提出了挑战。他们认为，泰勒式的工作组织具有成本高、制度化的弱点，不适应新时代高新技术和通信技术的发展。因为这些新技术在销售、生产、设计和生产重组等方面，要求更具柔性的专业特征，从而使工作组织和工作设计发生了根本性的变化：（1）计算机的广泛应用和人工智能技术的发展，使传统的"蓝领"和"白领"的界限变得越来越模糊。（2）工作组织本身也从多等级的官僚制变为由网络化供应、团队工作、多种技术支持，以及像组织扁平化和弹性工作制这类形式多样、富于变化和适应环境的制度。（3）全球经济一体化带来的更为激烈的全球性竞争，使得世界经济进入"微利"时代，这就要求劳动关系双方改变传统的调整冲突的方式和渠道。

二、劳动关系管理的新变化

由于新技术的采用及由此带来的新的组织制度的发展，以及全球经济一体化的影响，新时期劳动关系也在发生着日益明显的变化。

（一）全球经济一体化带来国际竞争的加剧和雇主策略的变化

由于全球经济一体化趋势的加强、国际竞争的加剧，组织面对的降低雇佣条件、压低人工成本的压力就会愈来愈重。这些压力减少了各国的雇主或管理方妥协的余地和工会及集体谈判发展的空间。到目前为止，世界各国，尤其是劳动关系发展成熟的各西方市场经济发达的国家，还在纷纷寻求降低成本的方法，以及调整雇佣关系的新模式。

（二）跨国公司的兴起和经济全球化的趋势也改变了资方、政府和工会的权力平衡

一方面，市场的范围已经从单一国家的国界扩展到多个国家和地区；另一方面，一国政府控制国际资本流动的能力是有限的。由于大型跨国公司的核心竞争力在于利用国际金融、国际科研和国际技术资源，因此政府对这些大型跨国公司的影响力就越来越小，政府不再能够像以前那样，通过国家主要工业巨头联盟的帮助来制定该国的产业政策，而是只能控制部分国内市场。即使如此，对这部分市场能够产生影响的工会也会受到其他市场参与者的成本竞争的限制。正是在国际竞争压力和工作组织自身变化的情况下，各国工会力量在

20世纪80年代后期都有不同程度的削弱。

(三) 跨国工会和工会联盟发展的相对滞后

国际竞争的加剧和跨国公司的兴起,为工会跨过国家劳动力市场界限、建立国际组织来协调其行动提出了客观要求。这是因为,从历史上看,工会从地区组织发展成全国性组织,集体谈判从地区水平发展到国家级产业谈判,都是由于工会受到了控制范围之外的劳动力成本的影响,因而要求结成统一的组织来协调各工会的发展。为了顺应这一要求,欧洲的工会组织已经启动,欧洲工会联合会已经与欧洲雇主联合会开始了谈判。例如,1991年关于将《社会政策协议》的内容添加于《马斯特里赫特条约》的谈判;再例如,1994年关于《工厂委员会指南》的性质的谈判。但是,对于大多数国家和地区的工会,面对国际经济一体化还有很长的路要走。

(四) 发展中国家面临新问题

全球经济一体化的必然趋势不但会对主动加入的国家产生巨大的影响,而且会对那些"被迫"加入的国家的劳动关系和社会政策产生冲击。各个国家,尤其是发展中国家都面临着一个严峻的选择:是降低劳动条件和福利水平以压低劳动成本从而在全球竞争中获取优势,还是积极遵守各国统一的劳动标准,以实现对工人的工作和生活水平的保障?这确实是一个需要各国慎重考虑的问题。

目前,在加入世界贸易组织(WTO)的背景下,我国也面临着劳动标准水平的选择问题,这个问题将直接影响到我国企业劳动关系的状况和参与国际竞争的能力。

(五) 发达市场经济国家的工会面临着知识经济的挑战

工会的产生与发展总是与制造业和建筑业的发展相联系的。西方国家第三产业的比重大于第二产业比重,工会的范围和力量有不断缩小的趋势。例如,在美国,工会会员人数占工作人数的比重在不断缩小,而且代表未来经济发展趋势的美国高科技企业,工会的力量十分微弱。到20世纪末,工会会员在美国劳动力中所占的比率从第二次世界大战后的35%下降到10%左右,降至第二次世界大战后的最低水平。可以预见,在未来知识经济时代,具有知识的劳动者和具有资本的雇主之间的劳动关系会出现全新的变化。

综上可以看出,劳动关系发展的历史与该时期的经济技术社会发展的背景有着非常密切的联系。从总体上讲,劳动关系的发展经历了从对立到对话、从冲突到合作、从无序到制度化、法制化方向逐渐推进的过程。

三、中国的新型劳动关系管理

(一) 构建和谐劳动关系

《中共中央 国务院关于构建和谐劳动关系的意见》中明确指出:"劳动关系是生产关系

的重要组成部分,是最基本、最重要的社会关系之一。劳动关系是否和谐,事关广大职工和企业的切身利益,事关经济发展与社会和谐。党和国家历来高度重视构建和谐劳动关系,制定了一系列法律法规和政策措施并作出工作部署。"

党的十八大明确提出构建和谐劳动关系。在新的历史条件下,努力构建中国特色和谐劳动关系,是加强和创新社会管理、保障和改善民生的重要内容,是建设社会主义和谐社会的重要基础,是经济持续健康发展的重要保证,是增强党的执政基础、巩固党的执政地位的必然要求。各级党委和政府要从夺取中国特色社会主义新胜利的全局和战略高度,深刻认识构建和谐劳动关系的重大意义,切实增强责任感和使命感,把构建和谐劳动关系作为一项紧迫任务,摆在更加突出的位置,采取有力措施抓实抓好。

我国正处于经济社会转型时期,劳动关系的主体及其利益诉求越来越多元化,劳动关系矛盾已进入凸显期和多发期,劳动争议案件居高不下,有的地方拖欠农民工工资等损害职工利益的现象仍较突出,集体停工和群体性事件时有发生,构建和谐劳动关系的任务艰巨而繁重。

从以上论述可见,构建和谐劳动关系是何等重要、何等必要、何等紧迫。

1. 和谐的内涵

中华民族信奉"以和为贵",和谐的理念贯穿于中华文化的始终,其内涵随着时代向前而不断丰富。在中国特色社会主义建设新时期,和谐的特点表现为:通过协调双方利益,调动一切有效资源来增强整个组织的创造活力。和谐是维系良好劳动关系的关键,对于企业劳动关系的稳定具有长足的作用;构建一个和谐的劳动关系可以促进劳资双方目标一致化,为组织提供发展的内驱力。

2. 构建和谐劳动关系的原则

(1) 以人为本。在实际劳动市场中,劳动者个体通常处于弱势地位。用人单位在与劳动者构建劳动关系时要切身了解劳动者的利益需求,在维护好劳动者的根本权益的前提下,为组织争取应得的利益,把维护劳资双方利益,作为构建和谐劳动关系的根本出发点和落脚点。

(2) 三方协调。完善协调劳动关系的三方组织体系,建立健全三方组织的职能履行程序,充分发挥政府部门、工会、企业代表在协调劳动关系中起到的重要作用,增强劳资双方参与协调活动的积极性,促进共赢。

(3) 规范制度。在宏观层面,要继续推动劳动关系相关立法,增强企业依法用工意识,提高职工依法维权能力,依法处理劳动关系矛盾。在微观层面,企业要积极制定和完善内部劳动关系管理制度,明确劳资双方的权利和义务,为协调劳动关系提供依据。

(二) 充分发挥工会的作用

工会是联系用工方与劳动者的纽带,在协调劳动关系与构建企业和谐劳动关系的过程中,发挥着积极的推动作用。其中,主要有以下几点。

1. 搭建民主协商平台

工会为职工提供参与利益协商的平台,代表全体职工的利益。充分利用职工代表大会制度,让广大职工参与到民主协商中。工会在协商活动中积极听取劳动者的诉求,集思广益,了解劳动者思想动态,及时解决劳动者提出的问题,为企业稳定发展起到重要作用。

2. 推动劳资双方利益共享

工会作为劳资双方利益协商的第三方,要积极参与构建和谐劳动关系。工会必须正确处理用工方和劳动者之间的利益关系,追求组织员工目标一致,共享发展成果。工会要解决劳动者的切身利益问题,同时调动和激发所有劳动者的积极性和创造性,激励员工为企业创造价值,让劳资双方实现互利共赢。

3. 完善企业劳动关系管理制度

构建和谐劳动关系,离不开法律制度的规范,需要工会充分发挥其制度规范作用。工会要推动企业健全劳动关系管理制度,完善三方协商机制。通过制度规范,解决劳动者最关心、最直接、最现实的利益问题,协调好企业与职工之间的利益关系,保持劳动关系和谐发展,促进社会和谐稳定。

(三)中国劳动关系管理的新探索与主要贡献

1. 市场配置,政府调控

改革开放以来,党中央作出把工作重心转移到经济建设上来的战略部署。解放和发展生产力的现实需要,倒逼社会主义生产关系改革。伴随着生产关系的市场化调整,劳动关系的配置方式由行政化方式转化为市场化方式,市场经济体制取代了我国长期实行的计划经济体制。将市场经济与社会主义制度深度融合,形成具有中国特色的劳动力"市场配置,政府调控"新模式。

2. 中国式劳动合同制度

中国的劳动合同制度不同于西方,而是融入了中国特色社会主义的劳动合同制度。西方的劳动合同制度以契约精神为指导,倾向于遵从私法自治程序,在实行过程中,强调对资方的保护。而我国的劳动合同制度经过了长期的社会主义实践,在实行过程中更加重视对劳方的利益保障,采取政府干预、规范流程等方式切实维护劳动者的合法权益,维护了劳动关系的稳定性。

3. 劳资命运共同体

劳资命运共同体是基于中国共产党提出的"命运共同体"理念而形成的新模式,其核心在于"目标一致,利益共享"。在这种新模式下,劳资双方必须自觉摒弃零和博弈思维,致力于促进企业与员工和谐共处,实现双赢。资方要时时刻刻关心劳方的利益需求,及时满足其需求,并通过营造和谐的组织文化,促进组织与员工目标一致化,激发员工积极性,形成推动企业发展的最大合力。

4. 用工模式不断创新

伴随雇佣关系的深度市场化，员工和组织的关系日益脆弱，员工的组织承诺度下滑、主动离职率提高，员工更加关注个人价值。在市场化程度攀高条件下企业间及行业间尚未形成可衔接的员工培养体系，从组织人力资源管理角度来看，员工和组织关系的短期化使人态和谐与心态和谐的投入产出失衡，由此也限制了组织对人态和员工心态的重视。于是，平台经济等新经济形式下，我国核心—边缘雇佣策略成为大多数企业面临的新形势。因此，共享员工模式（尤其是江浙地区创造出了政府牵头构建、基于劳动市场的劳动力余缺调节机制）、平台用工模式等不断融合、不断创新，不断适应与推动我国社会主义市场经济的蓬勃发展。

本章小结

本章以时间为逻辑顺序，对劳动关系在各个发展阶段的时代背景进行了简要说明，然后介绍了每个阶段具有代表性的劳动关系管理理论，如：早期工业化时代的亚当·斯密管理思想、管理时代的科学管理理论、制度化时代的行为科学理论以及现代的"管理理论丛林"。继而对各个时期的劳动关系进行了详细解读，并从中分别、归纳、总结出特定时期劳动关系的特点。最后，在充分了解劳动关系发展的历史演变的基础上，探究了劳动关系的发展趋势，进一步研讨劳动关系的新变化，创新性地思考劳动关系管理在新时代的发展。

关键术语

共享经济模式（sharing economy model）

劳动关系管理（labor relations management）

管理理论丛林（management theory jungle）

工会（labor union）

三方性原则（tripartite principle）

全球经济一体化（economic globalization）

复习思考题

1. 成熟劳动关系时期的劳动关系具有哪些特点？
2. 回顾劳动关系发展的历史，你能得出哪些规律？
3. 根据劳动关系的发展趋势，你认为要怎么通过管理应对新变化。

【政策阅读】

中共中央　国务院关于构建和谐劳动关系的意见

（2015年3月21日）

为全面贯彻党的十八大和十八届二中、三中、四中全会精神，构建和谐劳动关系，推动科学发展，促进社会和谐，现提出如下意见。

一、充分认识构建和谐劳动关系的重大意义

劳动关系是生产关系的重要组成部分，是最基本、最重要的社会关系之一。劳动关系是否和谐,事关广大职工和企业的切身利益,事关经济发展与社会和谐。党和国家历来高度重视构建和谐劳动关系,制定了一系列法律法规和政策措施并作出工作部署。各级党委和政府认真贯彻落实党中央和国务院的决策部署,取得了积极成效,总体保持了全国劳动关系和谐稳定。但是,我国正处于经济社会转型时期,劳动关系的主体及其利益诉求越来越多元化,劳动关系矛盾已进入凸显期和多发期,劳动争议案件居高不下,有的地方拖欠农民工工资等损害职工利益的现象仍较突出,集体停工和群体性事件时有发生,构建和谐劳动关系的任务艰巨繁重。

党的十八大明确提出构建和谐劳动关系。在新的历史条件下,努力构建中国特色和谐劳动关系,是加强和创新社会管理、保障和改善民生的重要内容,是建设社会主义和谐社会的重要基础,是经济持续健康发展的重要保证,是增强党的执政基础、巩固党的执政地位的必然要求。各级党委和政府要从夺取中国特色社会主义新胜利的全局和战略高度,深刻认识构建和谐劳动关系的重大意义,切实增强责任感和使命感,把构建和谐劳动关系作为一项紧迫任务,摆在更加突出的位置,采取有力措施抓实抓好。

二、构建和谐劳动关系的指导思想、工作原则和目标任务

(一)指导思想。全面贯彻党的十八大和十八届二中、三中、四中全会精神,以邓小平理论、"三个代表"重要思想、科学发展观为指导,深入贯彻习近平总书记系列重要讲话精神,贯彻落实党中央和国务院的决策部署,坚持促进企业发展、维护职工权益,坚持正确处理改革发展稳定关系,推动中国特色和谐劳动关系的建设和发展,最大限度增加劳动关系和谐因素,最大限度减少不和谐因素,促进经济持续健康发展和社会和谐稳定,凝聚广大职工为实现"两个一百年"奋斗目标、实现中华民族伟大复兴的中国梦贡献力量。

(二)工作原则

——坚持以人为本。把解决广大职工最关心、最直接、最现实的利益问题,切实维护其根本权益,作为构建和谐劳动关系的根本出发点和落脚点。

——坚持依法构建。健全劳动保障法律法规,增强企业依法用工意识,提高职工依法维权能力,加强劳动保障执法监督和劳动纠纷调处,依法处理劳动关系矛盾,把劳动关系的建立、运行、监督、调处的全过程纳入法治化轨道。

——坚持共建共享。统筹处理好促进企业发展和维护职工权益的关系,调动劳动关系主体双方的积极性、主动性,推动企业和职工协商共事、机制共建、效益共创、利益共享。

——坚持改革创新。从我国基本经济制度出发,统筹考虑公有制经济、非公有制经济和混合所有制经济的特点,不断探究和把握社会主义市场经济条件下劳动关系的规律性,积极稳妥推进具有中国特色的劳动关系工作理论、体制、制度、机制和方法创新。

(三)目标任务。加强调整劳动关系的法律、体制、制度、机制和能力建设,加快健全党委领导、政府负责、社会协同、企业和职工参与、法治保障的工作体制,加快形成源头治理、动态管理、应急处置相结合的工作机制,实现劳动用工更加规范,职工工资合理增长,劳动条件不断改善,职工安全健康得到切实保障,社会保险全面覆盖,人文关怀日益加强,有效预防和化解劳动关系矛盾,建立规范有序、公正合理、互利共赢、和谐稳定的劳动关系。

三、依法保障职工基本权益

（四）切实保障职工取得劳动报酬的权利。完善并落实工资支付规定,健全工资支付监控、工资保证金和欠薪应急周转金制度,探索建立欠薪保障金制度,落实清偿欠薪的施工总承包企业负责制,依法惩处拒不支付劳动报酬等违法犯罪行为,保障职工特别是农民工按时足额领到工资报酬。努力实现农民工与城镇就业人员同工同酬。

（五）切实保障职工休息休假的权利。完善并落实国家关于职工工作时间、全国年节及纪念日假期、带薪年休假等规定,规范企业实行特殊工时制度的审批管理,督促企业依法安排职工休息休假。企业因生产经营需要安排职工延长工作时间的,应与工会和职工协商,并依法足额支付加班加点工资。加强劳动定额定员标准化工作,推动劳动定额定员国家标准、行业标准的制定修订,指导企业制定实施科学合理的劳动定额定员标准,保障职工的休息权利。

（六）切实保障职工获得劳动安全卫生保护的权利。加强劳动安全卫生执法监督,督促企业健全并落实劳动安全卫生责任制,严格执行国家劳动安全卫生保护标准,加大安全生产投入,强化安全生产和职业卫生教育培训,提供符合国家规定的劳动安全卫生条件和劳动保护用品,对从事有职业危害作业的职工按照国家规定进行上岗前、在岗期间和离岗时的职业健康检查,加强女职工和未成年工特殊劳动保护,最大限度地减少生产安全事故和职业病危害。

（七）切实保障职工享受社会保险和接受职业技能培训的权利。认真贯彻实施社会保险法,继续完善社会保险关系转移接续办法,努力实现社会保险全面覆盖,落实广大职工特别是农民工和劳务派遣工的社会保险权益。督促企业依法为职工缴纳各项社会保险费,鼓励有条件的企业按照法律法规和有关规定为职工建立补充保险。引导职工自觉履行法定义务,积极参加社会保险。加强对职工的职业技能培训,鼓励职工参加学历教育和继续教育,提高职工文化知识水平和技能水平。

四、健全劳动关系协调机制

（八）全面实行劳动合同制度。贯彻落实好劳动合同法等法律法规,加强对企业实行劳动合同制度的监督、指导和服务,在用工季节性强、职工流动性大的行业推广简易劳动合同示范文本,依法规范劳动合同订立、履行、变更、解除、终止等行为,切实提高劳动合同签订率和履行质量。依法加强对劳务派遣的监管,规范非全日制、劳务承揽、劳务外包用工和企业裁员行为。指导企业建立健全劳动规章制度,提升劳动用工管理水平。全面推进劳动用工信息申报备案制度建设,加强对企业劳动用工的动态管理。

（九）推行集体协商和集体合同制度。以非公有制企业为重点对象,依法推进工资集体协商,不断扩大覆盖面、增强实效性,形成反映人力资源市场供求关系和企业经济效益的工资决定机制和正常增长机制。完善工资指导线制度,加快建立统一规范的企业薪酬调查和信息发布制度,为开展工资集体协商提供参考。推动企业与职工就工作条件、劳动定额、女职工特殊保护等开展集体协商,订立集体合同。加强集体协商代表能力建设,提高协商水平。加强对集体协商过程的指导,督促企业和职工认真履行集体合同。

（十）健全协调劳动关系三方机制。完善协调劳动关系三方机制组织体系，建立健全由人力资源社会保障部门会同工会和企业联合会、工商业联合会等企业代表组织组成的三方机制，根据实际需要推动工业园区、乡镇（街道）和产业系统建立三方机制。加强和创新三方机制组织建设，建立健全协调劳动关系三方委员会，由同级政府领导担任委员会主任。完善三方机制职能，健全工作制度，充分发挥政府、工会和企业代表组织共同研究解决有关劳动关系重大问题的重要作用。

五、加强企业民主管理制度建设

（十一）健全企业民主管理制度。完善以职工代表大会为基本形式的企业民主管理制度，丰富职工民主参与形式，畅通职工民主参与渠道，依法保障职工的知情权、参与权、表达权、监督权。推进企业普遍建立职工代表大会，认真落实职工代表大会职权，充分发挥职工代表大会在企业发展重大决策和涉及职工切身利益等重大事项上的重要作用。针对不同所有制企业，探索符合各自特点的职工代表大会形式、权限和职能。在中小企业集中的地方，可以建立区域性、行业性职工代表大会。

（十二）推进厂务公开制度化、规范化。进一步提高厂务公开建制率，加强国有企业改制重组过程中的厂务公开，积极稳妥推进非公有制企业厂务公开制度建设。完善公开程序，充实公开内容，创新公开形式，探索和推行经理接待日、劳资恳谈会、总经理信箱等多种形式的公开。

（十三）推行职工董事、职工监事制度。按照公司法规定，在公司制企业建立职工董事、职工监事制度。依法规范职工董事、职工监事履职规则。在董事会、监事会研究决定公司重大问题时，职工董事、职工监事应充分发表意见，反映职工合理诉求，维护职工和公司合法权益。

六、健全劳动关系矛盾调处机制

（十四）健全劳动保障监察制度。全面推进劳动保障监察网格化、网络化管理，实现监察执法向主动预防和统筹城乡转变。创新监察执法方式，规范执法行为，进一步畅通举报投诉渠道，扩大日常巡视检查和书面审查覆盖范围，强化对突出问题的专项整治。建立健全违法行为预警防控机制，完善多部门综合治理和监察执法与刑事司法联动机制，加大对非法用工尤其是大案要案的查处力度，严厉打击使用童工、强迫劳动、拒不支付劳动报酬等违法犯罪行为。加强劳动保障诚信评价制度建设，建立健全企业诚信档案。

（十五）健全劳动争议调解仲裁机制。坚持预防为主、基层为主、调解为主的工作方针，加强企业劳动争议调解委员会建设，推动各类企业普遍建立内部劳动争议协商调解机制。大力推动乡镇（街道）、村（社区）依法建立劳动争议调解组织，支持工会、商（协）会依法建立行业性、区域性劳动争议调解组织。完善劳动争议调解制度，大力加强专业性劳动争议调解工作，健全人民调解、行政调解、仲裁调解、司法调解联动工作体系，充分发挥协商、调解在处理劳动争议中的基础性作用。完善劳动人事争议仲裁办案制度，规范办案程序，加大仲裁办案督查力度，进一步提高仲裁效能和办案质量，促进案件仲裁终结。加强裁审衔接与工作协调，积极探索建立诉讼与仲裁程序有效衔接、裁审标准统一的新规则、新制度。畅通法律援助渠道,依法及时为符合条件的职工提供法律援助,切实维护当事人合法权益。依托协调劳动关系三方机制完善协调处理集体协商争议的办法,有效调处因签订集体合同发生的争议和集体停工事件。

(十六)完善劳动关系群体性事件预防和应急处置机制。加强对劳动关系形势的分析研判,建立劳动关系群体性纠纷的经常性排查和动态监测预警制度,及时发现和积极解决劳动关系领域的苗头性、倾向性问题,有效防范群体性事件。完善应急预案,明确分级响应、处置程序和处置措施。健全党委领导下的政府负责,有关部门和工会、企业代表组织共同参与的群体性事件应急联动处置机制,形成快速反应和处置工作合力,督促指导企业落实主体责任,及时妥善处置群体性事件。

七、营造构建和谐劳动关系的良好环境

(十七)加强对职工的教育引导。在广大职工中加强思想政治教育,引导职工树立正确的世界观、人生观、价值观,追求高尚的职业理想,培养良好的职业道德,增强对企业的责任感、认同感和归属感,爱岗敬业、遵守纪律、诚实守信,自觉履行劳动义务。加强有关法律法规政策宣传工作,在努力解决职工切身利益问题的同时,引导职工正确对待社会利益关系调整,合理确定提高工资收入等诉求预期,以理性合法形式表达利益诉求、解决利益矛盾、维护自身权益。

(十八)加强对职工的人文关怀。培育富有特色的企业精神和健康向上的企业文化,为职工构建共同的精神家园。注重职工的精神需求和心理健康,及时了解掌握职工思想动态,有针对性地做好思想引导和心理疏导工作,建立心理危机干预预警机制。加强企业文体娱乐设施建设,积极组织职工开展喜闻乐见、丰富多彩的文化体育活动,丰富职工文化生活。拓宽职工的发展渠道,拓展职业发展空间。

(十九)教育引导企业经营者积极履行社会责任。加强广大企业经营者的思想政治教育,引导其践行社会主义核心价值观,牢固树立爱国、敬业、诚信、守法、奉献精神,切实承担报效国家、服务社会、造福职工的社会责任。教育引导企业经营者自觉关心爱护职工,努力改善职工的工作、学习和生活条件,帮助他们排忧解难,加大对困难职工的帮扶力度。建立符合我国国情的企业社会责任标准体系和评价体系,营造鼓励企业履行社会责任的环境。加强对企业经营者尤其是中小企业经营管理人员的劳动保障法律法规教育培训,提高他们的依法用工意识,引导他们自觉保障职工合法权益。

(二十)优化企业发展环境。加强和改进政府的管理服务,减少和规范涉企行政审批事项,提高审批事项的工作效率,激发市场主体创造活力。加大对中小企业政策扶持力度,特别是推进扶持小微企业发展的各项政策落实落地,进一步减轻企业负担。加强技术支持,引导企业主动转型升级,紧紧依靠科技进步、职工素质提升和管理创新,不断提升竞争力。通过促进企业发展,为构建和谐劳动关系创造物质条件。

(二十一)加强构建和谐劳动关系的法治保障。进一步完善劳动法、劳动合同法、劳动争议调解仲裁法、社会保险法、职业病防治法等法律的配套法规、规章和政策,加快完善基本劳动标准、集体协商和集体合同、企业工资、劳动保障监察、企业民主管理、协调劳动关系三

方机制等方面的制度,逐步健全劳动保障法律法规体系。深入开展法律法规宣传教育,加强行政执法和法律监督,促进各项劳动保障法律法规贯彻实施。

八、加强组织领导和统筹协调

(二十二)进一步加强领导,形成合力。各级党委和政府要建立健全构建和谐劳动关系的领导协调机制,形成全社会协同参与的工作合力。各级党委要统揽全局,把握方向,及时研究和解决劳动关系中的重大问题,把党政力量、群团力量、企业力量、社会力量统一起来,发挥人大监督、政协民主监督作用。各级政府要把构建和谐劳动关系纳入当地经济社会发展规划和政府目标责任考核体系,切实担负起定政策、作部署、抓落实的责任。完善并落实最低工资制度,在经济发展基础上合理调整最低工资标准。各级人力资源社会保障等部门要充分履行职责,认真做好调查研究、决策咨询、统筹协调、指导服务、检查督促和监察执法等工作。各级工会要积极反映职工群众呼声,依法维护职工权益,团结和凝聚广大职工建功立业。各级工商业联合会、企业联合会等企业代表组织要积极反映企业利益诉求,依法维护企业权益,教育和引导广大企业经营者主动承担社会责任。

(二十三)加强劳动关系工作能力建设。重视加强各级政府劳动关系协调、劳动保障监察机构建设以及劳动人事争议仲裁委员会和仲裁院建设,配备必要的工作力量。统筹推进乡镇(街道)、村(社区)等基层劳动就业社会保障公共服务平台建设,完善基层劳动关系工作职能,充实基层劳动关系协调、劳动争议调解和劳动保障监察人员。加强劳动关系工作人员业务培训,提高队伍素质。各级政府要针对劳动关系工作机构和队伍建设方面存在的问题,从力量配置、经费投入上给予支持,保障构建和谐劳动关系工作顺利开展。

(二十四)加强企业党组织和基层工会、团组织、企业代表组织建设。加强各类企业党建工作,重点在非公有制企业扩大党的组织覆盖和工作覆盖。坚持企业党建带群团建设,依法推动各类企业普遍建立工会,进一步加强非公有制企业团建工作。指导和支持企业党群组织探索适合企业特点的工作途径和方法,不断增强企业党群组织活力,充分发挥在推动企业发展、凝聚职工群众、促进和谐稳定中的作用。深入推进区域性、行业性工会联合会和县(市、区)、乡镇(街道)、村(社区)、工业园区工会组织建设,健全产业工会组织体系。完善基层工会主席民主产生机制,探索基层工会干部社会化途径,健全保护基层工会干部合法权益制度。建立健全县级以上政府与同级总工会联席会议制度,支持工会参与协调劳动关系。加强基层企业代表组织建设,支持企业代表组织参与协调劳动关系,充分发挥企业代表组织对企业经营者的团结、服务、引导、教育作用。

(二十五)深入推进和谐劳动关系创建活动。把和谐劳动关系创建活动作为构建和谐劳动关系的重要载体,总结创建活动经验,建立健全创建工作目标责任制,扩大创建活动在广大企业特别是非公有制企业和中小企业的覆盖面,推动区域性创建活动由工业园区向企业比较集中的乡镇(街道)、村(社区)拓展,努力形成全方位、多层次的创建局面。丰富创建内容,规范创建标准,改进创建评价,完善激励措施,按照国家有关规定定期表彰创建活动先进单位,把对企业和企业经营者评先评优与和谐劳动关系创建结合起来,不断推进创建活动深入开展。积极开展构建和谐劳动关系综合试验区(市)建设,为构建中国特色和谐劳动关系创造经验。

（二十六）加大构建和谐劳动关系宣传力度。充分利用新闻媒体和网站,大力宣传构建和谐劳动关系的重大意义、宣传党和政府的方针政策和劳动保障法律法规、宣传构建和谐劳动关系取得的实际成效和工作经验、宣传企业关爱职工和职工奉献企业的先进典型,形成正确舆论导向和强大舆论声势,营造全社会共同关心、支持和参与构建和谐劳动关系的良好氛围。

（资料来源:中央政府网）

第二篇 实务篇

第三章
招聘中的劳动关系管理

知识结构图

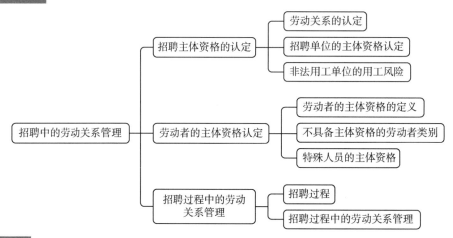

学习要点

- ❖ 招聘的主体资格及其认定
- ❖ 非法用工的主要风险
- ❖ 劳动者的主体资格
- ❖ 特殊人员的主体资格
- ❖ 用工模式及发展
- ❖ 招聘条件与录用条件
- ❖ 招聘过程中的法律风险

学习目标

企业劳动关系管理始于企业对员工的招聘与雇佣。通过对本章的学习,应掌握招聘与雇佣实践的基本流程,能够评估招募过程的效果与影响,了解各环节中包含的基本法律规范以及对劳资争议与纠纷的预防,理解和谐劳动关系下的招聘和雇佣程序,让企业在获得所需人才的同时,确保自身的招聘与雇佣行为合法而不产生法律风险,在企业和员工之间建立起互利互惠的和谐劳动关系。

引导案例

李某某与重庆漫咖文化传播有限公司劳动争议纠纷案

2017年11月29日,原告李某某与被告重庆漫咖文化传播有限公司(以下简称"漫咖公司")签订《艺人独家合作协议》,主要约定漫咖公司为李某某提供直播资源和政策,李某某通过漫咖公司在第三方直播平台上注册并从事网络直播活动,但李某某的直播地点、直播内容、直播时长、直播时间段并不固定,李某某亦无须遵守漫咖公司的各项劳动规章制度,漫咖公司可以享有李某某直播作品的著作权。

原告李某某于2017年11月2日进入被告漫咖公司工作,工作岗位为平台主播,工资组成为基本工资、提成、奖励。劳动关系存续期间,漫咖公司未与其签订劳动合同,未为其购买社会保险,至今仍拖欠工资。为维护合法权益,李某某先向劳动人事争议仲裁委员会申请仲裁,该委逾期未作出受理决定,故诉至法院,请求确认双方存在劳动关系,由漫咖公司向其支付二倍工资、欠付工资及经济补偿金,并确认双方劳动关系解除。而被告漫咖公司辩称,双方签订的是合作协议,李某某的工作内容不是其经营范围;李某某的直播行为不受其管理,直播时长不由其控制,直播内容是李某某自己策划的,直播地点自己选择,李某某自己注册平台账号,自己管理账号,漫咖公司仅作备案。

因合作公司没有对网络主播实施具有人身隶属性的劳动管理行为,网络主播从事的直播活动并非合作公司的业务组成部分,其基于合作协议获得的直播收入亦不是劳动法意义上的具有经济从属性的劳动报酬。因此,二者不符合劳动关系的法律特征。

(资料来源:李某某诉重庆漫咖文化传播有限公司劳动合同纠纷案——中华人民共和国最高人民法院公报)

第一节 招聘主体资格的认定

招聘是企业与员工建立劳动关系的起始。它是指在企业总体发展战略规划的指导下,根据人力资源规划,通过一定的方式和渠道发布招聘信息,吸引符合任职资格和条件的求职者,然后通过科学适当的方法进行甄选,最终确定合适的候选者予以聘用的系统过程。招聘是企业劳动关系管理的首要环节,其工作步骤都应遵循合法、科学、有效的原则,其具体制度的设计与实施应严谨、稳妥与可行,招聘活动应在企业与员工双赢的前提下展开,与员工建立起互惠互利的心理契约,保障企业与劳动者的合法权益。

一、劳动关系的认定

劳动关系涉及企业与员工之间的关系,是员工关系中较难处理的关系之一,是员工关系管理中涉及法律法规内容最多的部分,也是员工最为关注的内容之一。用人单位招聘开始

劳动关系管理

前须根据人力资源规划,确定招聘的性质,明确其与拟使用的劳动者之间建立什么关系,是劳动关系还是劳务关系——这两者的确定决定了招聘工作的具体内容和程序。

(一)两者的区别

根据第一章内容所述,劳动关系是用人单位招用劳动者为其成员,劳动者在用人单位管理下,提供正常劳动并获取报酬而产生的权利和义务关系,其本质是一种社会经济与法律关系,由劳动法进行调整。组织从属性是认定劳动关系的核心标准。而劳务关系是指平等主体之间就行纪、承揽、委托、承包等劳务事项进行等价交换而形成的一种经济关系,由民法调整。其主要区别如表3-1所示。

表3-1 劳动关系与劳务关系的区别

序号	比较项目	劳动关系	劳务关系
1	主体不同	劳动者(自然人)与用人单位。要求具备法律规定的劳动者资格与用人单位主体资格。提供劳动的一方只能是自然人;自然人不具备用工主体资格	不限于单位与自然人之间,还包括单位与单位之间、自然人与自然人之间,并且可能是多主体。只要求具有普通民事主体,不要求具有劳动者资格或用工资格
2	性质不同	当事人之间是管理与被管理的行政隶属关系,存在财产关系和特殊的身份关系	当事人之间是普通的民事关系,只存在财产关系,没有特殊的身份关系,即一方无须是另一方的成员,不存在管理与被管理的隶属关系
3	待遇不同	享有工资报酬、社会保险、福利待遇等	只有劳动报酬,不涉及社会保险
4	适用法律不同	适用《劳动法》	适用《民法典》
5	付酬依据不同	劳动者提供的是劳动过程。即使没有劳动成果,用人单位也应当支付劳动报酬	劳动者提供的是劳动成果,如劳动者不能提供约定的劳动成果,则不能获得劳动报酬甚至承担违约责任
6	争议解决程序不同	劳动争议必须提请劳动争议仲裁委员会进行劳动仲裁,不服才能到法院起诉,即仲裁是诉讼的必经前置程序(就业歧视案件除外)	劳务纠纷无须经过劳动仲裁,任何一方均可起诉解决
7	国家干预程度不同	双方权利和义务受到国家的众多严格干预和保护	国家干预较少,相对宽松

(二)劳动关系认定的证据

《劳动法》明确了劳动合同的概念:劳动合同是劳动者与用人单位确立劳动关系、明确双方权利和义务的协议。由此可见,在规范就业中,劳动合同是员工正式成为企业一员的标志。在具体判断上,如果双方没有签订劳动合同或一方手上没有劳动合同,可以参考原劳动部《关于确立劳动关系有关事项的通知》提供的如下证据:

（1）工资支付凭证或记录（职工工资发放花名册）、缴纳各项社会保险费的记录。

（2）用人单位向劳动者发放的"工作证""服务证"等能够证明身份的证件。

（3）劳动者填写的用人单位招工招聘登记表、报名表等招用记录。

（4）考勤记录。

（5）其他劳动者的证言等。

二、招聘单位的主体资格认定

（一）具有招聘主体资格的用人单位

根据《劳动合同法》及其实施条例，我国法律上认可的用人单位包括如下几种：

（1）企业。即以营利为目的的社会经济组织，一般是自负盈亏的生产性单位，包括办理了营业执照的法人企业和非法人企业，是用人单位的主要组成部分，是《劳动合同法》的主要调整对象。

（2）个体经济组织。指经工商登记注册并招用雇工的个体工商户。我国法律规定，个体经济组织是指一般雇工在7人以下的个体工商户。

（3）民办非企业单位。指企业事业单位、社会团体和其他社会力量以及公民个人利用非国有资产举办的，从事非营利性社会服务活动的社会组织。如我国广泛存在的民办教育机构或组织。

（4）国家机关。指行使国家权力、管理国家事务的机关，包括国家权力机关、国家行政机关、国家司法机关、国家军事机关、政协等。其录用公务员适用《公务员法》，不适用《劳动法》和《劳动合同法》。国家机关招用工勤人员，需签订劳动合同，适用《劳动法》和《劳动合同法》。面向社会公开招聘，录用后不占政府部门编制的政府雇员，属于为政府工作的法律、金融、经贸、信息、高新技术等方面的专门人才，则须签订劳动合同（合同期一般为1—5年），适用《劳动合同法》调整。

（5）事业单位。国家为了社会公益目的，由国家机关举办或者其他组织利用国有资产举办的，从事教育、科技、文化、卫生等活动的社会服务组织。事业单位接受政府领导，表现形式为事业单位法人实体。目前我国有三种事业单位，按照社会功能将现有事业单位划分为承担行政职能、从事生产经营活动和从事公益服务三个类别。对承担行政职能的，逐步将其行政职能划归行政机构或转为行政机构；对从事生产经营活动的，逐步将其转为企业；对从事公益服务的，继续将其保留在事业单位序列，强化其公益属性，分为公益一类和公益二类。以上诸类事业单位中，录用工作人员参照《公务员法》进行管理的事业单位，不适用《劳动合同法》；经转制实行企业化管理的事业单位，其与职工签订的是劳动合同，适用《劳动合同法》。

（6）社会团体。指中国公民自愿组成，为实现会员共同意愿，按照其章程开展活动的非营利性社会组织。其中，党派性质的社会团体，除工勤人员外，其工作人员是公务员，按照《公务员法》管理；人民团体和群众团体，如工会、共青团、妇联、工商联、文联、足协、科协等，其工作人员虽未明确规定参照《公务员法》管理，但实践中列入国家编制管理（工勤人员除外,其适用《劳动法》)。除此以外的多数社会团体,如果其与劳动者订立的是劳动合同,就适用《劳动合同法》。

(7)依法取得营业执照或者登记证书的分支机构。根据《中华人民共和国劳动合同法实施条例》(简称《劳动合同法实施条例》),其可作为用人单位与劳动者订立劳动合同。未依法取得营业执照或者登记证书的分支机构,只能受用人单位委托才可以与劳动者签订劳动合同。现实中,部分分支机构因无招聘主体资格而与应聘者发生聘用纠纷或劳动纠纷的较为常见,其主要原因之一是信息不对称,应聘者不知晓招聘方无聘用资格而盲目应聘使自身权益受到侵害。

(8)其他组织。指依法成立,有一定组织的组织机构和财产,但不具备法人资格的组织。如个人独资企业,合伙企业,依法登记领取我国营业执照的中外合作经营企业、外资企业。依法成立的会计师事务所、律师事务所等合伙组织和基金会,属于《劳动合同法》规定的用人单位。

所以,招聘管理应遵行合法性原则。组织在实施招聘时,应向应聘者提供真实的组织情况介绍和工作岗位,履行告知义务,包括该职位的优势和缺点,让应聘者比较客观、准确地了解招聘与用工主体单位的基本情况和岗位工作。

(二)常见的不具有用人单位主体资格的组织

(1)外国企业常驻代表机构。依据国家有关规定,外国企业常驻代表机构租用房屋、聘请工作人员,应当委托当地外事服务单位或者中国政府指定的其他单位办理。代表机构雇佣员工应当委托外事服务单位招聘。以这种方式招聘员工,外事服务单位(涉外就业服务单位)、劳动者和常驻代表机构分别属于用人单位、被派遣劳动者和用工单位。

(2)处于筹备中的企业或公司。根据《公司法》,企业只有成立后才可刻制公章,开立银行账户,签订合同,进行经营活动。筹办单位发起人是自然人,筹办未成功的,在筹办期间发生的争议不作为劳动争议处理。

(3)未依法取得营业执照或登记证书的分支机构。该类分支机构只有受用人单位委托才可与劳动者签订劳动合同。如果分支机构与劳动者因此发生聘用或劳动纠纷,则由分支机构的母体法人单位承担相关法律责任。

(4)破产清算组。破产清算组,是指企业破产宣告后依法成立的,在法院的指挥和监督之下全面接管破产企业并负责破产财产的保管、清理、估价、处理和分配,总管破产清算事务的专门机构。该机构的成立不需要取得营业执照或登记证书,因此不具备《劳动法》规定的用工单位主体资格。

(5)其他组织。如业主委员会、村民委员会、居民委员会、农村集体经济组织等,它们与其工作人员之间不受《劳动法》调整。

三、非法用工单位的用工风险

非法用工是指无营业执照或者未经依法登记、备案的单位,被依法吊销营业执照或撤销登记、备案的单位,以及用人单位使用童工违法用工的情形。

(一)非法用工的风险

(1)行政法律责任。根据《劳动保障监察条例》,对无营业执照或者已被依法吊销营业执照,有劳动用工行为的,由劳动保障行政部门依法实施劳动监察,并及时通报工商行政部门予以查处取缔。

(2)经济责任。根据《劳动合同法》第九十三条,对于劳动者已经付出劳动的,该单位(指非法用工单位)或者出资人要依据《劳动合同法》及相关法律法规的规定,给予劳动者劳动报酬、经济补偿、赔偿金;如果给劳动者造成损害的,应当承担赔偿责任。

(3)用工伤亡赔偿责任。非法用工单位发生伤亡事故,没有办理工伤保险,工伤保险基金支付的部分将全部由单位承担。同时,为了加大对非法用工的打击,法律规定了远比合法用工重得多的赔偿责任。在非法用工情况下,一次性工伤赔偿金的标准也远高于合法用工下的赔偿金。

(二)避免非法用工

非法用工的法律风险很大,而且发生的概率很高,所以应当采取杜绝风险的管理策略,避免非法用工。如果不具备用人单位主体资格但确实需要用工的,则应当选择适用劳务派遣、劳务外包等模式。

用人单位招用劳动者,应当如实告知劳动者工作内容、工作条件、工作地点、职业危害、安全生产状况、劳动报酬,以及劳动者要求了解的其他情况,上述是用人单位的义务,并不是以劳动者是否提出为前提条件。

除此以外,对于劳动者要求了解的其他情况,如用人单位相关的规章制度,包括用人单位内部的各种劳动纪律、规定、考勤制度、休假制度、请假制度、处罚制度以及企业内已经签订的集体合同等,用人单位都应当进行详细的说明。

针对新冠疫情背景下用工所出现的新情况、新变化,请详阅章尾所附的政策专栏。

第二节 劳动者的主体资格认定

一、劳动者的主体资格的定义

劳动者的主体资格是指《劳动法》规定的公民成为劳动者应当具备的条件,它包括公民的劳动权利能力和劳动行为能力两个方面。

(1)劳动权利能力,指公民能够享有劳动权利并承担劳动义务的法律资格。

(2)劳动行为能力,指公民能够以自己的行为行使劳动权利并承担劳动义务的法律资格。

享有劳动权利能力的公民必然同时享有劳动行为能力,所以劳动权利能力和劳动行为能力是统一的。

二、不具备主体资格的劳动者类别

1. 未满16周岁的未成年人（童工）

在中国，童工是指未满16周岁，与单位或者个人发生劳动关系从事有经济收入的劳动或者从事个体劳动的少年、儿童。我国法律严禁使用童工，某些特殊行业（文艺、体育和特种工艺单位，如歌舞团、杂技团）确需要录用未满16周岁的文艺工作者、运动员和艺徒时，必须经有关部门批准，并在工作时间、禁止从事有害健康工作等方面给予特殊保护。在资本主义发展早期，童工被大量使用，给儿童带来深重的灾难。

2. 完全丧失劳动能力的残疾人

我国《残疾人保障法》对残疾人作了明确界定：残疾人是指在心理、生理、人体结构上，某种组织、功能丧失或者不正常，全部或者部分丧失以正常方式从事某种活动能力的人。根据我国第六次全国人口普查总人口数据及第二次全国残疾人抽样调查推算，重度残疾人有1800多万，中度和轻度残疾人有6700多万。

根据国家标准《残疾人残疾分类和分级》（GB/T 26341—2010），残疾人包括视力残疾、听力残疾、言语残疾、肢体残疾、智力残疾、精神残疾、多重残疾七类。每一类残疾又按照残疾程度从重到轻依次分为四个等级：一级、二级、三级、四级。经民政部修订并自2021年7月1日起施行的《特困人员认定办法》明确规定了无劳动能力的残疾人标准：残疾等级为一、二、三级的智力、精神残疾人，残疾等级为一、二级的肢体残疾人，残疾等级为一级的视力残疾人。

当然，对有劳动能力的残疾人，国家实行扶持保护政策。根据《中华人民共和国残疾人保障法》第三十一条的规定：残疾人劳动就业，实行集中与分散相结合的方针，采取优惠政策和扶持保护措施，通过多渠道、多层次、多种形式，使残疾人劳动就业逐步普及、稳定、合理。第三十二条规定，政府和社会举办残疾人福利企业、盲人按摩机构和其他福利性单位，集中安排残疾人就业。第三十三条规定：国家实行按比例安排残疾人就业制度。国家机关、社会团体、企业事业单位、民办非企业单位应当按照规定的比例安排残疾人就业，并为其选择适当的工种和岗位。达不到规定比例的，按照国家有关规定履行保障残疾人就业义务（缴纳残疾人就业保障金）。国家鼓励用人单位超过规定比例安排残疾人就业。

《残疾人就业条例》第八条和第九条规定：用人单位应当按照一定比例安排残疾人就业，并为其提供适当的工种、岗位。用人单位安排残疾人就业达不到其所在地省、自治区、直辖市人民政府规定比例的，应当缴纳残疾人就业保障金。《残疾人就业保障金征收使用管理办法》（财税〔2015〕72号）第二章第六条规定：用人单位安排残疾人就业的比例不得低于本单位在职职工总数的1.5%。具体比例由各省、自治区、直辖市人民政府根据本地区的实际情况规定。用人单位安排残疾人就业达不到其所在地省、自治区、直辖市人民政府规定比例的，应当缴纳保障金。

3. 精神病患者

精神病患者能否工作涉及很多因素，需要根据不同的情况具体分析，有些精神病患者不能够从事工作,有些患者可以从事或者能够工作。若精神病患者的病情处于不稳定期或者发作期,表现为思维、认知、情感、行为等多方面的异常和障碍,患者受症状的影响很难建立起正常的人际关系,而且社会功能受到严重损害,很难从事或者胜任正常的工作,这种情况下精神病患者一般不能工作。部分精神病患者可能存在一定的社会危害性,不利于社会的安定,更不能够从事与人民安全相关的工作。部分需要长期治疗的精神病人,社会功能过早衰退,或可能遗留精神残疾,难以适应或者融入正常的社会生活,基本丧失工作能力,这种情况也不能工作。

企业招用的合同制工人在试用期内发现患有精神病不符合录用条件的,按合同规定可以终止或解除劳动合同。在试用期满履行劳动合同期间,经劳动鉴定委员会确定患有精神病的,按其在单位工作时间的长短,给予三个月至一年的医疗期。在本单位工作二十年以上的,医疗期可以适当延长。在医疗期内,其医疗待遇和病假工资与所在企业原固定工人同等对待。医疗期满后不能从事原工作的,可以解除劳动合同,并由企业发给相当于本人标准工资三个月至六个月的医疗补助费。

4. 行为自由被剥夺者或受到特定限制者

综合宪法和部门法对人身自由的限制方式之规定,对人身自由的限制分为剥夺(完全没有自由,如判刑)与限制、追惩性限制(如逮捕、羁押、拘役、有期和无期徒刑、死缓,行政拘留等)与保护性限制(如醉酒者、吸毒成瘾者)、隔离性限制(如戒毒所、精神病院、传染病院)和管束性限制(如监视居住)等。

除此之外的公民都具有劳动者主体资格,可以应聘相应的岗位。

三、特殊人员的主体资格

1. 股东的聘用

如果该股东没有在该公司上班,则双方不存在劳动关系;如果该股东同时在该公司上班,则双方存在劳动关系。

2. 法定代表人

法定代表人是指依法代表法人行使民事权利、履行民事义务的主要负责人,如工厂的厂长、公司董事长等。《公司法》第十三条规定:公司法定代表人依照公司章程的规定,由董事长、执行董事或者经理担任,并依法登记。公司法定代表人变更,应当办理变更登记。如果仅仅是法定代表人,没有其他工作职务,其本身就是公司的代表,双方之间不存在劳动关系,否则就会出现自己代表公司与自己签订书面劳动合同的情况。如担任其他工作职务,则当他以该身份工作时,与公司存在劳动关系,应当签订劳动合同。也就是说,他仅仅是公司董事长或执行董事的时候,不存在劳动关系。

3. 董事长

根据《公司法》,无论董事长是否担任法定代表人,其都是公司实际经营管理的最高领导者,不具备劳动者的组织从属性(因代表资方),因此,董事长不是劳动者,与所在单位之间不存在劳动关系。但有一种特例,董事长是由我国国有企业聘任或委任为董事长或执行董事的时候则存在劳动关系,需要与上级部门(委任部门)签订劳动合同。

4. 监事

监事履行所有者即股东权益维护者的职责,是公司中常设的监察机关成员,称为监察人,负责监察公司的财务及管理执行情况。由监事组成的监督机构监事会,是公司必备的法定监督机关,通常由股东代表和职工代表组成。如果监事属于外部监事(即股东代表)则不存在劳动关系,无须签订劳动合同;如果其属于内部监事(职工代表),则双方依劳动合同存在劳动关系。

5. 外国人

用人单位聘用外国人须为该外国人申请就业许可,经获准并取得《中华人民共和国外国人就业许可证书》(以下简称"许可证书")后方可聘用。禁止个体经济组织和公民个人聘用外国人。中国台湾和香港、澳门地区不适用本规定,其适用的是《台湾和香港、澳门居民在内地就业管理规定》。

(1) 外国人在中国就业须具备下列条件:

① 年满18周岁,身体健康;

② 具有从事其工作所必需的专业技能和相应的工作经历;

③ 无犯罪记录;

④ 有确定的聘用单位;

⑤ 持有有效护照或能代替护照的其他国际旅行证件。

(2) 申请与审批程序。主要是办理三大证件,即就业许可证、就业证和居留证。在中国境内就业的外国人应持Z字签证入境(有互免签证协议的,按协议办理),入境后取得《外国人就业证》(以下简称"就业证")和外国人居留证件,方可在中国境内就业。未取得居留证件的外国人(即持F、L、C、G字签证者),在中国留学、实习的外国人及持Z字签证外国人的随行家属不得在中国境内就业。许可证书和就业证由劳动部门统一制作。

具体程序是,用人单位聘用外国人,须填写《聘用外国人就业申请表》,向其与劳动行政主管部门同级的行业主管部门提出申请,并提供有效文件,办理就业许可证。获准来中国工作的外国人,应凭许可证书及本国有效护照或能代替护照的证件,到中国驻外使领馆处申请Z字签证。用人单位应在被聘用的外国人入境后15日内,持许可证书、与被聘用的外国人签订的劳动合同及其有效护照或能代替护照的证件到原发证机关为外国人办理就业证,并填写《外国人就业登记表》。就业证只在发证机关规定的区域内有效。已办理就业证的外国人,应在入境后30日内,持就业证到公安机关申请办理居留证。居留证件的有效期限可根据就业证的有效期确定。

劳动行政部门对就业证实行年检。用人单位聘用外国人就业每满1年,应在期满前30日内到劳动行政部门发证机关为被聘用的外国人办理就业证年检手续。逾期未办的,就业证自行失效。

（3）特殊情形。由我国政府直接出资聘请的外籍专业技术和管理人员，或由国家机关和事业单位出资聘请，具有本国或国际权威技术管理部门或行业协会确认的高级技术职称或特殊技能资格证书的外籍专业技术和管理人员，并持有外国专家局签发的《外国专家证》的外国人，可免办就业许可证和就业证。按照我国与外国政府间、国际组织间协议、协定，执行中外合作交流项目受聘来中国工作的外国人，外国企业常驻中国代表机构中的首席代表、代表，可免办许可证书，入境后凭Z字签证及有关证明直接办理就业证。

（4）劳动合同管理。用人单位与被聘用的外国人应依法订立劳动合同，并到劳动部门进行鉴证。劳动合同的期限最长不得超过5年。劳动合同期限届满即行终止，就业证即行失效。如需续订，该用人单位应在原合同期满前30日内，向劳动行政部门提出延长聘用时间的申请，经批准并办理就业证延期手续。用人单位与被聘用的外国人发生劳动争议，应按照《劳动法》和《劳动争议调解仲裁法》处理。

（5）法律责任。对伪造、涂改、冒用、转让、买卖就业证和许可证书的外国人和用人单位，由劳动行政部门收缴就业证和许可证书，没收其非法所得，并处以1万元以上10万元以下的罚款；情节严重构成犯罪的，移送司法机关依法追究刑事责任。

第三节 招聘过程中的劳动关系管理

一、招聘过程

一般而言，员工招聘活动的主要程序包括：确定招聘需求、制订招聘计划、招募、甄选、录用、评估。

招聘需求明确后，人力资源部门需要会同用人部门共同制订招聘计划及具体措施，包括确定招聘规模、用工性质、招聘范围、招聘时间等。招聘计划完成之后，下一个步骤就是招聘的实施，即启动招募过程。招募（Recruitment）是企业采取多种措施吸引求职者申请职位的过程，具体包括招聘来源和招聘的方式方法。甄选（Selection）是指企业采用科学有效的方法对求职者进行评价，将合格者与不合格者进行区分并挑选最合适人选的过程。录用（Employment）是指用人单位做出决策，确定入选人员，并进行初始配置、试用与正式任用的过程。招聘评估主要是对招聘结果的成效进行评估，如成本与效果评估、录用员工数量与质量的评估以及信度、效度评估等。具体如图3-1所示。

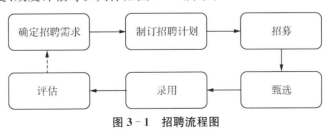

图3-1 招聘流程图

二、招聘过程中的劳动关系管理

（一）招聘计划中的劳动关系管理

1. 用工模式选择

所谓用工模式，是指各种不同的解决人力资源需求的方法。企业须综合考虑用工成本和员工激励等方面并针对出现的新变化来选择或调整优化自己的用工模式。在构建和谐社会的背景下，用工模式的选择须在依法、规范用工的前提下展开，因为依法用工、规范用工是实现企业与劳动者双方权益的保障。在劳动关系搭建之初，企业需要准确掌握《劳动合同法》规定下的几种用工模式，结合实际发展需要，做出合法、合理的选择规划，确保在实现企业自身利益的同时维护员工的利益。

就用工模式的整体状况而言，我国法律上明确了四类用工，即劳动合同用工、劳务派遣用工、非全日制用工及其他特殊用工。其中，企业以劳动合同用工为主，辅以劳务派遣用工、非全日制用工，并且零星使用内退人员与返聘离退休职工，以及使用勤工助学的学生等。具体情况如表 3-2 所示。

表 3-2 我国企业用工模式总体情况表

用工模式	性质或特征描述	市场地位作用	备注
劳动合同用工	劳动关系	第一位/主体作用	三类劳动合同
劳务派遣用工	特殊劳动关系，含劳动合同、派遣协议、岗位协议	第二位/辅助作用	
非全日制用工	劳动关系，可订立口头协议，不得约定试用期	第三位/辅助作用	上升势头较快
其他特殊用工	签订聘用协议或劳务合同，建立劳务关系	补充作用	内退人员、离退休返聘职工、勤工助学的学生等

用工模式的选择对招聘管理产生了很大影响。具体来说，员工招聘首先应从企业管理经营战略入手，基于企业的组织架构，进行人力资源规划，明确用工需求；然后在参照现实经营状况的基础上，结合人工成本与防范法律风险的视角，定位企业的用工模式，确定具体的用工性质。

（1）劳动合同用工模式

《劳动合同法》第六十六条明确规定，劳动合同用工是我国的企业基本用工形式。

根据用人单位和劳动者签订的劳动合同的长短，将劳动合同工具体细分为固定期限劳动合同工、无固定期限劳动合同工以及以完成一定工作任务为期限的劳动合同工三类。三类劳动合同分别举例如下：

第一类：本合同为固定期限劳动合同，合同期从_____年___月___日至_____年

___月___日止。

第二类：本合同为无固定期限劳动合同，合同期从_____年___月___日至法定解除或终止条件出现。

第三类：本合同为以完成一定工作任务为期限的劳动合同，合同期从_____年___月___日至___止。

◇ 小案例

2020年9月，王某应聘进入某软件公司工作，应聘的岗位为程序员，双方签订了以完成一定工作任务为期限的劳动合同，约定王某的主要工作是为公司开发办公系统，工作任务完成后劳动合同即终止。2021年12月15日，公司书面通知王某其工作任务已经完成，劳动合同终止。随后王某提起劳动仲裁，要求软件公司支付经济补偿金。

适用法条解析：《劳动合同法实施条例》第二十二条规定：以完成一定工作任务为期限的劳动合同因任务完成而终止的，用人单位应当依照劳动合同法第四十七条的规定向劳动者支付经济补偿。

(2) 劳务派遣用工模式

① 关于劳务派遣的内涵与作用。在劳动合同工这一用工模式以外，使用较多的是劳务派遣，尤其是国有企业使用这一用工模式的情况较多。劳务派遣又称劳动派遣、人才派遣，它是指劳务派遣单位与被派遣劳动者签订劳动合同，派遣单位根据实际用工单位的需求，与之签订派遣协议，将被派遣劳动者派往用工单位，被派遣劳动者在用工单位提供劳动。其突出的特点是，用人不用工，用工不用人，三方主体，多重关系。这种用工模式最显著的特征就是劳动力的雇佣和使用分离。其本质是所涉三方建立的是一种特殊的用工方式或者说特殊的劳动关系，即劳动关系与民事关系并存，它将传统的两方法律关系转化为三方法律关系。当然，劳务派遣的优势很明显，包括降低企业成本、人事管理便捷、可转移企业风险、在一定程度上减少劳动争议。

② 派遣岗位的范围与比例。劳务派遣用工是我国企业用工的补充形式，只能在临时性、辅助性或者替代性工作岗位上实施（这三类岗位人们常称为"三性"岗位）。其中，临时性工作岗位是指存续时间不超过六个月的岗位；辅助性工作岗位是指为主营业务岗位提供服务的非主营业务岗位；替代性工作岗位是指用工单位的劳动者因脱产学习、休假等原因无法工作的一定期间内，可以由其他劳动者替代工作的岗位。用工单位应当严格控制劳务派遣用工数量，不得超过其用工总量的一定比例，具体比例由国务院劳动行政部门规定。

《劳务派遣暂行规定》第四条规定：用工单位应当严格控制劳务派遣用工数量，使用的被派遣劳动者数量不得超过其用工总量的10%。前款所称用工总量是指用工单位订立劳动合同人数与使用的被派遣劳动者人数之和。计算劳务派遣用工比例的用工单位是指依照劳动合同法和劳动合同法实施条例可以与劳动者订立劳动合同的用人单位。

③ 法律风险。以上所述就是劳动法对被派遣岗位条件的明确界定，以防范用人单位滥

用劳务派遣而逃避相关责任和义务。2012年《劳动合同法》修订前,劳务派遣公司和劳务派遣人员明显增多,劳务派遣人员同工不同酬、不予参加社会保险或少缴社会保险费等问题比较突出。不仅在非"三性"岗位上长期大量使用劳务派遣工,而且实行"逆向派遣",即将原有的正式劳动合同工转入劳务派遣公司成为劳务派遣工,这些职工岗位不变、工作不变,但身份却发生了根本变化,成了劳务派遣工。这些劳动者在劳动报酬、福利待遇等方面与正式职工拉开了差距,职工的合法权益受到侵害。

劳务派遣涉及劳动派遣单位(用人单位)、被派遣劳动者、接受劳务派遣单位(我国法律上称为用工单位)三方,劳务派遣单位即用人单位与被派遣劳动者签订劳动合同,用人单位与用工单位之间签订劳务派遣协议,签订岗位协议。需要特别注意的是,用工单位与被派遣劳动者之间只有劳动力的使用关系,没有劳动合同关系。三者之间的关系如图3-2所示。

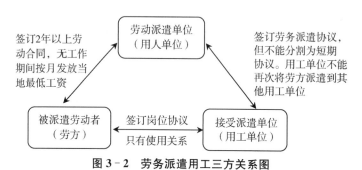

图3-2 劳务派遣用工三方关系图

(3)非全日制用工模式

它是相对于全日制用工而言的一种用工模式。

《劳动合同法》第六十八条对非全日制用工作出明确界定:非全日制用工,是指以小时计酬为主,劳动者在同一用人单位一般平均每日工作时间不超过四小时,每周工作时间累计不超过二十四小时的用工形式。从上述条文可以看出,非全日制员工工作的时间少,劳动关系具有临时性特征,而且允许存在双重或多重劳动关系,因此也是一种较为特殊的用工模式。

全日制用工与劳务派遣用工都应当订立书面合同,非全日制用工可以订立口头协议,且非全日制用工双方当事人不得约定试用期。非全日制用工双方当事人任何一方都可以随时通知对方终止用工。终止用工时用人单位不向劳动者支付经济补偿。其劳动报酬结算支付周期最长不得超过十五日。

(4)其他特殊用工模式

这主要指使用内退人员、返聘离退休职工这种情形。这种用工模式只起到补充用工作用。

关于使用内退人员。内退人员的全称是内部退养人员或者内退内养人员,内退人员并没有办理真正的退休手续,而是由于单位生产经营发生困难,不能正常生产,无法给那些未达到法定退休年龄的员工安排合适的工作岗位,因而在单位内部采用的一种近似退休的过渡性办法。内退人员实际上与用人单位保留着劳动关系,只是无须在岗,每个月可以在用人单位领取一定数额的内退费,直到达到法定退休年龄为止。

关于返聘离退休职工。退休职工在法律上已经失去了作为劳动者的主体资格,返聘形成的是劳务关系,也就不受《劳动法》《劳动合同法》的保护,双方无须签订劳动合同,但一般应签订劳务合同或者聘用协议。企业无须为返聘人员缴纳社会保险,但为了保障单位和退休人员双方的权益,再者退休返聘人员年事已高,发生人身伤亡的概率较高,因此最好为其购买商业医疗保险或意外保险等。其中,根据岗位风险程度,为其办理商业性雇主责任险是目前非常有效的应对办法。另外,若双方发生纠纷则属于民事纠纷,当事方可以直接起诉至人民法院。

除了上述用工方式外,还有其他一些灵活的用工方式,例如合理、灵活使用待岗政策,招用待岗下岗人员;招用在校学生为实习生;充分利用行业内以及企业内部的劳动力建立借调机制来扩充人员等。

2. 易混概念的区分

(1) 劳务派遣与劳务外包的联系与区别

两者的联系。劳务派遣、劳务外包这两种模式下,所使用人员都不属于用工企业,他们的劳动关系分别在劳务派遣单位(用人单位)和外包服务公司,所以其社保、个税也不由用工企业直接负责。

两者的区别。实践中,企业为了降低运营成本、规避用工风险,常常采取将一部分业务外包给派遣公司,由派遣公司组织人员到用工单位工作的方式。然而此种用工方式仅采取了外包的形式,实质上仍是派遣,因此引发诸多不当用工责任纠纷,劳动者权益难以得到保障。为了识别"假外包真派遣"的不当用工模式,辨别劳务派遣和劳务外包两种用工形式的区别显得极为必要。

① 概念区别。劳务派遣,是由劳务派遣单位与被派遣劳动者订立劳动合同并支付报酬,把劳动者派往其他用工单位,再由其他用工单位向派遣机构支付服务费用的用工形式。劳务外包,是由发包单位将公司部分业务职能或工作内容发包给相关的服务机构,由服务机构自行安排人员按照发包单位的要求完成相应的业务职能或工作内容的一种业务形式。

② 性质区别。劳务派遣是《劳动合同法》明确规定的一种用工形式。而劳务外包不是用工形式,它只是发包单位将某项业务职能外包给其他单位或组织去完成的一种经营方式。

③ 管理责任的主体区别。劳务派遣是被派遣劳动者按照用工单位确定的组织形式和工作时间安排劳动,由用工单位直接对劳动者的工作过程进行监督和管理。而劳务外包不同,发包单位对承包单位的员工不进行直接管理,发包单位的规章制度亦不适用于外包员工,外包员工的组织形式和工作时间安排由承包单位安排确定。这是鉴别二者的关键条件。

④ 法律关系区别。劳务派遣包含三对法律关系,即劳务派遣单位与劳动者之劳动合同关系;劳务派遣单位与用工单位之委托合同关系;用工单位与劳动者之用工管理关系。劳务外包仅包含两对法律关系,即承包单位与劳动者之劳动合同关系;发包单位与承包单位之委托合同关系。

⑤ 适用范围区别。劳务派遣,适用于用工单位临时性、辅助性、代替性的岗位,且通常不超过用工单位用工总量的10%。劳务外包,适用于发包单位的特定项目,而非特定岗位的人员,且外包员工应占整个项目用工数量的全部。

⑥ 关注点区别。劳务派遣以人头为单位来结算,劳务外包以工作量为单位来结算。这

是关键区分点。劳务派遣"派"的是"人",重点关注派遣的时间和费用标准,根据约定派遣的人数来结算费用;劳务派遣合同标的通常是"人",购买的是劳动力的使用权,即劳动过程。劳务外包"包"的是"活",重点关注劳务单价,根据劳务承包单位完成的工作量进行费用结算;劳务外包合同标的通常是"事",购买的是承包单位的业务成果,即服务或产品。

⑦ 经营资质区别。劳务派遣适用于《劳动法》《劳动合同法》《劳务派遣暂行规定》《劳务派遣行政许可实施办法》的相关规定,条款中对劳务派遣单位主体资格和派遣人员具有严格的规定。劳务外包除特别法规定以外,通常只适用于《民法典·合同编》的规定。

⑧ 考核要求区别。劳务派遣是用工单位对派遣员工进行考核。劳务外包是发包单位对工作成果进行验收考核。

⑨ 风险承担不同。劳务派遣是劳动者以用工单位的名义进行对外活动。劳务外包与之不同的是,外包员工不以发包单位名义而是以承包单位名义进行对外活动。所以二者用工风险承担上也有区别,即劳务派遣是由派遣单位与用工单位承担连带责任,劳务外包则是除必须确保能提供必要的安全生产条件以外,发包单位对承包单位员工不承担责任。

劳务派遣与劳务外包的区别,我们可以用如图3-3所示的模型图来进行表示。

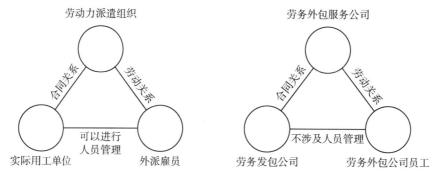

图3-3 劳务派遣与劳务外包的对比

(2) 人力资源外包与劳务外包

人力资源外包和劳务外包不同,它是企业把人力资源管理的一部分职能交给第三方(如人力资源服务机构)来处理,人员的组织归属没有发生变化,均是本企业的人员,当然这部分人的报酬也要用工资来核算。如地方的人才交流中心代理企业的职称评定和人事档案管理等就属于这种情形。

劳务外包则属于经营形式,非用工模式,建筑安装市场使用得较多。区别如图3-4所示。

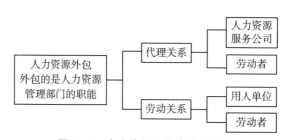

图3-4 人力资源外包内在关系图

3. 用工模式的最新发展与趋势

(1) 用工模式的最新发展

近几年,受新冠疫情的深刻影响,我国的用工模式也出现了更多的变化,如共享员工、社会化用工等成为劳动力市场所关注的热点之一。这些新模式的出现,给我国人力资源管理带来了更大的挑战,需要政府、企业、劳动者及社会构建劳动关系三方协商机制,并用立法予以逐步解决。

① 共享员工。共享员工是在用工荒尤其是新冠疫情背景下产生的一种新的用工模式,目前受到广泛关注。共享员工是指劳动力剩余企业与劳动力短缺企业之间达成共识,使得双方劳动力资源相互调配,在特殊时期解决企业用工不平衡问题,减小剩余员工就业压力的用工模式。作为灵活用工的一种,共享员工和其他灵活用工模式间存在一定的联系,但又有较大的差别。

共享员工本质上是一种"跨界用工"、临时借用、分享"剩余"劳动力、以信任经济为基础的新型用工模式,是一种劳动力市场的余缺调节机制。供需组织双方所在的行业要具有产业差异性,用工高峰具有季节性,且要求员工个体属于综合素质较高的复合型人才。目前比较典型的共享员工模式有双主体模式、多主体模式及平台模式等。图3-5就是江浙地区采用较多的平台模式。

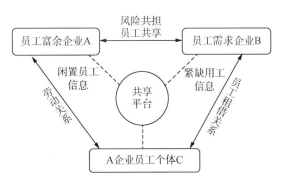

图3-5 员工共享模式内在关系图

由于共享员工是在特殊条件下产生的一种新生事物,所以目前对其劳动法律的界定尚有待进一步明确,该种用工模式也有待进一步规范。从2020年起,国家有关部门出台了指导文件,推动了"共享员工"的依法有序发展。具体文件请参考本章章尾所附的相关内容。

② 社会化用工。对该模式的界定仍不清晰,目前争议也较大,有待进一步规范明确。

(2) 用工模式的最新趋势

首先,能力需求导向的灵活用工模式将成为大趋势。有部分学者提出,未来企业的组织边界将会持续模糊。因此,在人力资源的招聘配置中,其用工需要考虑的是能力的组合而非人的组合,且对灵活性的要求也会越来越高。

其次,传统灵活就业向新业态下的灵活就业快速转变,二元甚至多元的用工模式将深度发展。这种转变以2020年作为节点。联合国下属的国际劳工组织发布报告称:新冠疫情导致2020年第二季度全球工时减少14%,相当于4亿个全职工作岗位的损失,这远大于2008年国际金融危机的冲击。所以,在后疫情时代,第二产业劳动者快速分离转向第三产业,新业态下的灵活用工深度发展,将改变以往劳动管理中劳动合同用工"一统天下"的格局。也就是说,基于劳动合同的劳动关系与平台注册的网约新型用工的"二元"时代即将到来。网约新型用工既区分于以往的劳动合同用工,又不同于传统的劳务派遣用工。在这种情况下,劳动用工需要有新的形式,劳动权益应当有新的保障方式。

再次,数字经济的发展深刻地影响着企业的用工模式。现阶段,以人工智能、区块链、云计算、大数据为代表的底层数字技术推动数字经济在全球蓬勃发展,对人类生产、生活和生态产生了全面而深刻影响。在数字经济时代,一台电脑或一部手机都可以成为工作场景,人们的职业选择不断扩大。在数字化浪潮下,数字技术带来的实时交互能力加速了职业的大众化,伴随着新产业、新业态、新模式的快速发展,新就业形态应运而生。新就业形态没有固定的用工模式,而是在发展中不断蜕变、进化。从业者面临的劳动关系也从一种相对静态、固化形态转向动态、变化形态。这从2015年新版《中华人民共和国职业分类大典》(简称《职业分类大典》)中就可见端倪。

表3-3 2015—2021年我国发布的新职业

批次/时间	新职业	特征
第一批(13个) 2019年4月	人工智能工程技术人员、物联网工程技术人员、大数据工程技术人员、云计算工程技术人员、数字化管理师、物联网安装调试员、建筑信息模型技术员、电子竞技员、电子竞技运营师、无人机驾驶员、农业经理人、工业机器人系统操作员、工业机器人系统运维员	(1)产业结构升级高端专业技术类(如人工智能工程技术人员等) (2)数字技术赋能引发传统职业变迁类(如无人机驾驶员等) (3)信息化广泛应用衍生类(如数字化管理师等)
第二批(16个) 2020年2月	智能制造工程技术人员、工业互联网工程技术人员、虚拟现实工程技术人员、连锁经营管理师、供应链管理师、网约配送员、人工智能训练师、电气电子产品环保检测员、全媒体运营师、健康照护师、呼吸治疗师、出生缺陷防控咨询师、康复辅助技术咨询师、无人机装调检修工、铁路综合维修工、装配式建筑施工员	
第三批(9个) 2020年7月	区块链工程技术人员、城市管理网格员、互联网营销师、信息安全测试员、区块链应用操作员、在线学习服务师、社群健康助理员、老年人能力评估师、增材制造设备操作员	
第四批(18个) 2021年3月	集成电路工程技术人员、企业合规师、公司金融顾问、易货师、二手车经纪人、汽车救援员、调饮师、食品安全管理师、服务机器人应用技术员、电子数据取证分析师、职业培训师、密码技术应用员、建筑幕墙设计师、碳排放管理员、管廊运维员、酒体设计师、智能硬件装调员、工业视觉系统运维员	

最后,数字经济时代大量新职业快速涌现。新职业改变了企业用工模式,促使灵活就业盛行,其劳动关系也发生新变化,表现为劳动本身从属方式不断弱化,劳动资料提供方式多方并存,劳动过程监督方式技术强化,劳动产品归属方式权属不明,劳动报酬支付方式灵活

多样,劳动权益保障方式仍需加强。从就业形式而言,它已不局限于传统的"企业+员工"的雇佣形式,而是以"服务平台+个人"为特征的、新个体经济不断开拓新领域的模式。这种模式能够使供求双方快速、精准匹配,从而提高劳动力市场的灵活度。因此,政府应完善相关政策,加快认证体系建设;工会和行业协会应吸纳新职业从业者加入工会组织,制定相关行业技术和工时标准、工资指导、监督奖惩方式等行业规范;企业应强化自身责任,兜牢新职业从业者劳动报酬、劳动时间、劳动安全、社会保障等权益底线;劳动者应增强法律意识,积极学习新技能,不断增强核心竞争力。

(二)员工招募中的劳动关系管理

1. 招聘条件

(1)招聘条件的作用

招聘条件是企业完成人岗匹配过程所依据的基准条件,是实行科学有效的招聘管理,实现劳动关系长远发展的基础。招聘条件的制定要避免主观化和过于原则化,尽量使用客观、中性、可量化的判断指标来描述岗位对应聘者的要求,这既有利于企业招到适合岗位要求的人选,还可以促进招聘过程的公开、透明,帮助应聘者了解企业的实际需求,同时预防法律风险,避免日后劳动关系上的争议和纠纷。

(2)招聘条件的设置

招聘条件的有效设置来源于对任职资格的准确分析。任职资格是指为了保证工作目标的实现,任职者必须具备的知识、技能、能力和个性等方面的要求。它常常以胜任职位所需的学历、专业、工作经验、工作技能、能力等加以表达。任职资格系统是以企业战略和文化为出发点。企业战略决定企业需要什么样的流程、组织及什么样的人才,同时也为任职资格标准的建立提供了依据。对照人才需求,可以进一步分析"现有人员的差距在哪里",并评估"现有人员进步如何",探讨"如何促进这种进步"。任职资格的获取主要通过工作分析完成,工作分析的直接结果就是职位说明书,其中包括工作描述和任职资格。因此准确分析任职资格,科学实施工作分析是开展招聘工作的必要步骤。

(3)招聘条件与录用条件的区别

根据《劳动合同法》第三十九条、《劳动法》第二十五条规定,劳动者在试用期间被证明不符合录用条件,用人单位可以解除劳动合同。这种解除是不需要做出任何赔偿的。但现实状况是,很多用人单位由于没有弄清楚招聘条件与录用条件的区别,而是将两者等同起来,在招聘员工时仅制定了招聘条件而没有清晰地制定录用条件,从而埋下了劳动争议的隐患。有的用人单位在试用期发现员工不符合单位条件想要解除劳动合同时,因无法提供有效证据而无法解除,或者产生劳动纠纷后只能被动仲裁、被动应诉,最终使劳动关系管理处于相当被动的局面,用人单位权益受损,劳资双输。

实际上,招聘条件与录用条件有很大的不同。招聘条件是指用人单位招收员工的基本条件,一般在招聘广告中予以体现。录用条件则是指应聘者符合某一职位具体要求的全部条件。录用条件的内容包括人员资质条件、工作能力条件、业绩条件和职业道德条件等四个方面。它有时可以在招聘广告中全部呈现,但大多数的情况是,招聘广告中只体现一部分,用这些基本条件或初步标准(招聘条件)来完成人员的基本筛选,其他一些具体或不便在招聘广告中公布的关键部分条件会在录用过程中体现出来(如录用通知书等,具体内容请参看录用环节),用人单位用这些条件来选定最终的合格者或优秀员工。因此,必须将招聘条件与录用条件区分开来,具体区别如表3-4所示。

表3-4 招聘条件与录用条件的区别

比较项目	招聘条件	录用条件
内涵不同	单位招收员工的基本条件	应聘者符合某一职位要求的全部条件
用处不同	招聘广告/招聘启事	招聘录用的整个过程
前提不同	用工自主权的体现,由用人单位单方确定	用人单位制定,但必须告知劳动者并经对方确认后方可生效
适用主体不同	所有潜在应聘者	拟聘用的应聘者
适用阶段不同	签订劳动合同前	试用期结束前
法律性质不同	招录的初步资格(签订劳动合同后很难以不符合招聘条件为由解除劳动合同)	录用的具体标准(签订劳动合同后如果不符合录用条件,单位有权依法与其解除劳动合同)

尤其要注意的是,制定有效的录用条件是招聘单位避免招错人的有效利器,可以说是确保招聘有效性的最后一关。因此,维护良好的劳动关系,预防劳动争议,要将关口前移,从防范招聘时的风险做起。

◇ **小案例**

录用条件是否要明确?

2018年,某公司招聘李先生为中国某大区的营销总监,并与其签订了为期三年的劳动合同,约定试用期为四个月。三个月后,公司单方面提出解除劳动合同,理由是李先生没有达到公司的季度营销目标,为此,李先生向劳动人事争议仲裁委员会提出了申诉,仲裁的结果是公司败诉,原因是公司在招聘广告中并没有列明录用条件,而且劳动合同签订后,公司也没有明确具体的职务说明书,也没有书面告知李先生该职务的工作内容以及岗位要求,因此当被质询时,公司无法出具当初双方认可的职务要求。既然没有约定要求,公司又怎么能证明其不符合录用条件呢?败诉也是预料之中的。

案例点评:在试用期内,企业享有一项权利,即如果发现劳动者不符合录用条件,可以随时解除劳动合同。但这项权利的行使是有条件的,即用人单位要证明劳动者不符合录用条件。所以在招聘广告中,用人单位一定要明确自己的招聘条件,并注意将此广告存档备查,并保留刊登的原件。

(资料来源:搜狐网《以案说法:劳动合同法重难点问题》)

2. 招聘方式

招聘工作不仅牵涉未来可能成为企业员工的外部候选者，同时也与企业现有员工密切相关，所以招聘对企业劳动关系管理有着较为直接的影响。招聘方式包括内部招聘和外部招聘，两者的实施要求不同，对劳动关系管理的影响也不同。

（1）内部招聘

内部招聘也可称为内部劳动力市场建设，是指在单位出现职位空缺后，从单位内部选择合适的人选来填补的系统过程，它主要包括人员晋升、岗位调换或工作轮换、降职，前两种占主体。目前，员工竞聘是内部招聘最主要的形式。

海尔公司是践行这一形式的代表之一。海尔倡导"赛马不相马"的用人理念，优胜劣汰，由最先尝试的"三工动态转换（临时工、合同工、固定工）"发展到目前的"三工并存，动态转换"，实行优秀员工、合格员工、试用员工三工动态转换的劳动用工制度，探索出一条具有鲜明特色的内部劳动力市场建设机制，极大地激发了企业活力，并使之成长为我国著名的民族企业品牌。其具体做法是，业绩突出者进行三工"上"转，试用员工转为合格员工，合格员工转为优秀员工；不符合条件的进行三工"下"转，甚至退到劳务市场，内部待岗。退到劳务市场的人员无论原先是何种工种，均"下"转为试用员工。试用员工必须在单位内部劳务市场培训3个月方可重新上岗。同时，每月由各部门提报符合转换条件的员工到人力资源管理部门，填写《三工转换建议表》，然后由人力资源管理部门审核和最后公布。

（2）外部招聘

外部招聘是企业在岗位出现空缺时，面向企业外部征集应聘者来获取人力资源的过程。在进行外部招聘时，企业可以先对外发布招聘信息，然后对符合要求的应聘者进行测试（包括面试、笔试等），若测试合格，应聘者可以录用上岗。外部招聘可以通过广告招聘、校园招聘、人才市场招聘（现场招聘）、职业介绍所、网络招聘、熟人推荐或自荐、猎头招聘等多种途径进行。企业使用最多的招聘渠道是网络招聘。目前社交招聘、招聘外包服务（RPO）、员工共享发展得较快。

（3）优劣对比

内部招聘与外部招聘各有优劣势，选用哪种方式或如何两相结合的根本原则是有利于提高企业的核心竞争力与市场适应能力。具体对比如表3-5所示。

表3-5 两种招聘渠道的优劣势分析

渠道	优势	劣势
内部招募	1. 对组织而言：①对员工的工作绩效、能力和人品有基本了解，可靠，选拔的信度与效度较高，风险小。②节约时间和费用。 2. 对个人而言：①对组织比较熟悉，能够迅速开展工作。②有利于提高员工的士气和发展期望。③对企业目标的认同感强，辞职的可能性较小，有利于个人和企业的长期发展	1. 对组织而言：①容易引起同事间的过度竞争，发生内耗。②容易"近亲繁殖"，思想、观念因循守旧，思考范围狭窄，缺乏创新与活力 2. 对个人而言：①竞争失利者感到心理不平衡，难以安抚，容易降低士气。②新上任者面对的是"老人"，难以建立起领导声望

(续表)

渠道	优势	劣势
外部招募	1. 对组织而言：①为企业注入新鲜的"血液"，能够给企业带来活力。②避免企业内部相互竞争所造成的紧张气氛。③选择的范围比较广，可以招聘到优秀的人才 2. 对个人而言：①给内部人员以压力，激发他们的工作动力。②规避涟漪效应产生的各种不良反应，无须调整其他岗位和人员	1. 对组织而言：企业对外部人员不太了解，不容易作出客观评价，可靠性较差 2. 对员工而言：①使内部人员感到晋升无望而降低其工作热情。②外部人员对企业情况不了解，需要较长时间适应。③外部人员不一定认同企业的价值观和企业文化，会给企业的稳定造成影响

(4) 对劳动关系管理的影响分析

首先，从本质上讲，内、外部招聘是企业劳动力的配置或调整机制的重要构成部分，其运行的好坏深刻影响着劳动关系，且影响程度与敏感程度是非常不同的。内部招聘的影响力更大，也更为敏感，更为常态化。因为，从劳动经济的角度来看，企业面临用工短缺时，故一般首先调整劳动时间，其次是通过内部招聘来进行优化配置或内部人员挖潜加以解决，最后的选择才是通过外部招聘直接进行员工数量的调整。其理由是，内部调整成本相对小得多，但外部招聘成本较高，必须进行风险控制，以充分发挥各自优势。故而，只有在最佳目标需求量与现实雇佣量的差额达到一定幅度时，企业才会进行人员数量调整。

其次，作进一步分析，从内、外部招聘的优劣对比可以看出，企业内部招聘有利于提高员工的士气和发展期望，可以通过员工数据库挖掘企业中潜在的人才资源，但如果员工没能成功竞聘获得提升，也容易产生挫败感甚至可能造成内部矛盾，影响劳动关系的和谐。所以，内部招聘是企业动态监控劳动关系发展、完善管理机制的重要手段。

最后，从招聘人员结构和企业所处周期来看，当企业面临以下情况时则需要考虑外部招聘的渠道：①补充初级岗位；②获得现有人员不具备的技术；③获得能够提供新思想并具有不同背景的员工等。特别是当企业处于初创期、快速成长期或者企业需要变革时，一般会选用外部招聘渠道获得合适的人才。借助外部招聘企业不仅可以吸收外来人才的新观点、新技能，还可以增强招聘过程的公开性与公平性，同时还能宣传企业文化、提升企业形象，但是组织外部招聘所需的时间和人力、物力成本较高，新员工入职后需要一定的培训和适应阶段，与新员工间的信息不对称使得企业承担着较大的雇佣决策风险，容易导致劳动纠纷的发生，从而给劳动关系的平稳运行增加障碍。

3. 招聘启事

招聘启事也称为招聘广告、招聘简章，是用人单位面向社会公开招聘有关人员时所使用的一种应用文书。招聘条件的载体是招聘启事，招聘条件也是招聘启事的主要内容之一。国家《就业服务与就业管理规定》第十一条规定，用人单位委托公共就业服务机构或职业中介机构招用人员，或者参加招聘洽谈会时，应当提供招用人员简章，并出示营业执照（副本）或者有关部门批准其设立的文件、经办人的身份证件和受用人单位委托的证明。

(1) 招聘启事的内容

招聘启事撰写的质量不但会影响招聘效果和招聘单位的形象，而且会包含一些潜在的法律风险。关于招聘启事的正文内容并没有统一的规定,但是根据国家《就业服务与就业管理规定》第十一条的规定,招聘启事必须列明如下内容:

① 用人单位基本情况;
② 招用人数;
③ 工作内容;
④ 招录条件;
⑤ 劳动报酬;
⑥ 福利待遇;
⑦ 社会保险;
⑧ 法律、法规规定的其他内容。

从以上可以看出,招聘启事比招聘条件的范围广得多。

(2) 招聘人员时的禁止行为

根据《就业服务与就业管理规定》,新招人员时还要注意以下禁止行为:

① 提供虚假招聘信息,发布虚假招聘广告;
② 扣押被录用人员的居民身份证和其他证件;
③ 以担保或者其他名义向劳动者收取财物;
④ 招用未满16周岁的未成年人以及国家法律、行政法规规定不得招用的其他人员;
⑤ 招用无合法身份证件的人员。
⑥ 以招用人员为名牟取不正当利益或进行其他违法活动。用人单位不得以诋毁其他用人单位信誉、商业贿赂等不正当手段招聘人员。
⑦ 用人单位在招用人员时,除国家规定的不适合妇女从事的工种或者岗位外,不得以性别为由拒绝录用妇女或者提高对妇女的录用标准。用人单位录用女职工,不得在劳动合同中规定限制女职工结婚、生育的内容。
⑧ 用人单位招用人员,应当依法对少数民族劳动者给予适当照顾。用人单位招用人员,不得歧视残疾人。用人单位招用人员,不得以是传染病病原携带者为由拒绝录用。但是,经医学鉴定传染病病原携带者在治愈前或者排除传染嫌疑前,不得从事法律、行政法规和国务院卫生行政部门规定禁止从事的易使传染病扩散的工作。用人单位招用人员,除国家法律、行政法规和国务院卫生行政部门规定禁止乙肝病原携带者从事的工作外(如食品、医药与保育行业等),不得强行将乙肝病毒血清学指标作为体检标准。

其中,按照国内现行《病毒性肝炎防治方案》规定,乙肝病毒携带者除了不能献血或从事直接接触入口食品和保育工作外,并不能视为现症肝炎病人处理。

同时,《就业服务与就业管理规定》(2018年修订)第二十条规定,用人单位发布的招用人员简章或招聘广告,不得包含歧视性内容。虽然有的招聘广告中没有具体写明歧视性内容,但在招聘过程中明确告知劳动者不符合自设的歧视性录用条件也适用该情形。

具体的歧视性内容具体包括:劳动者民族歧视、种族歧视、性别歧视、宗教信仰、户籍或其他歧视性内容。其他歧视中,出现较多的是对身高、年龄、地域、身份(国企与私企、公办与民办等)、疾病、相貌、血型、属相、姓氏等的歧视。

◇ 小案例

在加拿大投了简历却无音信？问题可能出在你的姓名上

多伦多大学与怀雅逊大学联合开展的最新研究显示，拥有亚裔姓名的求职者，面试机会较白人求职者少20%至40%不等，即使亚裔求职者拥有硕士学历，所得到的面试机会仍然会低于学历较低的白人求职者，当中又以中小企业情况最为严重。

(资料来源：搜狐网)

(3) 招聘启事中的风险

若招聘启事违反相关法规，用人单位将面临承担行政法律责任、民事赔偿责任甚至是刑法责任的风险。如招聘歧视的风险较大，如《就业服务与就业管理规定》第六十八条规定，用人单位违反本规定第十九条第二款规定，在国家法律、行政法规和国务院卫生行政部门规定禁止乙肝病原携带者从事的工作岗位以外招用人员时，将乙肝病毒血清学指标作为体检标准的，由劳动保障行政部门责令改正，并可处以一千元以下的罚款；对当事人造成损害的，应当承担赔偿责任。因此，违反规定的当事企业不仅会面临责令改正和罚款等行政处罚，还会导致劳动合同无效，劳动者可以要求企业支付经济补偿金。

更要重视的是，《就业促进法》第六十二条规定，违反本法规定，实施就业歧视的，劳动者可以向人民法院提起诉讼。第六十八条规定，违反本法规定，侵害劳动者合法权益，造成财产损失或者其他损害的，依法承担民事责任；构成犯罪的，依法追究刑事责任。

(4) 招聘启事法律风险的防控

首先，用人单位应该合理确定招聘条件，主要根据岗位特点、就业需求、文化背景差异等确定招聘条件。其次，招聘广告中的招聘条件要尽量趋于缓和，尽量不用刚性条件。如多使用"优先""择优"等字眼，并且最终选择应该是基于对应聘者进行评估和考核之后的合理选择，而非基于某一个刚性标准。再次，用人单位对招聘广告中的部分内容，如果无法确定是否可能涉及就业歧视时应慎重表述或者不表达，只需做到心中有数即可。最后，对具有某些缺陷但并不影响正常岗位工作的劳动者，用人单位不必拒之于门外。一方面是为了单位自身的长远发展而不拘一格录用人才，另一方面用人单位要勇于承担社会责任，这样既可解决弱势群体的就业难问题，也可为构建和谐社会贡献一份力量，企业也可树立良好的社会形象。

◇ 小案例

任正非谈华为人事：我们要战士，不要完美的苍蝇

华为总裁办日前签发了2018年第20号文件，针对华为的人事改革方面，总裁任正非表达了自己的一些观点。任正非认为，下一步人力资源的改革，欢迎懂业务的人员上来，因为人力资源如果不懂业务，就不会识别哪些是优秀干部，也不会判断谁好谁坏，就只会通过增加流程节点来追求完美。我们现在录用一个员工，像选一个模特一样，挑啊挑，可结果不会打仗。我们要的是战士,而不是完美的苍蝇。

(资料来源:任正非在员工关系变革工作进展汇报会上的发言)

(三)甄选中的劳动关系管理

前文所提到的招聘甄选的定义,换句话说,甄选(Selection)也就是运用一定的工具和手段,对已经招募到的求职者进行鉴别和考察,区分他们的人格特点与知识技能水平,预测他们的未来工作绩效,从而最终挑选出企业所需的、合适的职位空缺填补者的系统过程。甄选是人员招聘中最关键的一个环节,有两点需要把握好:一是要评价应聘者的知识、能力和个性;二是预测应聘者的未来绩效。很多企业过多注意前者,往往忽视后者,其实,在企业的人力资源管理实践中,后者对用人单位才更有意义。严格来说,员工甄选的整个程序如图3-6所示。

图3-6 甄选程序图

1. 应聘表评价与求职简历评价、筛选

(1) 对应聘材料信息的真实性要求

科学有效的求职简历筛选往往是用人单位选择应聘者的首要环节,也是规避用人风险、排除隐患、防范劳动争议从而构建良好劳动关系的前提。但是,企业招聘者面临的困难是,求职者通过各种途径对自己的求职材料进行精美"包装"的行为屡见不鲜,为了应聘成功,弄虚作假行为甚至在不断升级。这些简历材料真伪难辨,令招聘者防不胜防,大大增加了筛选难度,风险极大。

概括起来,这些不实的简历信息主要分为"虚"和"假"两大类。以校园招聘为例,大学毕业生求职简历的"虚"主要表现在:虚报实践业绩表现,虚伪规避不良记录(关键信息方面),虚造社团工作职位,虚用"障眼法"转移注意力,等等。其"假"主要表现在:粉饰个人基本信息,伪造专业课成绩,提供假证件和假证书,篡改奖励荣誉,等等。

表3-6 大学毕业生求职简历中虚报工作业绩的具体表现

类别	举例说明
虚报工作业绩成果	社会实践成果方面:捏造社会实践经历,为求职增加亮点 社团活动成果方面:编造学校社团活动职位,增加个人求职优势 兼职/单位实习成果方面:伪造实习证明,为求职增添砝码
虚夸个人职业行为	虚构曾工作单位(企业),利用企业品牌形象来塑造个人形象 虚构或夸大曾担任的职位,努力塑造个人价值 夸大之前工作的薪酬水平,证明自身工作能力 编造离职原因,通过隐瞒事实真相树立良好的个人品质

资料来源:根据编者及其学生调查资料整理

劳动关系管理

◇ 小案例

材料可"整容"？ 全国组织部门向干部人事档案造假"亮剑"

干部档案是记载干部基本信息、政治思想、业务能力、工作表现、工作实绩等内容的文件材料，是历史、全面地考察干部的重要依据。目前，各级组织部门对干部人事档案（各级别公务员和参公管理人员档案）展开专项审核，直接向干部人事档案造假乱象"亮剑"。

记者采访发现，在档案中修改年龄、增删履历，将背景材料整体"洗白"成为一些地方干部人事管理的"潜规则"。在中纪委公布的2014年中央巡视组两轮巡视整改情况中，涉及的20个省份中15个省份的整改通报提及整治干部档案造假，其中河北省处理了11名身份造假的干部。河北省委通报称，对涉及年龄、学历、党员身份造假的11名干部，其出生年月、学历、党员身份不予承认，并相应作出诫勉谈话、党内警告、行政记过、免职等处分。青海省委通报，对中组部干部监督局督查的4件涉嫌档案造假的案件全部查核完毕，对相关单位进行了通报批评，对相关管理人员给予了纪律处分。2013年4月任太原市质量检验协会秘书长的王红英，自1991年来3次涂改出生日期，从实际的1976年3月14日最后改为1978年12月15日；轰动一时的河北石家庄"骗官书记"王亚丽，档案中除性别是真的外，姓名、年龄、履历均是假的，其档案中90多枚公章中，有三分之一以上是假的。近年来，各地干部档案造假现象屡被曝光，被群众调侃为"年龄越填越小、工龄越填越早、学历越填越高、身份越造越假"。

（资料来源：新华网，编者进行了编辑整理）

（2）法律风险

在该环节的劳动关系管理措施是善用《劳动法》及相关法规来维权和防范风险。根据《劳动合同法》第二十六、第三十九条规定，以欺诈、胁迫的手段或者乘人之危，使对方在违背真实意思情况下订立或者变更的劳动合同无效，用人单位可据此解除劳动合同。这里的"欺诈"最高人民法院给出的解释是，"一方当事人故意告知对方虚假情况，或者故意隐瞒真实情况，诱使对方当事人做出错误意思表示的，可以认定为欺诈行为"。对于因上述情形而解除劳动合同的，公司不需要支付经济补偿金。

根据《中华人民共和国档案法》（2020年修订）及相关法律规定，篡改、损毁、伪造档案的，由县级以上档案主管部门、有关机关对直接负责的主管人员和其他直接责任人员依法给予行政处分，并对单位处一万元以上十万元以下的罚款，对个人处五百元以上五千元以下的罚款，对档案服务企业处二万元以上二十万元以下的罚款；构成犯罪的，依法追究刑事责任。在《党政领导干部选拔任用工作条例》中，已明确把"篡改、伪造干部人事档案，或者在干部身份、年龄、工龄、党龄、学历、经历等方面弄虚作假"，列为"十不准"之一。

◇ 小案例

女职工谎报婚育状况可以解除劳动合同吗？

2017年2月，邱女士入职某公司，担任行政经理，双方签署了两年的劳动合同。在应聘时,为了获得该公司的工作,已婚的邱女士在入职简历及入职登记表中的"婚姻状况"一栏中填写"未婚"。双方在劳动合同中约定:员工入职需提供真实简历,员工入职后如被发现存在虚假陈述,公司可随时解除劳动合同,且无须支付补偿金。后来公司发现邱女士已经结婚的事实,即以隐瞒、伪造个人经历为由向邱女士发出解除劳动合同通知。邱女士通过仲裁和诉讼的方式要求公司支付违法解除劳动合同赔偿金。

法院经审理后认为,邱女士作为劳动者,在入职简历及入职申请表中填写的婚姻状况并不属实,但婚姻状况并非用人单位是否录用员工的决定因素,且并不适用劳动关系中约定解除,故公司以邱女士隐瞒、伪造个人经历为由解除劳动合同系违法解除,应向邱女士支付违法解除劳动合同赔偿金。

评析:如劳动者伪造学历,用人单位解除劳动合同是合法的;劳动者提供虚假工作经历,用人单位解除劳动合同也合法。因为,该信息是用人单位决定是否录用该员工及确定薪资标准的重要考量因素,如提交虚假的学历和工作经历等信息,属欺诈行为,不仅违反了双方的约定和劳动者基本的诚实信用义务,也违反了劳动法。本案中,邱女士虽然在应聘时向用人单位隐瞒了已婚的事实,但婚姻状况属于个人隐私,不属于与劳动关系直接相关的劳动者必须如实陈述的因素(与完成岗位任务无关),故与其解除劳动合同违法。

(资料来源:中国妇女报,董洪辰,2019-05-23)

(3) 风险防控措施

在人力资源管理实践中,一般的应对措施是:

① 对拟聘用的人员尤其是重要岗位员工,用人单位应提前对其进行背景调查,不能只相信员工自己一方的陈述。

② 让员工签名确认自己提供的有关资质文件和各种信息的真实性,并严格审查,以避免出现劳动合同全部或部分无效的情形。

③ 以承诺书的形式,要求劳动者承诺应聘材料内容的真实性。

④ 设置好较为规范详细的入职登记表或员工登记表,要求拟聘人员如实填写,不得欺骗并让员工签名确认。如"本人已阅读并理解该岗位的录用条件,愿意接受该条件的约束,在试用期内如果发现本人不符合录用条件,公司可以解除劳动合同(签名)"。

⑤ 公司将入职登记表或员工登记表、应聘简历等作为劳动合同的附件,妥善管理和保存,一旦发现员工有欺诈行为,就可以将其作为解除劳动合同的证据进行处理。

⑥ 针对"三龄两历一身份",即"三龄"(年龄、工龄和党龄)、"两历"(履历和学历)、"身份"(干部身份)的造假高发乱象,应建立干部档案数据库并全国联网,即使干部异地交流也能实现查询功能。改变人事档案的"黑箱"化管理模式,扩大干部基本信息的公开化,为社会监督创造条件。同时,还应加强对造假行为的处罚力度。

劳动关系管理

◆ **小案例**

如何明确应聘登记表的承诺信息

声明：本人确知本应聘表记载事实为公司决定录用的唯一依据，并保证所提供信息不存在会造成公司误解的任何遗漏，也不存在任何程度的虚假陈述，否则将视为欺诈，公司有权随时解除劳动合同。本表中登记的本人和紧急联系人通讯地址、手机、电子邮件和电话为公司与本人联系的法定联系方式，任何一项发生变动，本人将在变动之日起三日内书面通知单位，否则导致单位的法律文件无法送达的，本人同意视为送达并承担相应的法律责任。

（资料来源：段海宇，廖能著，《人力资源全流程法律风险管理手册：实务操作·成本管理·案例分析》，中国法制出版社，2015）

2.测评与面试

人员测评与面试是建立劳动关系的前奏，对后期的劳动关系管理带来很大的影响，但其往往不受用人单位重视。但随着劳动者法律意识的不断提高，目前社会上出现了一些新的情况，招聘与用人风险趋大，这也倒逼着企业人力资源部门越来越重视这一环中的"暗流涌动"。实际上，员工甄选工具主要包括七大类：一是面试，二是评价中心，三是心理测试，四是工作样本测试，五是知识测试或笔试，六是履历分析，七是胜任力测评（目前越来越受到用人单位的重视）。面试是企业最常用的一种甄选方法。严格来讲，面试只是测评的一种方法。在实践中，测试与面试往往是融合在一起进行的。所以这里我们也将其放在一起阐述，并重点以评价中心为例来展开。

例如，巴里是美国奥马哈市警察局一位副局长的候选人，因竞争失利，他指控评价中心法的运用不当，是不公平的。这实际上是评价中心法第一次被人指控至法庭。诉状中对操作评价中心法的主试人能力以及评价中心方法的实施提出了一系列问题，主要是对评价中心法的标准化和公平性提出了质疑：

（1）主试人的培训是否充分？

（2）评价中心中的活动是否充足？即无领导小组讨论、公文处理、背景面谈等是否给了候选人充分表现内在素质的机会？

（3）认识某些候选人的主试人是否应该回避？

（4）公文处理与面谈之间间隔了好几天，这是否会影响最终的结论？

（5）某些主试人的过去评价经验是否会影响最终的结论？

以上5条指控都可归结为一点，即指控3个评价小组所持的标准不同，这样有些人接受评价时的标准就比别人严格了。后来法庭组织了一批不了解奥马哈市主试人结论的熟练评价员组成了一个独立小组，对书面证据进行鉴定，包括公文处理、指定观察评分人报告及其余主试人记录结果、背景面试记录等材料，法官在得高分的15名候选人中抽取了10名再次独立地进行排序，结果发现4名来自第一组，3名来自第二组，3名来自第三组。奥马哈市的排序与法官的排序之间存在很高的一致性。斯皮尔曼排序相关系数是0.84，而且两张名单上的前4名完全相同，奥马哈市的3个评价小组之间也存在着很高的相关性。

这一案例启示我们，评价中心的实施与结果必须充分保证一致性与公平性。

◇ 小案例

警察局晋升警长被裁定无效

密歇根州警察局晋升警长时采取了评价中心形式。密歇根州地方法律规定，晋升必须建立在功绩（任职的时间和质量）、效率（有效地完成任务、履行职责）、适合性（能够达到身体和技能要求）等基础上。由于评价中心只考虑了管理技能，即适合性，晋升程序忽略了功绩和效率，法院最终裁定晋升无效。

（资料来源：高涵主编，《人员素质测评》，湖南科学技术出版社，2019年）

这一案例启示我们，不管评价中心的某一部分多么有效，整个体系都必须完整，且要注意与其他测评方法、法律相配套，否则就会不堪一击。在以上案例中，专家的有关证词还揭示了评价中心法的潜在弱点和一些谬误：

（1）表面效度高但不能保证实际效度。

（2）评价中心法的基础受到诸多质疑。工作分析与情境模拟是评价中心法内容效度的保证，但工作分析本身就受到指控，因为它没有证明从工作信息、工作职责与人员评价的关系中遴选相关要素的过程，即为什么入选的是最后那些要素而不是其他要素。情境模拟被认为是不现实的。例如，要求在一个半小时内分配1000万美元的预算，这是违背常理的。证人还对情境模拟的可比性提出了质疑，因为被试小组之间存在差别。

（3）对评分的主观性、评价小组之间的差异也存在疑问。有迹象表明，随着时间的推移，评价标准发生了变化，并且某些评价人员在严厉程度上的差别也失去了控制。另外，鉴定结果发现，被告中3名评价人员所给出的评分总是显著地低于其他11名评价人员。

以上现象启示我们，评价中心法专业极强，操作难度大，故应对评价中心实行严格的质量控制，加强对评价人员的差异进行控制与调整。评价人员的评价行为不一致、不统一的原因主要在于如何确认内容效度的有关问题是否建立了明确的、无歧义的规则标准。因此，美国建立了《评价中心实施标准和道德准则》并加以修订完善。其目标是，建立评价中心的最低专业标准以利于以后的有效实施，而不是具体地规定某些做法或方法。其中最为关键的部分是定义评价中心是什么及不是什么。

因此，为了有效把控风险，我们在利用甄选工具或方法时，有必要做到以下两点：

（1）采用多种方法进行评价，尽量做到客观公正和准确有效。

（2）对评价人员进行严格培训。培训内容包括测评方法程序、具体方针，培养观察、记录、评分及汇总信息的行为技能，务必保证评价人员达到胜任其评价工作所要求的标准。

3. 做好背景调查，防止应聘欺诈

背景调查是为用人单位作出录用决策提供最后的参考信息，主要是核实求职者所提供的信息的真实性，重点针对教育背景、身份证明、各种证书、犯罪记录、信用情况、先前的工作表现、离职的原因等方面的信息，为最终的录用决策提供参考。

背景调查除了证实个人履历中的细节信息外，还包括审查求职者与原单位是否终止劳动关系。根据《劳动合同法》第九十一条规定，用人单位招用与其他用人单位尚未解除或者终止劳动合同的劳动者,给其他用人单位造成损失的,应当承担连带赔偿责任。因此,用人单位应当在劳动关系正式确立之前,严格审查求职者提供的离职证明,避免付出不必要的用工成本。

(四) 录用中的劳动关系管理

甄选环节之后,用人单位依据录用条件作出是否录用的决策之后,用人单位要将录用决定通知被录用者,被录用者确定无异议后,用人单位可以和其签订劳动合同,并约定试用期,开始进入彼此了解、考察的过程。经过一定时间的试用期,考核合格,被录用者正式成为该岗位的任职人员,这时招聘和雇佣的工作才基本完成。在雇佣的过程中,法律对双方劳动关系的建立行为进行了约束,需要企业和被录用者共同遵守。录用的具体程序如图3-7所示。

图3-7 录用程序图

1. 体检

为了防范用人风险,用人单位往往在应聘者体检合格之后再发出录用通知书,以避免涉嫌就业歧视。在体检工作中,目前出现的以下情况需要注意:

(1) 关于体检前置

用人单位往往只将体检作为一个常规的必经程序。但目前有些组织针对现行劳动法规并未对招聘流程作出严格规定的现实情况,依仗"法无明文规定不为过"的原则,为了规避招聘风险,确保候选人顺利入职,用人单位先确认应聘者是否健康再进一步筛选,于是将体检前置,先体检再面试。招聘单位这样做,一方面是为了防止通过面试的求职者另投其他单位而想直接签约;另一方面,由于用人单位尤其是事业单位、国企都是在定岗定编的基础上进行招聘,多少人面试多少人录用都是事先确定好的,所以用人单位担心求职者体检不合格被淘汰,又需要另寻其他面试者补位,而且可能一时难以找到合适的替代人选,这样就耽误了时间,提高了招聘成本。目前,体检前置的用人单位有不断增多的趋势。尽管体检便利了用人单位,但对求职者并不公平,因为不少求职者体检合格但面试却没通过,白白浪费了宝贵的求职时间。而且,如应聘者未确认录用就要多次体检抽血,这的确"太折腾"了。实际上,笔试、面试、体检是企事业单位之间默认的招聘程序,还没确定是否进这家单位就被看体检结果,这是不合理的。所以,一方面用人单位应根据自己的规章制度来安排体检,将招聘程序标准化,并向求职者说清楚要求先体检的理由,增强求职者的信任感;另一方面应立法规定体检结果通用,使招聘更人性化。

(2) 关于代为体检

由于并非所有单位都互认体检报告,所以,应聘者多次应聘就得多次体检,于是他们不得不找人代替抽血过关。另外,乙肝歧视催生了"代检族"。代检费用昂贵,动辄上万元,相关新闻近年也是多见于报端。为防止代检,所以很多用人单位让应聘者到合作的体检机构体检,体检机构要对应聘者是否是本人体检负责。目前,关于录用过程中的体检问题,需要多管齐下加以规范解决。

2. 试用期考察与正式录用

新入职的员工,在签订劳动合同后,根据《劳动合同法》的规定,应有一段试用期(双方也可以约定无试用期)。如果试用合格,试用期满要根据《劳动合同法》办理转正手续。在办理完转正手续后,试用员工转为单位的正式员工,开始承担正式员工的责任与义务,同时也开始享有正式员工的各项权利。试用期是为劳动关系双方的磨合设立的缓冲期,也是用人单位进一步考察员工是否符合录用条件的关键一环,可以说,试用期是把控员工招聘风险的最后一道关,非常重要。关于试用期管理,将在第八章中详细说明。

员工录用入职时,这时就要非常重视前文陈述的录用条件设置的作用。

(1) 岗位录用条件设置

首先,要设置明确、具体的录用条件。员工试用不合格,用人单位要证明劳动者不合格,关键就是要证明试用期员工如何不符合录用条件。该条件宜与岗位条件或岗位绩效标准要求结合在一起,所以设置岗位录用条件并告知入职员工是应对试用员工不合格、解除其劳动关系的有效办法。具体要求是共性条件与个性条件相互结合,即一般条件(基础条件)与差异性条件相结合。所谓共性录用条件,即大部分用人单位和岗位的员工都应该具备的基本条件,如诚实守信,如实告诉与自己工作相关的信息,包括教育背景、身体状况、工作经历等。共性条件可以通过规章制度进行明确。个性录用条件,即不同用人单位、不同岗位对职位的特殊要求,如对学历、技术等的特殊要求。个性条件可以通过招聘公告、劳动合同、录用条件或协议等加以明确。

其次,录用条件最好有可以量化和可操作的指标。例如销售岗位要求在一定时间内完成某一销售量,财务、统计岗位要求低于一定比例的差错率,客服岗位要求服务对象有一定比率的满意度、投诉率。

最后,要先告知录用条件,以证明员工知道本单位的录用条件。招聘员工时向其明示录用条件,并要求员工签字确认;劳动关系建立前,通过发送聘用函的方式向员工明示录用条件;在劳动合同中明确约定录用条件或者不符合录用条件的信息。

(2) 告知义务

《劳动合同法》规定,用人单位招用劳动者时,应当如实告知劳动者工作内容、工作条件、工作地点、职业危害、安全生产状况、劳动报酬,以及劳动者要求了解的其他情况;用人单位有权了解劳动者与劳动合同直接相关的基本情况,劳动者应当如实说明。《就业服务与就业管理规定》(2018年修订)第七条规定:劳动者求职时,应当如实向公共就业服务机构或职业中介机构、用人单位提供个人基本情况以及与应聘岗位直接相关的知识技能、工作经历、就业现状等情况,并出示相关证明。第十二条规定:用人单位招用人员时,应当依法如实告知劳动者有关工作内容、工作条件、工作地点、职业危害、安全生产状况、劳动报酬以及劳动者要求了解的其他情况。用人单位应当根据劳动者的要求,及时向其反馈是否录用的情况。第十三条规定用人单位应当对劳动者的个人资料予以保密。公开劳动者的个人资料信息和使用劳动者的技术、智力成果,须经劳动者本人书面同意。

告知问题的应对措施有:

① 使用专用的知情告知书;

② 在招聘广告中告知;

③ 在录用通知书中告知;

④ 在劳动合同中告知;

⑤ 在岗位说明书中告知;

⑥ 通过其他渠道告知(如规章制度或员工手册)等。

◇ 小案例

尊敬的_____先生/女士:

我们非常荣幸地通知您,经过综合评估和慎重考虑,本公司正式邀请您的加盟!此份录用通知书同时提前知会您相关聘用条款,希望您同意并接受。

有关职位具体描述如下,将会在您正式接受委任时生效:

1. 约定职位:××××××。

2. 报到时间:××××年××月××日之前。

3. 合同期限:3年(从入职第一天开始计算)。

4. 试用期工资约定:您的试用期为3个月(从入职日起计算)。从您就职并签订劳动合同时开始,试用期工资为_____,试用期结束后本公司将对您在试用期间的表现进行评估。

5. 转正工资约定:转正工资为_____。

6. 绩效奖金:3个月标准工资(绩效奖金根据本公司经营状况及个人工作绩效按比例发放),绩优员工可获得高于3个月标准工资的奖金。

7. 社会保险:根据国家的相关劳动法规,本公司将为您办理国家规定的社会保险。

8. 转正:所有通过外部招聘加入企业的员工须进行试用期考察,试用期均为3个月。试用期间如果员工因自身原因或由于其他客观原因决定离开,须提前3日提出,并按规定办理相关手续;如果员工的工作无法达到职位要求,不符合录用条件的,公司会降级使用或提前3日告知解除劳动关系;如表现良好,试用期满前一周人力资源部会适时执行转正审批流程。

9. 其他约定:

(1) 依据劳动法相关规定及本公司政策,您必须在本公司职工医院或指定医院体检合格后才能办理入职手续;

(2) 您需要向我们提供您的个人资料,包括原公司离职证明原件1份、一寸照片2张、身份证复印件4份(正反面)、学位证、毕业证复印件各1份,并携带证书原件以备核查,如果您在过程中遇到任何问题,请及时与本公司人力资源部联系。

××××××公司

年　月　日

(3) 正式录用。这主要是考核新入职的员工是否合格。在这一环节中,用人单位往往要员工提交试用期个人总结考察表。在考察表中,人力资源部可以要求员工提交用人部门的绩效考核材料(如奖惩证明、自我检讨书、违纪违章情况说明等)。

3. 录用评估

整个招聘过程的最后一个步骤就是评估招聘的效果,即录用评估,合规评估是其中重要的一项。对这一点很多企业以前并不重视。随着我国劳动法的不断完善,今后招聘合规评估将越来越重要,也会越来越受重视。对招聘效果与合规性进行评估,可以帮助企业发现招聘过程中存在的问题,对招聘计划、招聘方法、来源进行优化,以提高以后招聘的效果。

本章小结

本章主要阐述我国劳动关系建立的起始过程中,如何对招聘者的主体资格和劳动者的主体资格进行认定,在此基础上,集中研究了用人单位在招聘过程中的劳动关系管理,包括招聘计划中的劳动关系管理、员工招募中的劳动关系管理、甄选中的劳动关系管理。其中,重点讨论了对招聘起着决定性影响的用工模式的选择、用工模式的发展趋势,并强调了招募过程中招聘条件与录用条件的法律风险问题。

关键术语

员工关系(employee relationship)

员工关系管理(employee relations management)

员工援助计划(employee assistance program)

劳动保护(labor protection)

劳动关系(labor relation)

劳动争议(labor dispute)

复习思考题

1. 员工关系和员工关系管理是如何定义的?
2. 员工关系的特点有哪些?
3. 员工关系管理主要包含哪些内容?
4. 劳动关系的特征是什么?请简要阐述一下。
5. 简述劳动合同的内容。
6. 劳动争议处理的原则有哪些?

【政策专栏】

人力资源社会保障部对十三届全国人大三次会议第9651号建议的答复

人社建字〔2020〕197号

你们提出的关于完善相关法律法规,推动"共享员工"依法有序发展,优化人力资源助力经济社会发展的建议收悉,经商住房和城乡建设部、最高人民法院,现答复如下:

"共享用工"是企业之间开展的用工余缺调剂合作。近年来,已有一些企业探索通过企

劳动关系管理

业间合作调剂用工余缺,但受制于信息不对称、劳动者的岗位匹配度要求高和合作期限难以达成一致等原因,新冠肺炎疫情前并未成规模展开。疫情期间,盒马鲜生等电商平台公司和餐饮住宿等员工富余企业以及一些生产高峰和低谷相互互补的企业间开展了"共享用工"合作,在保障用工紧缺企业用工、减轻尚未复工企业用工成本、提升人力资源配置效率等方面发挥了积极作用。但诚如你们所言,这种用工方式在实践中存在企业间用工责任不够明晰、劳动者权益易受损及可能演变为"假共享、真派遣"等问题。

为引导共享用工规范有序发展,维护劳动者合法权益,我部经认真调研,于今年2月在部微信公众号上发布了共享用工等热点问题的答问口径,明确"'共享用工'不改变原用人单位和劳动者之间的劳动关系,原用人单位应保障劳动者的工资报酬、社会保险等权益,并督促借调单位提供必要的劳动保护,合理安排劳动者工作时间和工作任务,保障劳动者身心健康。合作企业之间可通过签订民事协议明确双方权利义务关系。原用人单位不得以营利为目的借出员工。原用人单位和借调单位均不得以'共享用工'之名,进行违法劳务派遣,或诱导劳动者注册为个体工商户以规避用工责任"。该口径明确了共享用工中企业间、企业与劳动者之间的基本权利义务关系,积极防范"共享用工"演变成"假共享、真派遣"。3月我部又在向系统下发的涉疫情劳动关系处理政策中对共享用工有关问题进行了明确。7月在国务院政策例行吹风会上再次重申了促进共享用工规范健康发展的相关要求。为进一步做好共享用工的指导服务工作,我们在前期工作基础上,广泛征求有关部门和单位的意见,并参考你们提出的建议,研究制定并于近期印发了《人力资源社会保障部办公厅关于做好共享用工指导和服务的通知》(人社厅发〔2020〕98号,以下简称《通知》)。

我部督促各级人力资源社会保障部门认真落实《通知》要求,加强对共享用工的指导和服务,将企业间共享用工岗位供求信息纳入公共就业服务范围,及时了解企业缺工和劳动者富余信息,免费为有用工余缺的企业发布供求信息,按需组织专场对接活动。鼓励人力资源服务机构搭建共享用工信息对接平台,帮助有需求的企业精准、高效匹配人力资源。加强职业培训服务,对开展共享用工的劳动者需进行岗前培训、转岗培训的,可按规定纳入技能提升培训范围。对开展共享用工的企业和劳动者,免费提供劳动用工法律政策咨询服务,指导开展共享用工的企业及时签订合作协议,明确双方的权利义务关系,指导企业充分尊重劳动者的意愿和知情权,依法及时变更劳动合同,有效防范用工风险。

由于共享用工是单位之间达成协议后,由员工富余企业将劳动者集体安排至缺工企业工作,不是劳动者个人行为,更类似于企业之间的借调行为,因此共享用工不改变员工富余企业和劳动者之间的劳动关系,与灵活就业模式不同,按照社会保险法和《住房公积金管理条例》有关规定,员工富余企业应依法依规为安排到缺工企业工作的劳动者缴纳社会保险费和住房公积金,保障劳动者的相关权益。对劳动者在共享用工期间发生工伤的,按照《工伤保险条例》第四十三条"职工被借调期间受到工伤事故伤害的,由原用人单位承担工伤保险责任,但原用人单位与借调单位可以约定补偿办法"的规定,由员工富余企业承担工伤保险责任,但员工富余企业可与缺工企业约定补偿办法。

为积极应对因共享用工引发的劳动争议,今年7月,我部与最高人民法院密切配合,研究梳理争议案件处理中反映出的共享用工模式法律适用等问题,将共享用工案例纳入联合发布的第一批劳动人事争议典型案例中。典型案例中明确,劳动者在企业停工停产等特殊情况下,自主选择为其他企业提供劳动的,不属于共享用工情形;企业不得以共享用工名义违法开展劳务派遣等。同时,我部积极指导各地人力资源社会保障部门加强与法院之间的裁审衔接,引导企业之间就"共享用工"引发的矛盾纠纷进行协商,加大争议调处力度,稳妥处理涉共享用工的争议案件。

下一步,我们将指导各地进一步贯彻落实《通知》要求,采取有效措施引导共享用工健康规范发展。同时,及时研究解决共享用工实践中的新情况、新问题,进一步完善有关政策措施。

感谢你们对人力资源和社会保障工作的理解和支持。

人力资源社会保障部
2020 年 11 月 3 日

【重要政策延续阅读】

1.《人力资源社会保障部办公厅关于做好共享用工指导和服务的通知》(人社厅发〔2020〕98 号)

2.《关于维护新就业形态劳动者劳动保障权益的指导意见》(人社部发〔2021〕56 号)

第四章
企业组织架构与规章制度

知识结构图

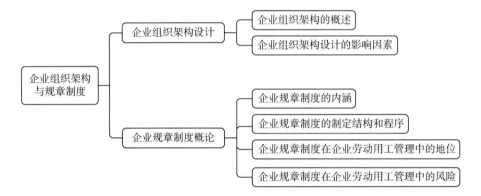

学习要点

- ❖ 战略与组织架构
- ❖ 企业组织架构的内涵
- ❖ 核心能力对组织架构的影响
- ❖ 企业组织架构设计思考
- ❖ 企业规章制度的制定结构和程序
- ❖ 制定企业规章制度的实体要件
- ❖ 制定企业规章制度的程序要件
- ❖ 平等协商的内涵
- ❖ 企业规章制度在企业劳动用工管理中的地位
- ❖ 企业规章制度的法律效力

学习目标

本章主要研究企业的组织架构和规章制度,以及组织架构设计的关键要素和基本形式等问题。学完本章之后,应当能够把握影响企业规章制度的主要因素以及制定企业规章制度过程中面临的问题,同时加深对企业规章制度中各方利益关系的理解。

引导案例

用人单位未按规章制度履行加班审批手续,能否认定劳动者加班事实?

吴某于 2019 年 12 月入职某医药公司,月工资为 18 000 元。某医药公司加班管理制度规定:"加班需提交加班申请单,按程序审批。未经审批的,不认定为加班,不支付加班费。"吴某入职后,按照某医药公司安排实际执行每天早 9 时至晚 9 时,每周工作 6 天的工作制度。其按照某医药公司加班管理制度提交了加班申请单,但某医药公司未实际履行审批手续。2020 年 11 月,吴某与某医药公司协商解除劳动合同,要求某医药公司支付加班费,并出具了考勤记录、与部门领导及同事的微信聊天记录、工作会议纪要等。某医药公司虽认可上述证据的真实性但以无公司审批手续为由拒绝支付。吴某向劳动人事争议仲裁委员会(简称"仲裁委员会")申请仲裁,请求裁决某医药公司支付 2019 年 12 月至 2020 年 11 月加班费 50 000 元。

根据《中华人民共和国劳动法》规定,安排劳动者延长工作时间的,支付不低于工资的百分之一百五十的工资报酬;休息日安排劳动者工作又不能安排补休的,支付不低于工资的百分之二百的工资报酬。用人单位在劳动者完成劳动定额或规定的工作任务后,根据实际需要安排劳动者在法定标准工作时间以外工作的,应按以下标准支付工资。本案中,吴某提交的考勤记录、与部门领导及同事的微信聊天记录、工作会议纪要等证据形成了相对完整的证据链,某医药公司亦认可上述证据的真实性。某医药公司未实际履行加班审批手续,并不影响对"用人单位安排"加班这一事实的认定。故仲裁委员会依法裁决某医药公司支付吴某加班费。

(资料来源:最高人民法院劳动人事争议典型案例)

第一节 企业组织架构设计

一、企业组织架构的概述

企业组织架构是企业得以实现目标的实体框架,是企业组织内部各有机要素相互协调作用的联系模式或方法形式。针对企业组织架构发展现状,企业组织架构设计与变革的影响因素进行定量及定性分析,为企业组织架构的设计和变革提供决策依据。组织架构就如同身体骨架,或建筑物的框架,是所有依附之上的人员、理念、流程、操作手段等的载体,是创造者(通常是部门负责人)的价值观和管理思想的深刻反映。而最终,应该反映的是企业的战略思想并且有利于企业战略思想的贯彻和落实。

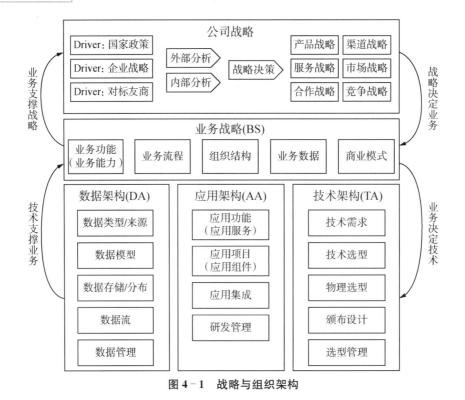

图 4-1 战略与组织架构

(一) 战略与组织架构

战略决定组织架构,组织架构反过来更支撑了战略目标的落实和完成。钱德勒、威格利、波尔等一批经济学家通过研究发现,支撑战略的执行需要一个严密的系统,这就是组织架构。钱德勒比较研究了战后美、德、英三国大集团的发展历程及成功经验,证明了战略和组织之间有着密切的关系,即战略必须有相应的结构变化跟随。从组织的成长看,一个组织都有一个从小到大、从简单产品(服务)到复杂产品(服务)的发展过程,在这个发展过程中,企业所处的发展阶段直接影响其管理模式,进而影响其具体的组织形式和组织架构。

(二) 企业组织架构的内涵

企业组织架构的内涵是什么?我们可以借助一个模型来理解企业的组织架构。模型中有几个概念:价值、组织、员工和客户。当企业满足了相关利益群体的需求,企业就创造了价值;组织是企业的骨架;员工是企业创造价值的主体;客户是企业直接服务的价值主体。这个模型的精髓在于以价值为核心,将股东、客户和员工利益联系为一体,三者相辅相成,互为支撑。该模型主要通过三个价值链来体现,分别是客户—价值—组织、客户—价值—员工和组织—价值—员工。

客户—价值—组织:为了提供客户认可的价值,企业必须以合理的方式来组织经营活动,即价值流程、宏观组织模型和部门设置。这个价值链体现了客户与组织之间的关系,通过价值,将客户与组织联系在了一起。

客户—价值—员工：客户价值决定了企业需要哪些类型的人，需要什么层次的人，需要什么素质和技能的人。员工影响着组织架构的设置，企业需要认识自身人员现状和企业期望之间的差异，在现实与期望中平衡把握，选择合适的组织架构。这个价值链体现了客户与员工之间的关系，通过价值，将客户与员工联系到了一起。

组织—价值—员工：组织的价值创造以员工为主体，员工必须为了价值产出承担相应的职责与任务。这对应着企业的岗位设置与岗位职责。岗位说明书界定了企业与员工之间的关系。这个价值链体现了组织与员工之间的关系，通过价值，将组织与员工联系到了一起。

从以上三个角度，我们可以清晰地看到组织结构的内涵：以为客户创造价值为核心。企业所做的一切，甚至企业存在的理由，都是为客户创造价值。认识到这一点，就可以理解企业组织架构的意义。企业的一切，从组织架构到人员甄选，都要以如何最大限度地创造价值为出发点。

(三) 合适的组织架构

依据以上对组织架构的理解，我们可以描述出设计组织架构的逻辑框架：

(1) 明确企业的客户，定义企业相对于客户的价值，我们可以称之为企业的价值战略。这是组织架构的"灵魂"。

(2) 明确企业如何提供所定义的价值。企业需要哪些经营活动，经营活动该如何组织安排，也就是宏观组织模型与部门设置。这是组织架构的"骨骼"。

(3) 结合企业发展阶段、外部环境与企业人员现状，进行岗位与业务流程的设计，将经营活动、主要任务落实到人。这是组织架构的"血肉"。

二、企业组织架构设计的影响因素

(一) 核心能力对组织架构的影响

宏观上看，首先让企业发生变革需求的是企业组织的外界环境的改变，具体有政治、技术改革、经济的发展等因素，如果企业已然赶不上这些变化的节奏，那么这样的企业是存在不长久的。要实现可持续的发展，企业都只有以自身的特色经验及手段来发展能够适应社会经济环境特点的核心能力从而获取竞争优势最大化。如若不能适应需求，那企业必定会产生变革的需求。所以企业的外环境和企业的能力特别是管理能力的匹配是企业组织架构影响的决定性因素。

(二) 改革趋势对组织架构的影响

随着高新技术的快速发展，企业组织架构呈现扁平、网络、无边界、多元化的变化趋势。社会各层活动的不断涌现、知识的扩大、时间及社会变革的压力使得组织架构极速反应决策来保障企业的竞争力度。企业的计算机互联网技术的应用，使得社会的经济及企业内外的信息得以快速、方便、直接发展。企业的管理层次少有助于加强企业组织架构的反应能力，从而高效地应对市场和竞争的动态变化。企业不再只有一项合适的组织架构形式,企业里按部门、地域构建组织架构就不再是唯一统一的模式了,而是依据具体的社会环境及组织的目的性来搭建不同的企业组织架构,先以目标确定战略,再以战略来确定组织架构。

(三) 企业组织架构设计思考

知识流的经济时代下,企业组织架构要按知识流的网络化特性加以构建,这样有助于知识流在企业的部门、员工之间流动。首先是业务流程的改造,传统的业务流程已然不适应社会经济的发展了。而新的流程,企业员工有自我决策权利,可以根据环境的变化来提供相应变化的服务,使知识的流失减小。在变革的过程中要将注意力重点放在核心的业务上面,通过企业的核心能力来确定企业的核心业务,从而优先实现技术、人与管理的整体结构集成。其次是企业组织架构学习,通过学习引发的新企业组织形态即学习型的企业组织架构形态,这样企业的组织架构的决策不再只集中在高层,和个人不再只是契约,企业的员工不再有"工具性"的工作观念,企业就不必再用制定规则来强制性管理员工。最后是企业组织架构的网络化,网络型的组织架构有利于减少架构的层次,粉碎金字塔式的架构模式,让企业的团队可以自由充分地进行知识的交流和自我管理与完善,还可以发挥企业内部的合作精神,以群体的协作力量来获得竞争优势。简而言之,内部的网络化组织有利于保证知识共享,企业经营决策的协调合作,发挥企业的网络化组织中每一个管理者的才能及优势。

第二节 企业规章制度概论

2008年1月1日起正式施行的《劳动合同法》,是继《劳动法》施行后,我国劳动法领域最重要的一部法律。它的施行预示着中国劳工管理及人力资源管理合规化时代的来临,其对用人单位人力资源管理理念、工具、方法乃至用人单位的全面经营管理产生了广泛而深远的影响。企业规章制度是企业岗位管理、工作流程规范的实施基础,是完成企业生产任务的基本保证,是企业平稳、流畅、高效运行的重要保障,也是企业文化的重要组成部分。《劳动合同法》对企业制定规章制度提出了更高要求,法律限制更趋严格。

一、企业规章制度的内涵

企业规章制度包含的内容也非常广泛,广义的规章制度既包括企业的经营管理制度,也包括企业的劳动规章制度;狭义的规章制度仅指企业劳动规章制度。本书所说的规章制度仅指企业劳动规章制度,即企业根据国家法律法规,结合企业自身特点制定的,明确劳动条件、调整劳动关系、规范劳动关系当事人行为的各种规则、规定、规范、规程、标准、纪律等制度的总称,一般表现为管理制度、操作规程、劳动纪律和奖惩办法等。

我国有关规章制度的内容存在于《劳动法》《劳动合同法》《工会法》《公司法》等法律法规

中。根据《劳动合同法》第四条规定,用人单位应当依法建立和完善劳动规章制度,包括直接涉及劳动者切身利益的劳动报酬、工作时间、休息休假、劳动安全卫生、保险福利、职工培训、劳动纪律以及劳动定额管理等规章制度。《劳动部关于对新开办用人单位实行劳动规章制度备案制度的通知》(劳部发〔1997〕338号)中规定,劳动规章制度的内容主要包括劳动合同管理、工资管理、社会保险、福利待遇、工时休假、职工奖惩以及其他劳动管理。

企业规章制度具有以下特点:

1. 目的性

所谓目的性,是指企业的规章制度是为了有效控制生产劳动过程,规范员工在实现劳动过程和完成生产任务中的行为,确立并训整企业生产劳动过程中企业与员工以及员工与员工之间的关系,从而确保企业为完成总体目标而顺利运行。简而言之,规章制度的目的就是为企业劳动用工管理提供服务和支持。这一特点将规章制度与企业自身的议事规则、章程等区别开来。

2. 稳定性

所谓稳定性,是指企业的规章制度一旦形成,就将保持较长时间的稳定性,不能朝令夕改。规章制度是对企业较长一段时期用工管理进行规范和约束的文件,需要具备稳定性。这一特点将规章制度与其他相关公文区别开来,比如通知、会议纪要等。当然,规章制度的稳定性是相对的,它也需要随着国家法规政策和企业的客观情况的变化而发生变化。

3. 普适性

所谓普适性,是指企业规章制度一旦形成,不管员工职位高低或是权限大小,都将受到规章制度的约束。规章制度是对企业全部或部分范围劳动用工管理行为进行规范和约束的文件,应具有普遍适用性。这一特点将规章制度同企业与个别员工或特定的部分员工签订的协议区别开来。这一特点也要求在制定规章制度时应注意,不具有普适性的内容,不应在规章制度中规定,而应该在劳动合同中或专项协议中加以规定。

4. 强制性

所谓强制性,是指对于已经生效的企业规章制度,员工必须无条件地贯彻执行,没有讨价还价和打折扣的余地。企业规章制度是依据国家法律、法规制定的,其内容是法律、法规的延伸和具体化,具有强制执行的属性。企业可以按照规定采取一定的措施,运用一定的手段来保证其实施。这一特点将规章制度与道德规范区别开来。

二、企业规章制度的制定结构和程序

(一) 实体要件

1. 主体要适格

《劳动法》第四条和《劳动合同法》第四条都规定,用人单位应当依法建立和完善劳动规章制度,保障劳动者享有劳动权利、履行劳动义务。因此,企业规章制度制定的主体应该是用人单位。如果是用人单位的某个部门制定的规章制度,一旦发生劳动争议,就会导致无法产生预期的效力。在实践中,企业制定规章制度时一般授权或委托人力资源管理部门或者行政部门制定,但是规章制度在发布时也一定要以企业的名义发布。如果规章制度是以企业某个部门的名义发布的,那么就很容易被人抓住把柄,尤其是在发生争议时律师会提出辩论意见,认为该规章制度仅是某个部门发布的,仅对发布部门的员工有约束力,对其他员工没有约束力。因此,在此提醒企业,即便规章制度是企业某个部门起草的,但是在对外发布时也一定要以企业的名义发布,否则,将面临制定主体不适格的法律风险。

2. 内容要合法、合理

企业为适应管理的需要,有权制定企业的规章制度,但是有相当一部分企业却因规章制度内容不合法、不合理而引起纠纷。《最高人民法院关于审理劳动争议案件适用法律若干问题的解释(一)》(法释〔2020〕26号)第五十条也明确规定:用人单位根据劳动合同法第四条规定,通过民主程序制定的规章制度,不违反国家法律、行政法规及政策规定,并已向劳动者公示的,可以作为确定双方权利义务的依据。因此,用人单位的规章制度必须在现行法律的框架之内制定,不能违反现行法律、法规。需要指出的是,这里的"合法"应当作广义理解,指所有的法律、法规和规章,包括宪法、法律、行政法规、地方法规、民族自治地区的自治条例和单行条例,以及关于劳动方面的行政规章。企业为适应管理的要求而制定的企业规章制度必须注意其合法性。在实践中,很多单位制定的规章制度,在工时、休假、加班等方面违反国家规定的基本标准,甚至规定员工在劳动合同期间不能结婚生育,上下班要搜身检查,严重侵犯了公民的基本权利;有的还规定了试用期间员工辞职不发工资等,侵犯了员工的合法权益。这些规章制度都是无效的。关于实践中企业规章制度常见违法条款,我们将在后面详细介绍。

在法律把企业规章制度制定的权利授予用人单位后,除合法性之外,还产生另外一个问题,即"企业规章制度合理性"的问题。如《劳动合同法》中有这样的规定,劳动者严重违反用人单位规章制度,严重失职,营私舞弊,给用人单位造成重大损害的,用人单位可以解除劳动合同。而何谓"严重违纪""重大损害",法律并没有作出具体的规定,这需要用人单位在规章制度中作出明确、具体的规定。对于这些问题的界定就存在一个"合理性"问题,也即规章制度对相关问题进行界定时所要把握的"度"。而合理不合理的"度",不可能有什么统一的"国家标准"或"地方标准"。因为严不严重,都是相对而言的。例如,同样是员工违反规定在工作场所吸烟,发生在写字楼和发生在加油站,情节大不一样。碰到这种情况,只能由用人单位自由裁量决定。要根据不同的行业、不同的企业、不同的岗位、职务以及员工的一贯表现等具体情况,作出具体分析。但自由裁量必须符合正常人的一般性评判标准。一般来说,对偶尔迟到或擅自离岗不应视为严重违纪,但是长期消极怠工,或者屡教不改,则属于严重违纪。

综上所述,相对来说,在企业规章制度法律地位的问题中,合法性的认定比较容易些,比较复杂的是合理性的认定。如何把握合理与不合理之间的"度",简单来说就是一个被大多数人认同的问题。如果这个规章制度被企业的大多数职工认同了,那么就是合理的;如果大多数人认为不合理,那么这个规章制度就有问题。

最后,需要提醒企业的是,当劳资双方就规章制度的合理性问题产生纠纷时,用人单位和劳动者都不是最终的裁判者,最终的裁判者是劳动争议仲裁机构和人民法院。

3. 不得与劳动合同和集体合同相冲突

企业规章制度与劳动合同、集体合同以及劳动条件基准一起,构成了劳动法协调劳动关系和进行劳动管理的重要工具,这些都是确定劳动关系当事人双方权利和义务的主要依据,这三者之间的关系决定了规章制度的内容不能与劳动合同、集体合同的内容相冲突。

规章制度并不等同于劳动合同,规章制度里规定的很多内容适用于全体劳动者,且制定时一般不需要与劳动者协商一致,只需不违反法律法规强制性规定、程序合法即可。而劳动合同形成于劳动者与用人单位之间,是双方协商一致的结果,也是规范双方权利义务的一种约定,并且是一种特殊约定。在劳动合同、集体合同与规章制度的效力关系和适用关系上,究竟谁高谁低,哪个优先适用?按照"特殊优于一般"的法律效力原则,劳动合同的约定的法律效力高于规章制度的一般规定。《最高人民法院关于审理劳动争议案件适用法律问题的解释(一)》(法释〔2020〕26号)第五十条规定:用人单位制定的内部规章制度与集体合同或者劳动合同约定的内容不一致,劳动者请求优先适用合同约定的,人民法院应予支持。因此,在劳动合同约定与规章制度规定出现冲突时,劳动者有权要求按照劳动合同的特殊约定作为劳资双方履行劳动权利义务的依据。当三者对不同的问题或同一问题作出不同的规定时,三者都具有同等的法律效力;当三者对同一问题作出相矛盾的规定时,劳动者具有选择权,劳动者可以优先选择适用劳动合同或集体合同,当然如果规章制度规定的内容对劳动者比较有利,劳动者可以优先选择适用规章制度的内容。所以,用人单位应当保持规章制度的规定与劳动合同的约定一致,如果规章制度与劳动合同对同一问题做出不同的规定,会导致管理上的混乱,给用人单位带来不必要的损失。

4. 不得违反公序良俗

公序良俗是民法的一个基本原则,它指的是公共秩序和善良风俗。但是在法律中并没有规定怎么衡量是否违反了"公序良俗",一般都是由裁判人员来判定。"公序良俗"也已渗透到其他法律中,成为一条基本原则,《劳动法》也是如此。因此,用人单位的规章制度不得违反公序良俗,否则职工可向劳动行政部门主张该规章制度无效。

(二)程序要件

在我国的司法实践中,一直存在着"重实体,轻程序"的观念,认为只要"实体合法"即可。随着现代法治理念的引进,"程序正义"的呼声也越来越高,我国掀起了司法改革的浪潮。"程序合法"反映在企业规章制度的制定上也经历了一段历程。《最高人民法院关于审理劳动争议案件适用法律若干问题的解释(一)》第五十条规定:用人单位根据劳动合同法第四条规定,通过民主程序制定的规章制度,不违反国家法律、行政法规及政策规定,并已向劳动者公示的,可以作为确定双方权利义务的依据。这里提到了用人单位制定规章制度应当经过民主程序和向劳动者公示。《公司法》第十八条第三款规定：公司研究决定改制以及经营方面的重大问题、制定重要的规章制度时，应当听取公司工会的意见，并通过职工代表大会或者其他形式听取职工的意见和建议。这里所规定的"应当听取公司工会的意见，并通过职工代表大会或者其他形式听取职工的意见和建议"也是程序的要求。《劳动合同法》第四条第二款规定：用人单位在制定、修改或者决定有关劳动报酬、工作时间、休息休假、劳动安全卫生、保险福利、职工培训、劳动纪律以及劳动定额管理等直接涉及劳动者切身利益的规章制度或者重大事项时，应当经职工代表大会或者全体职工讨论，提出方案和意见，与工会或者职工代表平等协商确定。第四条第四款规定：用人单位应当将直接涉及劳动者切身利益的规章制度和重大事项决定公示，或者告知劳动者。由此可见，《劳动合同法》对规章制度制定的程序作出了明确具体的规定，具体的制定程序要求包括以下两个方面：

1. 经过平等协商程序制定

一个优秀的现代企业必定是以民主管理为基础，强调全员管理，充分调动广大职工的积极性，从而提高内部管理水平，增强企业经营决策的准确性和透明度。企业规章制度的制定也是如此。更为重要的是，规章制度关键在于执行，所以，劳动规章制度只有在吸收和体现职工一方的意志，或者得到职工的认同的情况下，才能确保很好地实施。

《劳动合同法》第四条第二款规定：用人单位在制定、修改或者决定直接涉及劳动者切身利益的规章制度或者重大事项时，应当经职工代表大会或者全体职工讨论，提出方案和意见，与工会或者职工代表平等协商确定。这一程序要件与先前法律规定的要求有较大差别，如《最高人民法院关于审理劳动争议案件适用法律若干问题的解释（一）》第十九条规定：通过民主程序制定的规章制度，不违反国家法律、行政法规及政策规定，并已向劳动者公示的，可以作为人民法院审理劳动争议案件的依据。何谓民主程序，法律并没有明确的界定，民主程序既可以理解为经过职工大会或者职工代表大会的审议通过，也可以理解为征求工会或者职工大会、职工代表大会的意见即可。由此可见，先前法律对用人单位规章制度制定程序的规定弹性很大。而《劳动合同法》规定，企业制定规章制度的行为是民主表决和集体协商的双方行为，具体而言，企业制定规章制度的平等协商程序包括民主程序和集中程序。

（1）民主程序。企业起草的规章制度草案应当首先提交职工代表大会或者全体职工讨论，由职工代表大会或全体职工提出方案和意见。这意味着民主程序的界定已经很严格了，即只有两种选择：企业有职工代表大会制度的，应当将规章制度草案交由职工代表大会讨论；没有职工代表大会制度的，应当交由全体职工讨论。这个交由职工代表大会或全体职工讨论，并提出方案和意见的过程，我们可以称之为发扬民主的过程，也可称之为"民主程序"。

（2）集中程序。企业规章制度的草案交由职工代表大会或全体职工讨论后，职工代表大会或全体职工肯定会提出很多意见和方案，而且这些意见、方案与企业的意见和方案很可能差别很大。比如，企业规章制度草案中规定员工一年连续旷工5天或累计旷工10天的，属于严重违反规章制度的行为，企业可以依据《劳动合同法》第三十九条的规定与劳动者解除劳动合同，并且不用支付经济补偿金。职工代表大会或全体职工可能会提出，一年连续旷工7天或累计旷工14天的，才能被视为严重违反规章制度的行为。企业的规章制度最后如何

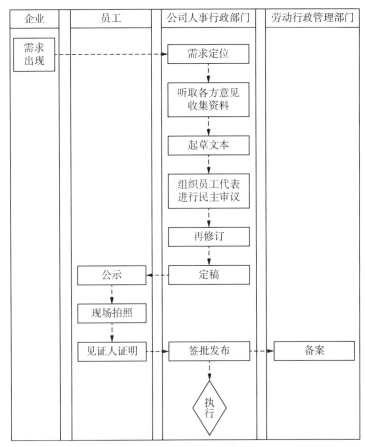

图 4-2 企业规章制度制定流程图

确定呢？《劳动合同法》第四条第二款明确规定了，企业要与工会或者职工代表平等协商确定。这也意味着，发扬民主后，规章制度最后的拍板决定权不在企业，而是由企业与工会或者职工代表通过平等的协商程序予以决定。这个程序可以称为发扬民主的集中过程，也可称为"集中程序"。

综上所述，《劳动合同法》第四条第二款规定的规章制度制定程序实际上包含了两道程序，即"先民主后集中"。其实，这一规定也使规章制度制定权发生了根本性、观念性的转变。过去在我国实践中，企业规章制度制定一直被认为是企业单方决定的权利，很多企业的规章制度都是企业自己制定并公布给员工，员工只有接受、遵守的义务，而没有参与的权利；而《劳动合同法》中关于企业规章制度制定的程序最后定格在"平等协商"上，这就意味着企业规章制度制定权由原来的企业"单决权"变为了企业与员工的"共决权"。

从以上分析可以看出，法律之所以这样规定，其用意很明显，就是在督促企业组建职工代表大会和工会。企业如果达到一定规模后，还没有组建相应的民主管理的组织机构，将来会遇到相应的麻烦，如规章制度制定将来需要经过全体员工的讨论，然后还需要由职工代表或职工代表大会与企业来共同协商。相反，企业如果有这些民主管理组织机构，只需要召开职工代表大会，由职工代表大会对规章制度进行讨论，然后由工会或企业代表共同协商即可。

2. 向劳动者公示或告知劳动者

公示原则是现代法律法规生效的一个要件,作为企业内部的规章制度更应对其适用的对象进行公示,未经公示的企业规章制度,职工无所适从,对职工不具有约束力。《劳动合同法》第四条第四款规定:用人单位应将直接涉及劳动者切身利益的规章制度和重大事项决定公示,或者告知劳动者。《最高人民法院关于审理劳动争议案件适用法律若干问题的解释(一)》第五十条也明确规定了,通过民主程序判定的规章制度,不违反国家法律、行政法规及政策规定,并已向劳动者公示的才能作为确定双方权利义务的依据。公示、告知程序不仅是法律的要求,从另一个角度来讲,单位规章制度是以全体劳动者为约束对象,就应当为全体劳动者所了解,当然必须以合法有效的方式公布。现在,不少用人单位还抱有"刑不可知,则威不可测"的观念,其实这种观念已经与法律规定的精神相违背了。

在实践中可用作公示或告知的手段比较多,总体而言,以下几类都可以作为公示或告知的手段:①传阅或分发;②层层培训;③考试;④签收;⑤员工手册发放;⑥会议宣传。当企业规章制度作为劳动合同的附件时,新的规章制度即使公示,也不自动发生效力。上述公示或告知方法中,最简便可行的就是员工手册发放的办法。目前,很多企业都在用这种方法作为公示或告知的方法,即将企业的规章制度汇编成册或者融合在企业的员工手册里,让员工签收。

实践中,企业也有采取下列方法作为公示或告知的方法:①局域网;②电子邮件;③将规章制度作为合同的附件。

在上述方法中,局域网和电子邮件之所以是有问题的公示或告知方法,原因在于它们都是电子类证据,而电子类证据的取证非常困难,一旦打起官司,无法取得有力证据,就会非常被动。第三类"将规章制度作为合同的附件"作为一种公示或告知方法是可以的,但是一旦企业采用这种方式作为公示或告知的方法也就等于给自己埋下了定时炸弹。这颗定时炸弹什么时候爆炸呢?在企业修改规章制度的时候,它就会爆炸。

实践中已经有这种实例发生。某企业原来制定了一套规章制度,并将其作为劳动合同的附件让员工签收,后来该企业换了新领导,新领导要求企业的人力资源部门重新搞一套严格的规章制度。当规章制度按照程序制定后让员工签收时,大部分员工同意签收了企业的规章制度,但是部分员工不愿意签收。对于不愿意签收的员工,按照规章制度的生效要件,企业公示也可以,即只要证明员工已经知道或应当知道即可。但是,一旦企业把原规章制度作为劳动合同的附件,那么新规章制度即便公示且员工知道,也并不当然适用于这部分员工。因为一旦企业把企业规章制度作为劳动合同的附件,就使企业规章制度失去了独立的法律效力,企业规章制度也就成为劳动合同条款的一部分,劳动合同条款要变更的话,企业必须和单个劳动者进行协商。如果某个劳动者不愿意变更劳动合同的条款,企业就必须按照原劳动合同条款继续履行。若企业不把原规章制度作为劳动合同的附件,劳动合同和规章制度是两个独立的文本,各自的制定、修改程序并不相同,尤其是规章制度的修改程序和要求大大低于劳动合同的修改程序和要求,规章制度的修改按照法定程序即可对劳动者发生效力。相反,如果企业将规章制度作为劳动合同的附件,则企业规章制度的修改必须遵守劳动合同变更的严格规则。因此,当企业把规章制度作为劳动合同的附件时,部分劳动者不愿意签收新规章制度的,企业只有一种选择,即实行"一个企业两种制度"。对于愿意签收新规章制度的员工,按照新规章制度执行;对于不愿意签收新规章制度的员工,按照作为劳动合同附件的"旧的规章制度"执行。这样将为企业劳动用工管理带来不便。需要特别指出的是:对于企业的规章制度制定来说,程序要件也是非常重要的。因为,当劳动争议发生时企业引用规章制度为自己的做法提供支持时,对方律师以及仲裁机构、法院首先会审查规章制度制定程序是否合法。因为程序是否合法是很容易判断的,当程序存在瑕疵时,不需要再审查实体内容,就可以判定规章制度不能作为裁判的依据。由此可见,企业规章制度的制定程序是容易让别人抓住把柄的。当制定程序不合法时,企业规章制度也就没有任何意义了。

最后,用人单位在制定规章制度时,无论是进行平等协商程序,还是进行公示、告知程序,都务必要留好记录,保存好相关证据,如会议纪要、讨论情况、员工签名等。因为一旦劳资双方在规章制度效力问题上产生争议,用人单位需要举证证明其规章制度是经过平等协商程序且曾向劳动者公示、告知的;如果用人单位不事先保留相应证据,就无法证明相应的内容。

三、企业规章制度在企业劳动用工管理中的地位

(一)企业规章制度是国家法律法规和政策的延伸和补充,是"企业内部的法律"

企业规章制度是依据国家法律法规和政策制定的,但是它并不仅仅是国家法律法规和政策的照搬,而是在国家法律法规和政策的规定下结合企业自身情况制定的。因此,企业规章制度是国家法律法规和政策的延伸和补充,是企业内部规范员工行为的依据,是"企业内部的法律"。

(二)企业规章制度与集体合同、劳动合同互相配合、相辅相成,共同构成企业劳动用工管理的主要依据

企业劳动用工管理的依据主要包括以下几类:一是国家法律法规政策,二是劳动合同和集体合同,三是企业规章制度。国家法律法规和政策是任何企业都要执行的,属于管理员工的外部依据,而内部依据主要是劳动合同、集体合同和企业规章制度。在内部依据中,企业规章制度是十分重要的,它与劳动合同、集体合同各有侧重,共同构成了企业协调劳动关系的主要依据。

(三)企业规章制度具有法律效力,可以作为劳动仲裁和法院裁判案件的依据

企业规章制度是"企业内部的法律",而且最高人民法院的司法解释明确规定了符合法律规定的规章制度可以作为人民法院裁判案件的依据。因此,一旦用人单位与劳动者发生劳动争议,涉及规章制度的,用人单位可以将之作为证据来用,也可以作为裁判机关审理案

件的依据。

四、企业规章制度在企业劳动用工管理中的风险

企业制定规章制度时存在着哪些潜在风险,应如何规避或防范这些风险,以便制定出一套行之有效且符合法律规定的规章制度,已成为企业必须认真研究和处理的重要问题。

《劳动合同法》第四条规定:用人单位应当依法建立和完善劳动规章制度,保障劳动者享有劳动权利、履行劳动义务。虽然《劳动合同法》赋予了企业有制定内部规章制度的权利,但如果企业不依据法律规定的内容和程序制定内部规章制度,其就会失去法律效力,存在严重的法律风险,企业也将为此承担民事赔偿、行政处罚等法律责任。

(一)因无法律效力而失去作为审理劳动争议案件依据的作用

《最高人民法院关于审理劳动争议案件适用法律若干问题的解释(一)》第五十条明确规定,用人单位的规章制度,只有通过民主程序制定,不违反国家法律、行政法规及政策规定,并已向劳动者公示的,且不与劳动合同、集体劳动合同相冲突,才可以在劳动仲裁和司法审判中作为审理劳动争议案件的依据。否则,用人单位的规章制度将会不予适用。

(二)企业可能承担民事赔偿责任

《劳动合同法》第八十条规定,用人单位直接涉及劳动者切身利益的规章制度违反法律、法规规定的,给劳动者造成损害的,应当承担赔偿责任。

(三)企业可能承担行政责任

《劳动合同法》第八十条规定,用人单位直接涉及劳动者切身利益的规章制度违反法律、法规规定的,由劳动行政部门责令改正,给予警告。

(四)劳动者可以随时解除劳动合同

根据《劳动合同法》第三十八条第四款的规定,用人单位的规章制度违反法律、法规的规定,损害劳动者权益的,劳动者可以解除劳动合同。

(五)企业失去了抵御劳动争议风险强有力的手段

企业制定规章制度的主要目的是维护企业日常管理及生产正常秩序,提高劳动生产率,提升企业文化内涵,创造和谐稳定的劳动关系。同时,由于劳动争议的复杂多样,仅靠劳动合同是不够的,企业更需借助规章制度才能处理、解决劳动争议。因此,作为调解劳动争议的重要依据的企业规章制度,在处理劳动争议时具有不可替代性。如果制定的规章制度无效,企业在处理劳动争议时将陷于被动局面,甚至会遭受不必要的损失,从而最终失去企业抵御劳动争议风险强有力的手段。

本章小结

本章的内容涉及两个方面：一是企业组织架构，二是企业规章制度。企业组织架构是企业战略思想的反映，是企业实施经营活动的载体，其核心是为客户创造价值。在设计企业组织架构时，要充分考虑核心能力和改革趋势对企业的影响。企业规章制度指的是劳动规章制度，在企业劳动用工管理中具有较高的法律效力，具有目的性、稳定性、普适性和强制性的特征，在制定过程中要遵循严格的结构和程序要求。

关键术语

企业组织架构(enterprise organizational structure)

企业组织架构设计(enterprise organization structure design)

战略(strategy)

程序(procedure)

组织架构(organizational structure)

企业规章制度(enterprise's regulations and rules)

平等协商(consultation on the basis of equality)

复习思考题

1. 在进行企业组织结构设计的过程中需要考虑哪些因素？
2. 组织架构的"灵魂""骨骼""血肉"分别是什么？
3. 企业规章制度的目的性体现在哪些方面？
4. 请简述企业规章制度的制定程序。
5. 总结企业规章制度制定过程中平等协商的内涵。

第五章 培训中的劳动关系管理

知识结构图

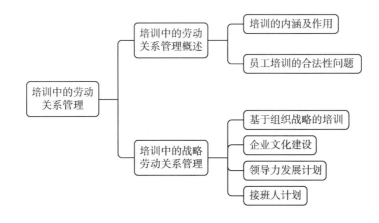

学习要点

- ❖ 培训的内涵
- ❖ 企业劳动关系中培训的作用
- ❖ 员工培训的合法性问题
- ❖ 专项培训费的概念
- ❖ 专项培训费的数额
- ❖ 服务期的内涵与规范
- ❖ 竞业限制的内涵
- ❖ 竞业限制的期限和范围
- ❖ 经济补偿金的制度标准
- ❖ 组织培训战略
- ❖ 企业文化建设
- ❖ 领导力发展计划
- ❖ 接班人计划

学习目标

本章主要研究企业发展战略与员工自身发展。学习完本章之后,要熟悉它对企业劳动关系的重要影响;掌握培训的战略重点是培养员工自主学习的能力;应重点把握企业实施员工培训实践的合法性问题;把握《劳动合同法》对于企业在指导员工培训与发展方面的规范性作用,还应掌握与企业培训和发展密切相关的最优管理实践。

华为员工培训与开发

华为的员工培训极富特色,极具创新性,为其跨越式发展提供了坚实的基础与蓬勃的活力,赢得了同行的尊崇与社会的广泛赞誉。

首先是对新员工进行重点培训。主要由军训、企业文化、车间实习、技术培训及市场演习五个部分组成,体系非常完备。华为通过强化企业文化培训,让新员工快速融入企业,快速成长为"华为人"。

其次是导师制。目前我国许多企业都尝试过导师制,但产生效果的极少。华为却用智慧让导师制成为企业熠熠生辉的培训制度,成为华为人才培训体系中的亮丽名片。这种导师制包括全员导师制和带有竞争关系的双导师制。前者让新员工顺利走上工作岗位,后者大大提升了导师的自身能力,创新色彩极浓。

最后是严谨高效的人才培训体系。主要表现在:(1)培训系统完善。新员工培训系统、技术培训系统、管理培训系统、营销培训系统、专业培训系统及生产培训系统,组成了华为以全面质量为导向的分类分层培训平台。其全球培训中心网络覆盖了拉美、亚太、中东、北非、欧洲等地区,国内多个区域培训中心培训服务效果也相当耀眼。相关统计数据显示,仅2014年,华为总部培训中心就进行了71 848人次的员工培训,总培训时间达到104 915.6天(7小时/天)。培训规模之大,覆盖面积之广,令人赞叹不已。(2)培训方法多样。既有在职培训又有脱产培训,既有华为大学在内的全球培训中心提供的培训课程,又有以实战为依托、强调价值实现的高额自费培训和自我培训,真正做到了每天、每时、每人都自觉培训。(3)培训内容广泛。华为不仅为不同职业资格、级别及类别的在职员工都制订了不同的培训计划,而且其外语培训、海外员工轮换交流等也颇具特色。(4)培训质量更高。一流的教师队伍、一流的教学环境,源于华为对培训的高度重视和对教师资格极为严格的选拔。华为注重培训,但同时又强调超越培训,一切为了实战,这也是华为培训体系能够快速形成战斗力的原因所在。

(资料来源:百度文库《华为员工培训与开发案例分析》)

第一节 培训中的劳动关系管理概述

一、培训的内涵及作用

企业劳动关系中的培训是一种有组织的知识传递、技能传递、标准传递、信息传递、信念传递、管理训诫行为。其功能主要体现在以下四点:

(一) 实现组织战略目标

组织战略目标可以分为总体战略目标和细分战略目标。其中,细分战略目标是对总体战略目标的分解,包括人力资源战略目标、营销战略目标、品牌战略目标、技术战略目标等。组织战略目标的实现最终要依靠高素质和高能力的员工来实现(如图 5-1 所示)。拥有满足战略要求的人才是实现组织战略目标的基础,而构建有效的培训体系是提升和提高员工整体素质与能力的必备方法。

图 5-1　组织战略目标与员工素质、能力

(二) 创建员工成长环境

员工要创造高效业绩,就需要拥有创造力和积极的态度,这就需要组织创建有利于培养创造力和发挥积极性的成长环境。组织要实现对员工职业生涯的规划,帮助员工确立其成长方向和空间,就需要为员工提供知识、技能等方面培训的支持,也需要创建有利于员工成长的环境。构建有效培训体系能够帮助员工应对工作中的困难和挑战,掌握职业发展的技巧和方法,拥有实现职业发展的眼光和头脑(如图 5-2 所示)。

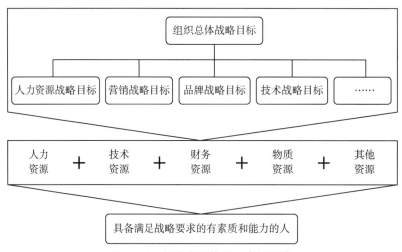

图 5-2　创建有利的员工成长环境

(三) 实现组织人才战略

组织要实现自身的战略目标,就需要培训组织发展所需要的各种人才,形成自身的人才战略。有效的培训体系建设能够帮助组织实现在专业人才、管理人才等方面的人才发展战略,不同层次、不同水平的课程设计能够帮助组织实现各类人才的快速增长。实现组织人才战略不可能一蹴而就,培训体系的良性运作则能够确保组织人才的持续培养,进而最终实现组织的人才战略。

(四) 提升组织竞争能力

完善的培训体系能够确保组织的所有员工都可以在各自的岗位上接受相应的培训,从提高人员工作能力的角度提高工作效率、工作质量,实现持续创新,进而提升组织的竞争能力。提升组织竞争能力的根本在于提高员工素质。知识是构成员工综合素质的重要部分,具有较强竞争能力的组织应善于通过培训将员工的隐性知识迅速转化为组织的共享知识。

二、员工培训的合法性问题

企业在实施员工培训以促进企业发展时,不能忽略其中可能涉及的一系列法律问题。企业要确保各种培训制度的合法实施,并且全面了解《劳动合同法》及相关劳动法律法规对于员工培训权利的规定,这也是企业进行员工培训以期达到自身长远发展的前提条件。企业为员工提供培训时,主要涉及的法律问题有:专项培训费用的约定、服务期的约定、竞业限制相关条款的规定及其可能引发的劳动争议问题等。

(一) 专项培训费用

企业内部的培训分为很多种,其中各种针对劳动者岗位的专业技术培训是企业获得与岗位息息相关的生产力技术的重要手段。因此,企业在实施专项培训之前,有必要对相关的劳动法规条款及规定有所了解。对于专项培训费用的约定,是对参与培训的劳动者能够在其生产过程受到影响的培训期间获得一定经济补偿的保证,也体现了企业对于劳动者通过培训提高其人力资本水平的支持和鼓励。

当劳动者在用人单位接受培训时违反约定,并不是所有的培训费用都需要劳动者赔偿的。《劳动法》总则和第六十八条中明确规定,单位对职工进行的安全卫生培训、技术工种的上岗前培训以及提高职工岗位素质的培训是用人单位应尽的义务,这部分培训不应当再收取赔偿费。

《违反〈劳动法〉有关劳动合同规定的补偿办法》(劳部发〔1995〕223号)第四条规定:劳动者违反规定或劳动合同的约定解除劳动合同,对用人单位造成损失的,劳动者应赔偿用人单位下列损失:(一)用人单位招收录用其所支付的费用;(二)用人单位为其支付的培训费用;(三)对生产、经营和工作造成的直接经济损失;(四)劳动合同约定的其他赔偿费用。这里的培训费用是指单位有支付凭证的、与培训有直接关系的费用,包括培训期间的车旅费、住宿费、培训课程费及其他相关费用。因此，只有符合上述规定范围的培训，员工才应当赔偿。

1. 专项培训费用的概念

《劳动合同法实施条例》对专项培训费用作出了规定：从内涵上看，专项培训费用是用人单位为了对劳动者进行专业技术培训而支付的费用，员工上岗前接受的关于安全生产、操作流程等的培训则不在此列；从外延上看，用人单位为劳动者支付的专项培训费用既包括直接费用，如培训费，也包括间接费用，如培训期间的差旅费等。另外，由于劳动者很难真正知道用人单位支付了多少培训费用，同时为防止发生争议时劳动者与用人单位对培训费用的数额有不同的意见，《劳动合同法实施条例》中明确规定了培训费用包括用人单位为了对劳动者进行专业技术培训而支付的有凭证的培训费用、培训期间的差旅费以及因培训产生的用于劳动者本人的其他直接费用（脱产培训支付的工资，应当算作专项培训费用）。作出这样的规定，不仅有利于维护劳动关系双方的合法权益，而且能够使得用人单位在计算违约金时有据可依。

2. 专项培训费用的数额

对于专项培训费用的具体数额，《劳动合同法》没有作出明确的规定。而在实际操作中，由于用人单位的具体情况千差万别，很难规定一个数额。而用人单位提供的专项培训费用超过这一数额的才可以约定服务期。设定数额不仅对部分用人单位不公平，而且会影响用人单位开展低于这一数额的专业技术培训的积极性。《劳动合同法》第二十二条规定：劳动者违反服务期约定的，应当按照约定向用人单位支付违约金。违约金的数额不得超过用人单位提供的培训费用。对企业来说可以将其看作一个自动调节机制，即当用人单位提供较低的专项培训费用却约定服务期时，劳动者的违约金也会相应较低，进而也不会对劳动者流动就业造成实质性阻碍，因此《劳动合同法实施条例》不对这一数额作出具体规定。用人单位可以通过民主程序，依法制定符合本单位实际的规章制度，在规章制度中对专业技术培训的定义和培训费用数额作出明确规定，以满足本单位劳动用工管理的需要。由此可以看出，法律的规定仍具有一定的弹性，使得用人单位可以根据自身状况制定符合本单位培训需要的具体规章制度。

（二）服务期

除了支付培训费用之外，企业可通过约定服务期来获得人力资本投资回报的保障。《劳动合同法》第二十二条第一、二款规定：用人单位为劳动者提供专项培训费用，对其进行专业技术培训的，可以与劳动者订立协议，约定服务期。劳动者违反服务期约定的，应当按照约定向用人单位支付违约金。违约金的数额不得超过用人单位提供的培训费用。用人单位要求劳动者支付的违约金不得超过服务期尚未履行所应分摊的培训费用。服务期的约定只对劳动者具有约束力，而对于用人单位来说则不具有约束力。从服务期创设的立法目的来看，是为了鼓励和保护用人单位加大对劳动者培训的积极性。另外，服务期有别于劳动合同中规定的期限。从某种程度上来说，服务期是单位的权利，而非单位的义务。

《劳动合同法》对于服务期的相关规定，是在保护用人单位的合法权益方面作出的新突破。《劳动合同法》在对劳动者实行倾斜保护的同时，也对保护用人单位合法权益、促进用人单位健康发展给予了必要的关注。用人单位为劳动者提供了专业技术培训，并为此支付了培训费用，其目的是使劳动者经过培训后可以将获得的知识和技能为用人单位提供更好的劳动。从劳动者一方来看，通过用人单位提供的专业技术培训，劳动者自身的素质和技能大大提高了，在劳动力市场上具有更为明显的优势。如果对劳动者没有任何约束，一些在劳动力市场上占有相对优势地位的劳动者就有更大的跳槽激励，一方面导致已提供专业技术培训的用人单位损失时间和金钱成本，另一方面将降低用人单位为劳动者提供专业技术培训的积极性，对需要的人才只需从其他提供培训的用人单位挖掘即可，长此以往，既影响到劳动者素质的提高，也不利于劳动者个人的职业发展。

为此，《劳动合同法》作出了明确规定，允许用人单位与提供专项培训费用进行专业技术培训的劳动者约定服务期，并同时约定违反服务期协议的违约金，允许企业获得相应权利，平衡劳动关系双方当事人的利益，鼓励用人单位加大对劳动者技能培训的资金投入力度，加强对劳动者的培训，提高劳动者的技能。

（三）竞业限制

竞业限制是指企业为了保护自己的合法权益，在与员工建立劳动法律关系时，约定员工在工作或离职后的一段时间里，不得在与原单位有竞争关系或其他利害关系的其他单位任职，或者自己生产经营与原单位有竞争关系的同类产品或业务。竞业限制是企业保护商业秘密的重要手段之一。《劳动合同法》第十七条第二款也规定：劳动合同除前款规定的必备条款外，用人单位与劳动者可以约定试用期、培训、保守秘密、补充保险和福利待遇等其他事项。也就是说，企业可以通过基于职业关系中双方当事人平等协议、理性自律基础上形成的契约性要约与承诺关系来保护其商业秘密。它通常以条款的形式规定于劳动合同、聘用合同或保密协议之中。

竞业限制分为法定的竞业限制和约定的竞业限制两种情况。法定的竞业限制是指依据法律规定企业的高级管理人员应当承担的竞业限制义务，如《公司法》规定企业的董事、经理等高级职员在职期间不得自营或者为他人经营与其所任职公司同类的营业或者从事损害本公司利益的活动。对于在职劳动者的竞业限制义务，用人单位可以采用与劳动者签订协议、制定企业内部规章制度等予以确立。但是，对于离职劳动者的竞业限制义务，签订竞业限制协议则是用人单位与离职劳动者产生竞业限制权利义务关系的唯一途径。

1. 竞业限制的范围

根据《劳动合同法》的规定，竞业限制的人员限于用人单位的高级管理人员、高级技术人员和其他负有保密义务的人员。这类雇员掌握着雇主的技术秘密，是竞争对手在劳动力市场上人才搜寻的重要目标。因此，这两类人员往往是竞业限制的首要对象。此外，这几类人员，如市场计划和销售人员、财会人员以及秘书人员，由于或掌握着雇主借以获得竞争优势的经营秘密，或了解企业的财务状况中大量的保密信息，或在管理收发文件、进行会议记录的过程中有机会接触到雇主的商业秘密,用人单位可以根据企业的具体情况,对这几类人员离职后的行为进行规范。由于我国法律对一般劳动者竞业限制尚无明文规定,因此,针对不同岗位的重要性和接触商业秘密的可能性,对不同的劳动者采取的竞业限制的措施也应有所区分。

以上情况均属于法定的竞业限制,而目前我国法律对约定竞业限制则没有明确规定,但在一些部委规章中对此类协议有所规范。可见国家对于用人单位与劳动者之间约定竞业限制协议也是给予承认和保护的。

2. 竞业限制的期限

商业秘密及经营利益在现代商业市场竞争环境中是有时效的,因此,约定竞业限制时限就有了重要的意义。《劳动合同法》明确规定了竞业限制的期限不得超过二年。订立竞业禁止的时间限制一般需要考虑受保护的商业秘密在市场中具有竞争优势的持续时间、雇员掌握该商业秘密的程度和该商业秘密建立起来的难易程度等因素;同时,还需要结合我国的宏观经济形势和目前就业的实际状况来考虑。

3. 竞业限制经济补偿的支付

《劳动合同法》第二十三条规定了竞业限制的相关条款,其目的是保护用人单位的商业秘密。一方面,如果劳动者违反竞业限制的约定,法律规定劳动者应当按照双方在保密协议中的约定向用人单位支付违约金,给用人单位造成损失的,要支付损害赔偿。另一方面,对劳动者的约束,在劳动合同终止后,如果劳动者的保密义务仍在继续,但是由于竞业限制使得劳动合同终止后劳动者再次就业受到限制,为了弥补给劳动者带来的损失,用人单位要支付给劳动者经济补偿。

根据《劳动合同法》第二十三条第二款的规定,这种补偿金的支付一般在解除或者终止劳动合同后,在竞业限制期限内按月支付。另外,企业必须要在解除或者终止劳动合同后,在竞业限制期限内按月给予劳动者经济补偿。然而在实践中,也有不少企业选择在解除或者终止劳动合同后一次性支付经济补偿。

由此可见,专项培训费用更多涉及企业的义务,而服务期的约定和竞业限制相关条款的规定涉及的则是企业的权利。通过《劳动合同法》及其他相关法律法规的规定可知,企业在对员工进行培训时,必须做到权利和义务的平衡,并在培训制度的设计中努力体现对企业及时、有效提供专业培训的鼓励。

第二节 培训中的战略劳动关系管理

企业的培训和发展在符合法律法规的要求之后,便要寻求科学的培训手段和管理方法。具体来讲,企业首先应该从战略入手,在人力资源规划的基础上,结合企业的战略目标,逐步构建企业文化以及各级领导队伍,关注员工的全面发展。要达到以上这些要求,企业就需要明确自身的战略,据此来制订具体的培训目标和计划,从宏观和微观两个层次把握企业内部的培训需求,进行最优的培训,实现战略劳动关系管理目标。

根据卡罗尔的社会责任逻辑体系,经济责任在于保证员工就业与发展,伦理责任在于考虑利益相关方的利益。员工作为组织的最重要的基本目标公众,是形成组织力量的主体,是组织创造一流产品的主力军,更是塑造和传播组织在劳动力市场上的形象的最主要积极因素。从此角度来看待和重视员工培训在劳动关系管理中的作用,是非常必要的。要构建和谐劳动关系,就势必要站得高、看得远、行得稳。

一、基于组织战略的培训

过去六十多年来,培训领域从侧重培训个人以帮助其改善工作表现逐渐发展为向更广泛的关注个人、群体和整个组织的培训以提高整体的工作表现发展。而公司培训中的主要问题则是只针对组织成员的弊端来设计应急式的培训方案。从战略性劳动关系管理的角度来看,这一做法明显违背了企业的整体利益与长远利益。

(一)培训战略的目标确定

企业的经营战略主要有集中战略、内部成长战略、外部成长战略和紧缩投资战略等。从每一种战略的角度出发所制定的培训方案都将会把企业引向不同的发展方向。以阿里巴巴为例,近年来业务迅速扩张,现有的管理人员由于经验欠缺而无法满足企业目前的发展需求。因此,马云向中共中央组织部学习,在阿里巴巴实施人才队伍的梯队建设战略。

企业首先应对组织的首要目标以及自身存在的问题有一个总体的认识,这样才能够准确地评估其培训需求,进而制定培训战略。在明确了企业的使命和目标之后,企业需要考虑的问题是提出的培训战略是否与公司的总体政策方向一致,以及该战略是否能在组织所要求的时间内实现既定的学习目标。另外,根据具体培训目的及对象的不同,在一项总体培训战略之下,企业还需根据员工及公司发展的不同阶段设置不同的培训体系,如新员工入职培训、岗位后备人员培训、企业接班人培训体系等。

(二)培训战略的制度建设

培训需要从组织和制度上进行相应的保证。要配合组织的战略来实施培训,首先必须对培训的重要性有足够的认识。劳动关系管理部门可以通过企业内部宣传等手段来说明培训与组织战略的紧密相关性,并且向员工清楚地说明培训实施的最终目的,努力获得员工的配合来建立和完善企业内部的培训制度。

(三)培训战略的调整机制

每当企业发生战略调整时,企业便应该规划相应的培养方案与培训措施与之呼应,并对相关个人能够进行针对性的培训。例如:当企业需要向事业部制转型时,必然要求各个局部的经理都可以成为"多面手",具有适应各个部门要求的素质,以使其能够在必要的时候独当一面。此时便需要对各局部经理、各局部主管的胜任需求进行较为系统的梳理,并进行一些特定的培训,如董事长级别的财务培训等。

具体的战略调整往往涉及企业内部的整体联动性,在此过程中,各部门之间的沟通和协调便显得尤为重要。人力资源部门需要做的就是积极与各部门配合,了解培训需求的变化并及时制订出培训的调整计划。以阿里巴巴为例,其战略性培训的调整机制包括了采用员工座谈、"小字报"、管理论坛、调查访问等多种形式来满足管理人员了解下属感受、不断改进管理方式、调整管理理念的需求等。由此可见,沟通在此过程中发挥着不可替代的作用。

在整体的组织战略之下,组织内部各个团队之间需要通过沟通与合作来促成各种关键绩效指标的完成,而企业整体文化氛围又是其中的一个基本背景和约束因素。因此,基于组织战略的企业文化建设和培训可以说对组织和个人都是至关重要的。

二、企业文化建设

企业文化是由企业价值观、企业使命、企业愿景和企业氛围等要素综合在一起而形成的。塑造企业文化的关键就是在企业内部团队形成与发展的过程中提炼出整个团队的价值观、使命和愿景,并以此为基础逐渐形成相对固定的文化氛围。企业文化的熏陶不仅会催生出企业精神和员工对企业的忠诚感,而且它还是一种习惯、方式和氛围,可以潜移默化地发挥极大作用。一方面,企业文化直接影响到员工的行为准则、职业道德与价值指向;另一方面,企业文化对企业的重大决策、公司的长远目标、策略以至规章制度的执行都有不可低估的影响。

◇ **小案例**

华为神话背后的华为文化

1987年的华为只有6名员工,全部资金只有区区2万元;而2022年的华为却已发展成为年销售额近6 500亿元、净利润356亿元、全球员工总数超过20万人、全球排名长期第一并遥遥领先的电信设备供应商。是什么在30多年间创造了华为的神话?

华为所进入的电信设备行业是一个竞争异常激烈的行业,在跨国电信设备巨头面前,华为无论是在技术上、人才上,还是在管理上、资金上都没有任何优势可言。华为的成功很大程度上应归功于华为拥有一支令竞争对手胆寒的高绩效销售团队,以及最终成就了这支高绩效团队的学习文化。"资源是会枯竭的,唯有文化才能生生不息",这句被华为人挂在嘴边的话表达出了华为总裁任正非对"文化"二字最深刻的理解。的确,高绩效的、卓越的团队文化总会随着时间的流逝而逐渐演变成一种传统,这种传统就像烙印一样烙在团队的每个成员身上,成为一种识别不同团队的特殊印记和符号,并通过不断传承而生生不息。正如华为总裁任正非所言:华为公司有什么呢?连有限的资源都没有,但是我们的员工都很努力,拼命地创造资源,这才让我们活下来。

企业文化作为现代企业管理思想发展的一个高级阶段,是企业建设由技术中心、制造中心、产品中心向文化中心的战略转移,是当代企业组织的灵魂和精神支撑。华为对于企业员工的文化培训也可以说是一个成功的典范,同时也为我们提供了企业文化"植入"过程中的一些亟须注重的有效方法。华为把企业精神和企业价值观作为企业发展的核心和基石,强调对员工普遍认同的价值观进行执着的塑造,极力倡导"奋斗者为本"理念,灵活运用毛泽东思想,号召将全员的心打开,创造和推进实施"有批判才有进步"的制度,在企业内部创造出了一种和谐一致、积极向上的文化氛围,发挥出了群体文化优势,增强了企业的凝聚力。正是如此,华为在美欧的围攻下,顽强抗争,经受住了美国的打压和封锁,高高树起了一面鲜艳的民族企业大旗。

(资料来源:根据孙科柳等著,《华为你学不会》,中国人民大学出版社,2017;搜狐网;文汇报公众号等综合编辑整理)

三、领导力发展计划

领导力的发展是为了实现企业的战略目标而服务的,其目标必须与企业的战略目标相一致,要同时兼顾个人发展和企业发展两个方面。领导力发展的对象要依据一定的标准进行确定和选拔才能产生。选拔的来源主要有以下几个方面:关键岗位及管理岗位人员、业绩优秀人员、高潜力人员。

领导力发展计划的使命在于激励、联络和培养现在和未来的领导者。领导力受训者们如果能够很好地学完规定的课程,必然会给企业带来巨大的多种效果。进一步,这些领导者也能够通过同样的方式来激励、联络和培养他们的下属,这样,他们的下属也便通过感受领导力培训的成果来接受更加适合自己的企业培训。

在领导力发展计划的实施中企业需要注意一些问题,这些问题也是领导力发展计划成功的关键所在:(1)尽量挑选最优秀、最具有潜力的人才作为领导力发展的对象;(2)领导力发展要与企业的其他工作流程紧密联系;(3)领导力素质模型的构建与360度反馈评估是领导力发展计划的重点;(4)获得高层管理者的支持并充分利用好公司的外部资源,使员工直接参与到计划中来;(5)通过不断完善,使得领导力发展计划得到持续的认可和支持。

领导力的发展所涉及的另外一个问题是关键员工的培训。对于企业来说,其最重要的关键员工便是承担企业战略执行任务的领导层员工。对此类员工的培训管理所要注意的关键问题是如何在培训实施的每一个环节确保遵循法律条款的规定,以使企业在日后可能涉及的劳动争议中能够维护自身的权益。此外,还有一个关键的问题是竞业限制相关条款的约定,关于这一点在前文已有讨论。

四、接班人计划

接班人计划是指每一个具有管理职能的岗位任职者的后备人才梯队规划,因此,不仅要培养选拔高层管理岗位的接班人,还需要培养选拔一大批具有一定任职资格的中基层管理人才。

劳动关系管理

以麦当劳公司为例，它的一条重要规则是：如果事先未培养出自己的接班人，那么无论是谁他都不能被提拔晋升，每个人都得培养出他的接班人并为之尽力，因为这关系到他的声誉和前途。麦当劳正是通过这种层层相续的接班人计划，促使每一层的管理人员都努力培养下一级的管理人员，从而保证了企业的人才储备。这样，无论哪一个管理人员离开企业，企业都可以立即找到合适的接班人。同样，在阿里巴巴，马云通过学习中共中央组织部的人才管理模式，在企业内部实施人才队伍的梯队建设，逐渐形成了结构合理的接班人队伍。组织在实施接班人计划时需要特别注意的是不能向培养对象保证其一定会得到提升；并且接班人的挑选标准既要有一定的一致性和标准性，又必须因岗位需求的不断变化而保持一定的弹性和灵活性。

本章小结

本章在劳动关系管理概念演进的基础上，结合现实案例深刻指出战略劳动关系管理研究的核心问题就是如何通过对企业劳动关系的有效管理，获取竞争优势，提高企业绩效，实现企业与员工的共同发展。

关键术语

员工培训开发（employee training and development）
专项培训费用（special training expenses）
竞业限制（competition restrictions）
培训战略（training strategy）
服务期（period of service）
企业文化建设（corporate cultural development）
后备人才梯队规划（reserve talent echelon planning）

复习思考题

1. 简述劳动关系管理与人力资源管理的差异。
2. 战略性劳动关系管理研究的核心问题是什么？

第六章
职业生涯管理中的劳动关系管理

知识结构图

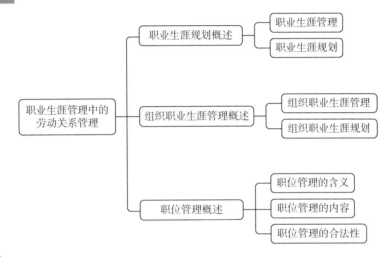

学习要点

- ❖ 职业生涯管理的相关概念
- ❖ 职业生涯管理的目的和作用
- ❖ 职业生涯规划的基本原则
- ❖ 职业生涯规划的分类
- ❖ 职业生涯规划的相关理论
- ❖ 组织生涯管理和个人职业管理的联系
- ❖ 组织职业生涯管理的主体内容
- ❖ 组织职业生涯管理的基本原则
- ❖ 组织职业生涯规划的内涵
- ❖ 组织职业生涯规划的发展阶段
- ❖ 组织生涯规划的实施步骤
- ❖ 职位管理的内容
- ❖ 职位管理的合法性

劳动关系管理

学习目标

本章主要研究员工职业生涯管理的相关问题。学习本章可以进一步了解职业生涯规划的内容,明确职业生涯规划的重要性,掌握组织职业生涯规划实施步骤和职位管理。

引导案例

电信企业分公司职业生涯管理迫在眉睫

某省级电信企业分公司网络运维部小张工作积极肯干、勤于思考,深得省公司企业发展部赵总的赏识。于是,赵总将小张从其所在市公司借调到了省公司工作。由于小张工作十分努力用心,不到一年就参与了省公司年度战略规划的制定工作,且业绩不俗。

小张的直接主管刘经理是一位精通业务的技术骨干,但对下级工作挑剔,经常不分场合就批评员工。大家尽管多有抱怨,可对这位顶头上司也只能沉默屈从,小张本人更是兢兢业业、如履薄冰。

小张借调满一年后,省公司就开展了中层领导干部竞聘上岗活动。在省公司职能部门任职多年的赵总要到分公司去竞聘总经理,刘经理也要重新参加部门主管的公开竞聘,这时小张就面临着何去何从与职业如何发展的问题。两年的借调期目前已过半,虽然个人受赵总赏识,但是赵总如果到地市分公司竞聘成功,小张将直接面对苛刻严厉的直接领导刘经理,那自己留在省公司是否有发展前途就很难预料了。如果此时小张以两地分居为由向赵总申请缩短借调期,回到原单位工作,那么小张在省公司企业发展部的工作成绩,以及掌握的关于职业发展方面的知识与技能便无甚意义。况且,他觉得通过参与公司战略规划项目,能够站在企业的最前沿去关注公司环境的变化,尤其是最新技术动向、市场发展趋势等更是自己在网络运维部所接触不到的。小张现在很矛盾,究竟是回市分公司网络运维部发展,还是坚持留在省公司呢?

从公司角度来说,像小张这样的年轻员工,既有名牌大学电信技术专业的教育背景,又在公司基层积累了一定的网络技术经验,同时在省公司发展战略部从事过战略规划制定工作,可以说对公司各个层面的情况与问题都比较了解,加之其勤奋好学又踏实肯干,有望成为公司的技术骨干,也是企业大力培养的对象。但如果公司不能及时帮他找到适合自己发展的方向,他很可能会失去不断拓展自身能力的机会,也可能会被成长中的竞争对手挖走,成为竞争对手的骨干力量,这样公司损失会很大。

请思考:如果你是小张,你将如何选择?为什么?如果你是这家电信企业省公司人力资源部经理,你又将如何开展工作?如果你是赵总或刘经理,面对小张的问题,下一步你又如何做呢?针对以上案例反映的问题,你还有什么好的建议?

(资料来源:根据百度文库等网站资料进行综合整理)

第一节 职业生涯规划概述

近年来频繁出现的罢工、停工等群体事件往往集中出现在人力资源管理体系较为健全和相对合理的企业,这不仅影响企业的生产与经营,恶化劳资关系,而且有可能诱发严重的突发性劳资冲突事件。面对工作场所用工管理的复杂现实,我们完全有必要仔细审视工作场所的雇佣关系,认真思考出现激烈劳资冲突的根源所在及其化解途径。

基于此,人力资源管理认为,企业高效的人力资源管理能够平衡雇员和雇主之间的利害关系,消除劳资之间的主要矛盾。劳动关系管理则认为,雇佣关系中存在着固有的主要矛盾,员工参与和政府介入对雇主的用工管理具有积极的推动作用。所以,只有对现行的人力资源管理进行思维方式的创新,即从一元论的人力资源管理突破到多元论的战略劳动关系管理,才能保证组织真正获得竞争优势,实现可持续发展,最终实现企业与员工的共同进步。这就涉及了我们在第一章中提到的战略劳动关系管理,即用人单位在目前复杂多变的经营管理环境中,迫切需要从整体组织的战略高度来考虑和解决劳动关系问题。而职业生涯规划管理便是战略劳动关系管理中的重要一环。

一、职业生涯管理

(一) 职业生涯管理的相关概念

1. 职业

所谓职业(occupation),一般是指人们在社会生活中所从事的以获取物质报酬作为自己主要生活来源并能满足自己精神需求的、在社会分工中拥有专门技能的工作。它是人类社会文明进步、经济快速发展以及劳动分工的结果;同时,它也是社会与个人或组织个体的结合点,是一个人社会地位的一般表现,也是一个人权利、义务和责任的象征;职业也可指代工作者所在的领域或行业,或者是工作者感兴趣的工作。它可以清楚地表明工作者在一个组织中的角色。

从专业技能的角度来说,职业是一个人的工作情况,表明工作者有一个特定的兴趣领域和有利于该领域的独特技能。如果工作者在一个特定的职业中寻找工作,并且对继续从事该职业表现出了持续的兴趣,那么他们就可能把这份工作作为一种职业来追求。

职业的主要特征有如下几点:

(1) 社会性

职业是人类在劳动过程中的分工现象,它体现的是劳动力与劳动资料之间的结合关系,其实也体现出劳动者之间的关系,劳动产品的交换体现的是不同职业之间的劳动交换关系。

这种劳动过程中结成的人与人的关系无疑是社会性的,他们之间的劳动交换反映的是不同职业之间的等价关系,这反映了职业活动及职业劳动成果的社会属性。

(2) 规范性

职业的规范性应该包含两层含义:一是指职业内部的操作规范性,二是指职业道德的规范性。不同的职业在劳动过程中都有一定的操作规范性,这是保证职业活动的专业性要求。当不同职业在对外展现其服务时,还存在一个伦理范畴的规范性,即职业道德。

(3) 经济性

职业的经济性是指劳动者从事某项职业,必定从中取得经济收入的特性。换言之,劳动者就是为了不断取得个人收入,才较为长期、稳定地承担某项社会分工,从事该项社会职业的。没有经济报酬的工作,即使其劳动活动较为稳固,也非职业工作,例如单独从事自己家务的人员,便没有"职业"可言。

(4) 稳定性

劳动者连续、不间断地从事某种社会工作,或者从事该项工作相对稳定,才称其为劳动者的职业。在千万种职业中,今天干这项,明天干那项,后天又改行,就不能称为劳动者的职业。不固定地从事某项专门工作,或者说离开了工作的稳定性就无所谓职业。职业的稳定性对个人和企业来说都非常重要,它关系到企业能否长远发展和劳动者能否长时间工作。

(5) 时代性

职业的时代性有两个含义:一是职业随着时代的变化而变化,一部分新职业产生,替代一部分过时的职业。二是每一个社会都有人们所热衷的"时尚"的职业。例如改革开放以来,人们从过去重视第一、第二产业的职业,转而注重第三产业的职业等等。再比如,人力资源和社会保障部会同国家有关部门,以 2015 年版《职业分类大典》为基础,与时俱进,完成了 2022 年版的修订工作,其中,"技术经理人"作为新职业就被纳入了第二类职业"专业技术人员"中。

2. 职业生涯

职业生涯(career),又称职业发展,是指一个人与工作相关的整个人生历程,包括所有与职业相关的活动、行为、价值观、愿望等,也是一个人一生中职位的变迁及职业目标实现的全部过程。

职业生涯分为外职业生涯和内职业生涯。外职业生涯是指一个人从接受教育开始再到工作直到退休的整个过程,其目标集中在职业过程的外部标志;内部职业生涯是指个人寻求职业的一种主观愿望以及预期的职业发展计划,其目标的重点是在职业过程中积累知识和经验,以及观念、技能和心理的改变。职业生涯的内外区分来源于对职业生涯理解的主、客观假设,即与工作有联系的整个人生历程,需要对经历的客观事实进行一番系统的变革,同时在主观上也会相应改变自己的价值观、目标、认知等职业属性。

从经济的观点来看,职业生涯就是个人在人生中所经历的一系列职位和角色,它们和个人的职业发展过程相联系,是个人接受的培训教育以及职业发展所形成的结果。职业生涯是以心理开发、生理开发、智力开发、技能开发、伦理开发等人的潜能开发为基础,以工资待遇、职称、职务的变动为标准,以满足需求为目标的工作经历和内心体验的经历。

需要理解的是,职业生涯是人一生中最重要的历程,对人生价值起着决定性作用。职业生涯是一个动态的过程,是指一个人一生在职业岗位上所度过的、与工作活动相关的连续经历,并不包含职业上成功与失败或进步快与慢的含义。也就是说,不论职位高低,不论成功与否,每个工作着的人都有自己的职业生涯。总的来说,职业生涯是一个人一生的工作经历,特别是职业、职位的变动及工作理想实现的整个过程。

3. 职业生涯管理

职业生涯管理(career management),就是具体设计个人合理的职业生涯计划。职业生涯管理是结构化的规划和工作者对自己的职业生涯进行积极管理和选择的结合。它常常表现出一个富有渐进式和完整性的流程,即终身的、自我监控的、有节奏的、有前瞻性的职业规划过程,包括选择和设定个人目标,并制定实现目标的策略。

职业生涯管理是现代企业人力资源管理的重要内容之一,是企业帮助员工制定职业生涯规划和帮助其职业生涯发展的一系列活动。职业生涯管理应看作是竭力满足员工、管理者和企业三者需要的一个动态过程。在现代企业中,个人最终要对自己的职业发展计划负责,这就需要每个人都清楚地了解自己所掌握的知识、技能以及自己的能力、兴趣、价值观等。而且,个人还必须对职业选择有较深了解,以便制定目标并完善职业计划;管理者则必须鼓励员工对自己的职业生涯负责,在其进行个人工作反馈时提供帮助,并给员工提供感兴趣的有关组织工作、职业发展机会等信息;企业则必须提供自身的发展目标、政策、计划等,还必须帮助员工做好自我评价、培训和发展等。当个人目标与组织目标有机结合起来时,职业生涯管理的意义就更重大。

职业生涯管理是现代企业人力资源管理的重要内容之一,它不但能使员工更好地了解和发展他们的职业兴趣与技能,也有利于公司最有效地利用员工的这些技能与兴趣。为了更好地实现双方目标,用人单位须更好地规划、实施、评估员工的职业生涯,并根据外部环境、自身条件的变化进行调整。所以,系统有效的职业生涯管理体系通常包含组织管理与员工发展等多个方面的内容,是一个极其复杂的系统工程,它的实施往往也需要多个环节通力合作才能完成(图6-1)。

职业生涯管理是一个重要的人力资源管理工具,用来达成个人和组织的双赢局面,包括个人和组织两个方面的管理。从个人角度来讲,它是个人通过职业生涯规划,以准确地了解自己,明确职业目标并以实际行动予以实现的过程。因为个人规划自己职业生涯的过程也是一个自我了解、自我发掘和自我匹配的过程。在这个过程中,个人可能根据自己的工作能力、工作内容和工作目标构想出更好的匹配模式,并以此查漏补缺。从组织的角度来讲,组织利用职业生涯管理帮助员工在工作中找到与个人自身发展相匹配的目标,并为员工提供培训机会,从而将组织目标与员工的个人目标相结合,建立双赢关系,从而实现组织更快更好的发展。组织为员工提供的与职业生涯相关的建议,也将帮助员工建立更加长久和持续性更强的工作信念和工作目标。

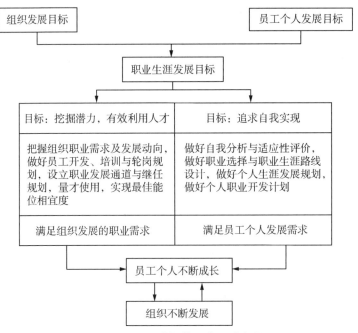

图 6-1 职业生涯管理发展流程图

4. 职业管理

职业生涯管理中，从组织层面讲涉及的是职业管理（occupation management）。职业管理也是企业人力资源管理的一项重要内容。它是为了实现组织目标和个人发展的有机结合，从组织角度出发，对员工所从事的职业进行统筹规划、指导和控制的过程。可见，职业管理是职业生涯管理的一个重要组成部分。

从求职者进入企业并正式成为企业成员的那一刻起，组织就应该表达自己接纳员工的立场，并对员工实施有针对性的职业管理。作为一种可以帮助组织员工的行为过程，可以从三个方面来认识它：

（1）职业管理是从组织角度出发，将员工视为可以开发增值而非固定不变的资本。通过员工职业目标的努力，谋求组织的持续发展。职业计划则是以个体的价值实现和增值为目的，个人价值的实现和增值并不局限于特定组织内部。职业管理带有一定的引导性和功利性。它能够帮助员工完成自我定位，克服完成工作目标过程中遇到的困难和挫折，鼓励员工将职业目标同组织发展目标紧密相联，尽可能多地给予他们机会。由于职业管理是由组织发起的，通常由人力资源部门负责，因此具有较强的专业性、系统性。与之相比，职业计划则没有那么正规和系统。总的来说，只有在科学的职业管理之下，才更有可能形成规范的、系统的职业计划。

（2）职业管理一定要满足员工与组织的需求。在组织中，只有对员工的职业发展需求有充分的了解，才能帮助员工制订与之适应的发展计划，向他们提供一定的机会。此外，只有当员工的职业发展需求得到满足时，组织本身所需要的人力资源才可能得到开发与满足。当然，提高全体员工专业技能水平和提高组织总体人力资源水平，这两者是密不可分的。在职业管理中有针对性地引导员工,使之与组织的目标和方向一致从而脱颖而出,以此进一步提高企业员工的整体竞争力,并为组织丰富人才库的资源。

与组织内部一般奖惩制度不同,职业管理着眼于帮助员工实现职业计划,即力求满足员工的职业发展需要。因此,要实行有效的职业管理,必须了解员工在实现职业目标过程中,会在哪些方面碰到问题,如何解决这些问题,员工的漫长职业生涯是否可以分为有明显特征的若干阶段,每个阶段的典型矛盾和困难是什么,如何加以解决和克服。组织在掌握这些知识之后,才可能制定相应的政策和措施来帮助员工找到个人增值的方法。

对职业管理的精力、财力投入和政策注入可以看成是组织为达到上述目的而进行的长期投资。组织需要是职业管理的动力源泉,无法满足组织需要将导致职业管理失去动力而被迫中止,最终走向职业管理活动的失败。

(3) 职业管理的内容广,覆盖面大,凡是组织对员工职业活动的帮助,均可列入职业管理之中。其中既包括针对员工个人的事项,如各类培训、咨询、讲座,以及为员工自发地扩充技能、提高学历的学习给予便利等等,也包括针对组织的诸多人事政策和措施,如规范职业评议制度、建立和执行有效的内部升迁制度等等。职业管理自招聘新员工进入组织开始,直至员工流向其他组织或因退休而离开组织就一直存在。职业管理同时涉及职业活动的各个方面。因此,建立一套系统的、有效的职业管理是有相当难度的。一般来说,组织对员工职业活动的帮助都可以包括在职业管理中。

(二) 职业生涯管理的目的和作用

1. 职业生涯管理的目的

(1) 更好地达成个人目标

通过职业生涯管理,员工可以将组织总目标分解成多个子目标,并通过具体可实施的职业路径,能更好地实现个人目标。因为个体追求职业目标的过程往往不是一蹴而就的,通过细分的目标设定,员工能更加清楚地了解目前的工作状况和任务目标。在完成一系列的小目标之后,员工的最终工作发展目标也会随之实现。

(2) 使个人在整个职业生涯中的工作更具成效

每个人的时间与精力都是有限的,要想在有限的时间内将精力发挥到最大的效度,需要对其进行合理配置。职业生涯管理就是研究如何对职业历程进行规划,使有限的资源得到合理的配置,促使个人在职业生涯历程中的工作更具成效。职业生涯管理的目的是让员工更加了解组织内现有的职业选择,它还能帮助员工确定当前和未来工作所需的技能和知识,有助于员工选择合适的职业道路。

(3) 使个人更好地达成组织目标

职业生涯管理的目标是将员工的目标与组织的目标结合起来,并使之保持一致。它通过将合适的人与合适的工作内容相匹配,帮助组织找到合适的人选。它鼓励一些做法,如轮换和转移到组织内的不同部门,以提高效率和生产力。它提高了现有员工的能力,因此,企业无须频繁地从外部招聘员工。更加重要的是,职业生涯管理增强了员工技能,以及员工工作目标和组织目标之间的匹配性和结合性,而更加契合的匹配关系对于组织目标的完成大有裨益。

(4) 提升员工和组织的绩效

从雇主的角度来看,职业生涯管理的目标是确保组织内有一批胜任岗位、取得卓越绩效的员工。职业生涯管理可帮助员工设定理想的目标,鼓励员工多多进行自我培训,并为其查漏补缺,从而促进员工不断提高业绩水平。此外,职业生涯管理还可以帮助员工了解自身的长处和短处,养成对环境和工作目标进行分析的行为习惯。通过职业生涯管理,不仅有利于增强员工自身对职业环境的把握能力和对职业困境的控制能力,还可以帮助员工在企业中获取各种有价值的知识和技能,从而提高自身的竞争力,最终确保组织获得较好的战略绩效。

2. 职业生涯管理的作用

(1) 对个人的作用

① 有利于个人更好地把握职业发展的要领以取得公平持续的发展。

② 有利于个人更好地发挥特长,促使其在职业发展中扬长避短。

③ 有利于个人更好地适应组织环境,使其能把握住外部环境中的机遇。

④ 有利于个人合理把控职业与生活,使工作和家庭保持平衡。

⑤ 有利于个人目标的实现,取得职业上的成功。

(2) 对组织的作用

① 进行有效的职业生涯管理能有效提高企业绩效。

② 通过对组织的人力资源管理协调和统一,合理有效地管理员工的职业计划,不仅能帮助员工在职业上取得成功,而且有利于员工与组织的相互协调。

③ 组织的职业生涯管理有利于稳定员工队伍,提高组织的应变力和竞争力,减少组织人员流动,帮助员工获取成功,同时也有利于组织的发展。在一个组织中实施职业管理计划的优势在于它鼓励从公司内部配备人员。职业生涯管理最大限度地减少了员工的辞职率,提高了员工的保留率。

④ 组织能通过增加职业发展渠道,帮助员工达成个人职业目标,促进员工的职业发展。

⑤ 职业管理计划确保专业人才的定期供应,以实现组织的目标和宗旨。一个有效的职业生涯管理计划是解决组织人员配置问题的补救措施,为组织及时提供人员库存或储备。

⑥ 职业生涯管理是朝着正确的方向迈出的一步,因为它提高了组织中的员工参与度和员工满意度,进一步提高员工的工作积极性。在一个组织中实施职业生涯管理的好处是它通过在招聘过程中的适当安置和选择,鼓励就业公平,并废除了与晋升和加薪有关的歧视性做法。

(三) 职业生涯管理的意义

1. 职业生涯管理对于员工的意义

(1) 有利于员工的职业发展

企业需要为员工进行职业设计、规划,根据员工的不同特征和成长需求,与组织发展的需要相结合实行职业管理,制定具体的职业规划。同时,按照所设计的职业发展途径,提供有针对性的培训,以促进员工的专业能力在工作过程中不断提升。

(2) 有利于员工树立职业发展目标,找准发展方向

职业生涯管理最重要的内容之一便是对人进行分析,以帮助员工准确认识自己,充分了解自己,看清自己的能力,找到自己的优势,并正确制定自己的职业生涯规划,让自身才能得到充分发挥,从而实现职业发展目标。

(3) 有利于员工扬长避短,发挥优势

职业生涯管理考虑了不同员工的个性特征,并以此为其制定适宜的职业发展路径,使不同类型的员工可以在其职业生涯中扬长避短,充分发挥自己的优势。

2. 职业生涯管理对于组织的意义

职业生涯管理直接以员工为对象,可以有效促进员工个人发展。同时,越来越多的组织导入职业生涯管理,也说明了职业生涯管理对组织发展同样产生积极作用。相对于历史上出现过的管理模式,职业生涯管理虽然表现出强烈的利他主义色彩,人本主义倾向也较鲜明,但它在促进员工发展的同时也有助于组织功利主义目标的实现。事实上,通过职业生涯管理可以实现基于员工发展的组织发展。

职业生涯管理对组织发展的积极作用体现于以下三方面:

(1) 成为长寿组织的有力保证。成为长寿组织是每一个组织的共同理想,但事实上却只有少数组织能够做到。长寿组织之所以长寿的具体原因各不相同,它们的一个共同点是:在发展过程中都拥有一支稳定的、充满激情和智慧的员工队伍。职业生涯管理有助于增加员工队伍的稳定性,开发其潜能,最大限度地调动他们的积极性。

(2) 保持人力资源配置的动态合理性。合理的人力资源配置是员工人尽其才和组织提高绩效的前提条件。通过职业生涯管理,可有计划地动态配置人力资源,使得人力资源配置实现动态合理性。

(3) 提高组织人力资源竞争力。由于经济全球化、产品更新加快、买方市场的形成等因素的影响,组织竞争变得更加激烈。在这充满挑战和机遇的时代,组织既要增强员工单兵作战的能力,又要增强组织整体作战的能力,这样才能积极应对机遇和挑战。通过职业生涯管理,实现人力资源的动态合理配置,系统开发人力资源,对员工进行高层次的激励,必然会大大提高员工单兵作战的能力,同时也将提高组织整体竞争力。

(四) 职业生涯管理的发展趋势

最初的职业生涯管理是以个人自我发展为中心,员工确立目标是根据自己的条件和外部环境的影响来开展的,主要基于员工自身的主观意志,强调其自觉性和主动性。但以个人为中心的职业生涯管理因缺乏组织的参与,导致组织难以满足员工的需求,而员工的目标与组织的目标发生冲突时,又缺少沟通与协调,致使人岗不匹配,员工的个人目标无法达成,从而导致组织的员工流失率较高。

当然,还有以企业为中心的职业生涯管理。企业根据自身的目标设立组织机构,对工作进行分析与设计,设立职位层次,为员工的发展提供路径。该模式以企业目标和发展为中心,忽视员工的需求与发展,职业路径过于单一,无法让员工满意,而且易挫伤员工的工作积极性。

所以，职业生涯管理的发展趋势主要集中于企业与个人的协调，企业关注员工的职业生涯计划，帮助员工准确认识自己，并引导员工制订职业计划，正确引导员工的职业目标，使其与组织目标保持一致。同时，员工通过组织的正确引领，对自己的认知更为客观、准确。企业为员工提供了多方位的发展渠道，有利于其职业目标的实现。以企业与个人配合为中心的职业生涯管理，能使企业与个人实现共赢。

二、职业生涯规划

职业生涯规划（简称职业规划或生涯规划），又叫职业生涯设计，是指个人与组织相结合，在对一个人职业生涯的主客观条件进行测定、分析、总结的基础上，对自己的兴趣、爱好、能力、特点进行综合分析与权衡，结合时代特点，根据自己的职业倾向，确定最佳的职业奋斗目标，并为实现这一目标做出行之有效的安排。职业规划就是对职业生涯甚至整个人生进行持续的、系统的计划的过程。一个完整的职业规划由职业定位、目标设定和通道设计三个要素构成。

职业生涯规划是通过对职业生涯的主客观因素分析、总结和测定，确定一个人的奋斗目标，并为实现这一职业目标，而预先进行生涯系统安排的过程。这个过程包括制订相应的工作计划，以及每一时段的顺序和方向的顺序。任何一个具体的职业岗位，都要求从事这一职业的从业者具备特定的条件，如教育程度、专业知识与技能水平、体质、个人气质及思想品质等，并不是任何一个从业者都能适应任何一项职业的，这就产生了职业对求职者的选择。

一个人在择业上的自由度主要取决于个人所拥有的职业能力和职业品质，而个人的时间、精力、能力毕竟是有限的，要使自己拥有不可替代的职业能力和职业品质，就应该根据自身的潜能、价值和需要来选择适合自己的职业，将自己的潜能转化为现实的价值，这就需要对自己的职业生涯做出规划和设计。在实际的工作环境中，组织和个人对于职业生涯规划的发展重点会存在一定差异性。

（一）职业生涯规划的起源

职业生涯规划最早起源于1908年的美国。有"职业指导之父"之称的弗兰克·帕森斯（Frank Parsons）针对当时大量年轻人失业的情况，成立了世界上第一个职业咨询机构——波士顿地方就业局，并首次提出了"职业咨询"的概念。从此，职业指导开始系统化。到二十世纪五六十年代，舒伯等人提出"生涯"的概念，于是生涯规划不再局限于职业指导的层面。

（二）职业生涯规划的作用

（1）帮助个人发现自己的内在潜能，并选择恰当的职业发展道路。一份行之有效的职业规划可以帮助一个人准确地认识到自己的人格特点、潜在价值，并能引导个人对自己的综合优势与劣势进行全面的对比分析，探索其潜能，从而确定职业发展道路。

（2）确定职业目标。职业规划能有效地帮助员工和组织制定清晰的职业目标。职业锚能够清晰地反映个人的职业追求和目标。找准自己的职业锚，可以帮助自己确定职业目标及成功的标准,从而有助于定义个人的职业形象。

(3) 使职业发展更有针对性和计划性,从而提高成功的可能性。职业生涯发展要有计划、有目标,采用科学的方法、切实可行的措施,充分发挥自己的专业特长,不盲目地设计过快或者过于简单的捷径。

(4) 有助于发展个人工作技能,并提升个人应对竞争的综合能力。在当今激烈的社会竞争当中,要想脱颖而出并一直保持成功,则需要早早制定好自己的职业规划。应不断提高个人专业知识技能水平,有计划、有针对性地朝着自己的目标付诸行动,并不断丰富个人工作经验、扩展知识水平,使个人的职业技能不断增强的同时,个人职业竞争力也随之增加。

(三) 职业生涯规划的意义

1. 对企业的贡献

职业生涯规划能系统梳理员工能力的信息,实现公司需求与个人能力的匹配,有助于提升员工技能、人尽其用;企业关注、支持员工发展,让员工不断看到自己的成长,能在很大程度上激励员工士气、提高员工满意度;通过任职资格管理积极引导成长要求,促进员工合理流动。

2. 对管理干部的裨益

职业生涯规划可以加强管理者与员工在绩效方面的沟通,帮助管理者做出增员、裁员的决策,并提供晋升、降级、轮岗等决策的理论依据,协助管理者为员工提供职业发展的咨询和引导。

3. 对员工的回报

职业生涯规划可以帮助员工了解个人的优缺点以及职业整合需求,以便更好地了解个人在企业内发展的可能性和未来的机会。同时,可以让员工学习有利于开展工作的新技能,并提供更广泛的未来选择,增加了晋升更高职位的机会,提升个人的成就感。职业生涯本身就是一个持续发展的连续过程,职业规划并不是为了应付当下,其主要是对未来的经营,帮助个人精准定位职业发展的方向,明确未来的奋斗目标,从而取得成功。帮助员工以现有的成就为基础,找准人生的方向,去寻找新的职业机遇。可以进一步引导员工准确评价个人特点和强项,评估个人目标和现状的差距,同时帮助员工重新认识自身的价值并使其增值,增强其职业竞争力。

4. 对人力资源管理的促进

通过职业生涯规划,整合了人力资源活动,将广泛的人力资源活动联为一体,加深员工对人力资源管理的了解和相关政策的理解,也能获得管理层的支持,让员工与管理层共同承担责任。

(四) 职业生涯规划的基本原则

1. 清晰性原则

在职业生涯规划的过程中,所设置的目标、措施应能充分体现清晰性和明确性,实现目标的步骤应得到清楚细致的规划。

2. 挑战性原则

在职业生涯规划的过程中,所设置的目标或措施并不是仅保持原来状况或是仅仅设定了原有相同水平的任务标准,而应具有挑战性。

3. 变动性原则

在职业生涯规划的过程中,所设置的目标、措施应能充分体现弹性或缓冲性,应能通过不同措施来应对工作环境和工作设定中出现的差异和变动情况。

4. 一致性原则

在职业生涯规划的过程中,所设置的主要目标与分目标应一致,目标与措施应一致,个人目标与组织目标应一致。

5. 激励性原则

在职业生涯规划的过程中,所设置的目标、措施应能充分体现激励性,工作目标应符合个人的性格、兴趣和特长,能对个人产生内在的激励作用。

6. 合作性原则

在职业生涯规划的过程中,所设置的目标、措施应体现与他人或组织合作的重要性,个人的发展目标与企业的发展目标也应具有合作性与协调性。

7. 全程性原则

在职业生涯规划的过程中,所设置的目标、措施应强调规划阶段的完整性,进行生涯规划时必须考虑到生涯发展的整个历程,作全程的考虑。

8. 具体性原则

在职业生涯规划的过程中,所设置的目标、措施应落实到具体之处,生涯规划各阶段的路线划分与安排必须具体可行。

9. 务实性原则

在职业生涯规划的过程中,所设置的目标、措施应体现务实性和可操作性要求。实现生涯目标的途径有很多,在做生涯规划时必须考虑自己的特质、社会环境、组织环境以及其他相关的因素,选择确实可行的途径。

10. 可评价性原则

在职业生涯规划的过程中,所设置的目标、措施应能对应具体的评价标准。职业规划的设计应有明确的时间限制或规定,以便评量、检查,使自己随时掌握执行状况,并为规划的修正提供参考依据。

(五)职业生涯规划的分类

职业生涯会在一个人的一生当中一直延续,是一个漫长的进程。根据时间维度来划分,职业生涯规划有四种类型,即短期规划、中期规划、长期规划以及人生规划。

短期规划,是指3年之内的规划,主要是设立在不久的将来应实现的目标,规划3年内需要完成的任务。

中期规划,一般指3~5年的职业目标和任务,是最常用的一种职业生涯规划。

长期规划,是指5~10年的规划,主要是设定较长远目标,以及为实现该目标所应采取的关键而具体的措施。

人生规划,指整个职业生涯的规划,时间长至40年左右,主要是设定整个人生的发展目标和路线。

在人的一生当中,职业规划是必不可少的,从短期到中期,再到长期,直至整个人生规划,就好像爬山一般,要一步步地来。不过,在实践中,时间跨越太长或太短的规划都不利于自身发展。因此,一般建议将职业生涯规划控制在3~5年比较好。这样既方便结合自身实际情况设立合理的目标,又能随时根据现实情况进行反馈、分析和调整。

每个人都是其人生事业的计划者、设计者和管理者。在漫长的发展历程中能够看到,所有人不仅需要制定短期、中期和长期的规划,还需有终生的目标。不过,随着社会的快速发展,经济竞争日趋激烈,在这个瞬息万变的时代,一些无法跟上时代和环境变化的人通常会手忙脚乱、不知所措,内心恐慌和紧张不安,不知该朝哪个方向走,久而久之就会无所作为,而且身心也将受到严重的影响。因此,在这个充满变化的时代,尽早地做好职业生涯规划,正确认识自己,并不断地挖掘自己的内在潜能,去实现它、发展它,才能准确掌握人生方向,创造成功的人生。

从主体上看,职业生涯规划由个人职业生涯规划和组织职业生涯规划两部分组成。组织职业生涯规划主要是以现代管理学为基础,从组织层面来考虑职业生涯规划问题,因此,职业生涯的成功与否将直接关系着企业的绩效好坏。同时,职业生涯规划有效地结合了组织目标和员工个人目标,通过员工的工作及职业发展的设计,协调员工个人需求和组织需求,实现个人和组织的共同成长和发展。因此,做好职业生涯开发与规划工作,对组织以及个人都具有十分重要的意义。不过还是存在着不同的观点,即职业生涯规划既可以是以组织为中心,也可以是以个人为中心,当然还可以是两者兼顾的。图6-2简明地描述了这两种不同的观点。

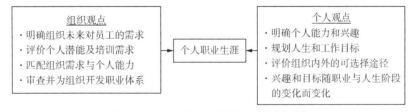

图6-2 组织及个人职业生涯规划观点

(六) 职业生涯规划相关理论

一般而言,职业生涯规划理论可以分为两类——过程取向理论和结构取向理论。过程取向理论也称为发展取向理论,它强调个人毕生对职业生涯进行选择的模式,主要探索年龄、学习、成熟度和人格对职业生涯选择的影响。结构取向理论关注某一特定的职业选择情境,聚焦于每一个具体的职业选择,即考察与个人职业选择相关的所有因素。两者的区别是:过程取向理论强调如何正确理解职业生涯发展过程和良好的决策过程,而结构取向理论关注特定的职业选择结果。当然,随着研究的深入,职业生涯规划理论又有了新的发展。

表6-1 职业生涯规划理论分类

分类	理论观点	重点强调	代表理论
过程取向理论	把生涯问题和决策看作各种事件和选择在一生中的发展过程,这一过程随着个人年龄增长变得日渐复杂	强调最先的选择,然后是指向某一目标的一系列事件或任务	舒伯:生涯发展论 克鲁姆·伯尔茨:社会学习理论 克内菲尔·坎姆:认知发展理论
结构取向理论	把生涯问题和决策看作在一个时间点上发生的事件,即在个人生活当中某一时刻所发生的事	强调选择什么,以及将个人与环境相匹配	帕森斯:特质因素理论 霍兰德:人格类型理论 明尼苏达:工作适应理论 罗伊:亲职影响理论 鲍丁:心理动力理论

(七) 职业生涯规划设计流程

企业为员工进行职业生涯规划设计,需要协调组织与个人的目标,因此在设计的过程中需要总经理、人力资源部和相关部门共同参与。总经理根据公司的现状确定公司战略发展,然后由人力资源部进行人力资源规划,再由相关部门设计员工职业生涯规划,经过总经理审批以后由人力资源部实施、追踪、检验。同时,人力资源部还需要对职业生涯规划的效果进行评估、反馈和总结,帮助员工持续改进职业生涯规划(具体流程见图6-3)。

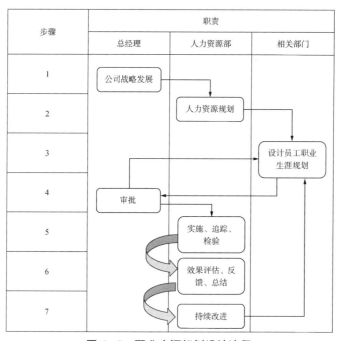

图6-3 职业生涯规划设计流程

第二节　组织职业生涯管理概述

一、组织职业生涯管理

（一）组织职业生涯管理的定义

组织职业生涯管理（organizational career management）是指企业从员工个人的职业发展需求出发，有意识地将其与组织的人力资源需求和规划相联系、协调和匹配，为员工的职业发展创造各种机会，并为帮助、支持员工的职业发展所实施的各项政策、措施以及活动，最大限度地调动员工的积极性。开展职业生涯管理工作是实现组织目标与个人发展相统一的最好方式，在帮助员工实现个人目标的同时，也实现了企业的发展目标。所以，要将两者的需求、目标以及利益结合起来，相互匹配，实现发展的动态平衡与协调，从而实现"双赢"的局面。组织职业生涯管理内容主要包括：帮助员工进行职业规划，建立各种适合员工发展的职业通道，针对员工职业发展的需求进行各种培训，给予员工必要的职业指导，等等。

组织职业生涯管理的出发点应为"以人为本"，但要真正做到以人为本，一切本着人的需求出发却不是易事。组织作为职业生涯管理的主导者，应认真研究员工的心理发展特点，从尊重员工的权利和意见出发，切实围绕着调动员工的主动性、积极性和创造性来展开工作。

在职业生涯管理中，要满足组织和员工的双重需要，从根本上说，组织和个人的需要应当是一致的。一方面，员工个人的自我价值的提升和实现，离不开组织在人、财、物及时间上的保障，一旦职业生涯管理无法满足组织发展战略的需要，职业生涯管理活动必然要因为失去组织的支持而终止；另一方面，员工是职业生涯管理的主体和对象，缺乏员工的积极参与，职业生涯管理活动也必然逃脱不了失败的命运。所以职业生涯管理的难点，就是如何把企业发展战略和员工自我价值实现有机结合起来。在现实中，许多地方都面临着人才流失的问题，当然其原因是复杂多样的，但从企业职业生涯管理方面考察，其根本原因就是没有以"人"为中心，寻求"人"与"工作"相互适应的契合点，没有将人的发展与企业的发展有机地结合起来，没有在满足企业发展需求的同时满足人的需求。

因此，组织职业生涯管理在做好引进人才的同时，更迫切要做的是留住并利用好现有人才，为员工提供培训机会、岗位晋升和轮换机会，有效地激发员工学习与工作热情，有效地引导员工追求自我价值的实现，使员工的个人提高与企业的目标和发展计划相结合。把既有人才的潜能变成显能，然后进一步转化为效能，实现价值增值，最终实现员工个人发展、自我实现与企业发展的双赢。

（二）组织职业生涯管理的主体内容

（1）提供内部劳动力市场信息，建立职业资源中心，成立职业潜能评价中心，对员工进行职业分析与定位。

（2）通过介绍职业通道或职业阶梯，帮助员工确立职业生涯目标、制定职业生涯发展策略。

（3）利用组织内外人力资源开发项目对员工进行培训，利用岗位轮换帮助员工在不同岗位上积累经验。

（三）组织职业生涯管理的基本原则

1. 长期性

员工的职业生涯发展规划要贯穿企业员工职业生涯的始终，并应该长期坚持才能取得良好的效果，避免成为企业管理中的摆设或者虚有其表的空架子。

2. 动态性

职业生涯管理应根据公司的发展战略、组织结构的变化与员工不同时期的发展需求进行相应调整。需要引起重视的是，企业和个人的发展都不是一成不变的。在不断发生变化的动态环境中，发展战略、组织结构和员工的发展需求需要保持一定的生命力，这样才能促进职业生涯管理的有序发展。

3. 利益整合

利益整合是指员工利益与组织利益的整合。这种整合不是牺牲员工的利益，而是处理好员工个人发展和组织发展的关系，寻找个人发展与组织发展的结合点。每个个体都是在一定的组织环境与社会环境中学习发展的，因此，个体必须认可组织的目的和价值观，并把自己的价值观、知识和努力集中于组织的需要和机会上。

4. 公平公开

在职业规划方面，企业在提供有关职业发展的各种信息、教育培训机会、任职机会时，都应当公开其条件标准，保持高度的透明度。这是组织成员的人格受到尊重的体现，是维护管理人员整体积极性的保证。

5. 协作进行

协作进行原则，即指职业规划的各项活动都要由组织与员工双方共同制定、共同实施、共同参与完成。建立互信关系的最有效方法就是始终共同参与、共同制定、共同实施组织职业生涯规划。

6. 时间梯度

由于人生具有发展阶段和职业生涯周期发展的任务，职业生涯规划与管理的内容就必须分解为若干个阶段，并划分到不同的时间段内完成。每一时间阶段又有"起点"和"终点"，即"开始执行"和"完成目标"两个时间坐标。如果没有明确的时间规定，会使职业生涯规划陷于空谈和失败。

7. 发展创新

发挥员工的"创造性"这一点，在确定职业生涯目标时就应得到体现。职业生涯规划和管理工作，并不是指制定一套规章程序让员工循规蹈矩、按部就班地完成工作任务，而是要让员工发挥自己的能力和潜能，达到自我实现、创造组织效益的目的。还应当看到，一个人职业生涯的成功，不仅仅是职务上的晋升，还包括工作内容的转换或增加、责任范围的扩大、创造性的增强等内在质量的变化。

8. 全面评价

为了对员工的职业生涯发展状况和组织的职业生涯规划与管理工作状况有正确的了解，要由组织、员工个人、上级管理者、家庭成员以及社会有关方面对职业生涯进行全面的评价。在评价中，要特别注意下级对上级的评价。在收到反馈后，也不能单单根据某一方面的反馈草率定下评论，需要多方面和多维度地去建立评价机制。

(四) 组织职业生涯管理的意义

1. 对企业组织的意义

对企业组织而言，开展职业生涯管理工作对企业大有益处。第一，可帮助企业了解其员工的不同个性和职业需求等信息，盘点企业的人才资源及知识、技能存量，储备人才，在需要时可有效、充分地利用本企业人力资源。第二，可帮助组织了解员工的现状、需求、能力及目标，调和他们同存在于企业现实和未来的职业机会与挑战间的矛盾，避免员工走弯路，动态提高人力资源配置的合理性。第三，职业生涯管理能深层次地激励员工，持续调动员工的积极性和潜能，并培养他们对组织的忠诚度、归属感。第四，使员工与企业间建立了长期"心理契约"，增加了现有员工队伍的稳定性；职业生涯的有关开发和管理活动优化了劳动力技能，提升了企业人力资源的竞争力，也就提升了企业的竞争力，使组织获持续发展。

2. 对员工个人的意义

对员工个人而言，其意义体现在多个方面。首先，这种创新的管理包含着"开发"的意义，通过培训、轮岗等活动可有效提高员工技能和素质，可使员工实现自我价值的不断提升和超越，心理成就感的追求得到满足。其次，可增强员工对自身和职业环境、职业机会的把握能力，更加顺利地实现职业发展。通过开展职业生涯规划、咨询、测评等工作，可使员工更加清楚、了解自身的长处和短处及适合的职业发展方向。最后，可帮助员工协调好职业生活与家庭生活的关系，更好地实现人生目标。职业生涯管理将员工的职业生涯发展置于其整个人生中考虑，即综合考虑职业生活同个人事务和婚姻家庭等其他生活目标的平衡，帮助员工克服或避免无法平衡生活和工作之间关系的尴尬处境。

二、组织职业生涯规划

组织职业生涯规划(organizational career planning)是指从组织的角度出发，帮助员工拟定生涯规划并帮助其职业发展的一系列活动，是实现组织目标与员工个人发展的综合活动，是一个满足员工、管理者和企业三方需要的动态过程。

（一）组织职业生涯规划的内涵与特征

1. 组织职业生涯规划的内涵

组织职业生涯规划是组织根据其发展的需求、员工情况及两者所处的环境设立职业目标，选择职业通道，并应用相应的行动和措施去实现职业目标的过程。理解这个概念要注意三点：

（1）员工是组织职业生涯规划的核心。

（2）组织是职业生涯规划的推动者。

（3）组织职业生涯规划是一个系统过程。

2. 组织职业生涯规划的特征

结合组织职业生涯规划的内涵，可以发现，组织职业生涯规划具有以下特征：

（1）一致性。组织职业生涯规划对企业员工的规划有引导作用。一般而言，员工的职业发展目标会与企业目标相一致。

（2）全局性。组织职业生涯规划会对企业员工各个方面产生一定的影响，会涉及组织内部的各个阶层、各类人员，最终影响员工的职业发展。

（3）持续性。组织职业生涯涉及企业员工从进入组织到离开组织的全部过程，并会对其未来职业生涯产生很大的影响。从组织本身而言，个人生涯与组织生涯有着密切的联系，在正常情况下，一般都为一个持续的过程。

（4）可行性。职业规划要从实际出发，组织要根据员工真实表现，结合自身发展情况，帮助员工抓住生涯良机，使其制定与之相适应且合理的规划。

（二）组织职业生涯规划的作用

1. 组织职业生涯规划对员工的作用

（1）帮助员工准确认识自己，掌握职业生涯规划的方式。

（2）帮助员工完成组织化过程。

（3）使员工得到适宜性发展。

（4）实现员工工作与生活的平衡。

2. 组织职业生涯规划对组织的作用

（1）使员工发展目标与组织发展目标相统一。

（2）协调组织与员工的关系。

（3）促进组织的长久发展，优化组织结构。

（4）是组织留住人才的重要方法与手段。

（三）组织职业生涯规划的发展阶段

针对组织职业生涯规划的发展，可将职业生涯划分为四个阶段，分别是：职业探索阶段、职业建立阶段、职业中期阶段、职业后期阶段。每个阶段规划的工作重心各有不同,表6-2对此进行了详细阐述。

表6-2 组织职业生涯规划发展各阶段任务

职业生涯阶段	主要任务
职业探索阶段	初步的职业培训与规划,帮助新员工精准认识自己,对其提供相应的工作辅导与帮助,并分析员工职业生涯初期困境产生的原因及解决方法,一般组织会安排工作能力强的老员工为新员工做指导
职业建立阶段	创建员工职业档案和个人申报体系。员工自己填写"个人职业表现发展档案"(包含自身情况、目前工作状况以及未来想要的发展),领导与员工进行谈话,并根据档案内容对其存在问题提出建议,帮助员工职业发展;创建个人申报体系(主要包括对当前职位的看法与希望、对公司的其他要求),该体系的建立有利于帮助员工从自己内心深处表达对工作和职位的需求
职业中期阶段	主要是平衡工作与家庭之间的关系。这个阶段员工更多地将精力与时间放在工作上,从而容易引发一定的家庭矛盾,而在实际生活中,工作和家庭之间存在着互惠互利的一面,组织帮助员工实现工作和家庭的平衡有利于给组织带来收益
职业后期阶段	员工退休前的规划,与格林豪斯的职业发展理论相似

(四)组织职业生涯规划的实施步骤

1. 创建并完善员工职业生涯档案

组织应该创建并完善员工职业生涯档案,记录好每个员工在组织中的成长过程和职业发展阶段。如果条件允许,可选派专门的人员进行管理,进而保证管理的科学性。同时,组织要创造出公平的职业环境,树立健康向上的企业文化,充分发挥员工的积极性和创造性。

2. 帮助员工协调工作与生活的关系

组织应当积极帮助员工协调工作与生活的关系,使其保持平衡。在互联网技术的快速发展下,越来越多新兴产业的工作模式具有灵活性,组织可以结合工作的性质,给予员工更多的弹性空间,比如居家办公和灵活的工作时间,或者由多名员工自愿共同分担某些全日制工作等。有能力的大型企业还可以为员工提供护理服务和社区性服务,开展家庭联谊活动等,甚至可以考虑为员工的配偶安排合适的职位。

3. 提供不同的职业发展通道

传统的组织结构多为封闭式的金字塔型,外部人员难以进入组织。而随着时代的发展,根据业务需要对组织进行全新设计是当前新的潮流。比如,许多大型连锁公司都会雇佣大量的临时工。一些比较稳定的职位会被限制在相对较小的群体里,如企业的核心团队、掌握核心技术和管理性的工作人员。组织在进行职业生涯规划时,需要充分考虑上述员工的结构问题。如技术和管理岗双轨发展可以为企业员工提供"H"型的两条不同而又互通的职业发展通路。传统的企业往往是单通道职业发展道路,也就是从技术、业务等不同的方向走向管理者行列,除行政管理职务造成的级别差异以外,再无其他办法对员工进行管理意义上的分类,长此以往将会在企业内引发官本位文化。不仅如此,由于受管理职位数量限制,不少员工看到升迁无望而离职,造成有抱负员工的流失。"H"型的两条不同而又互通的职业发展通路,避免了单通路带来的种种弊端,开创了人力资源管理的新视角(具体见图6-4)。

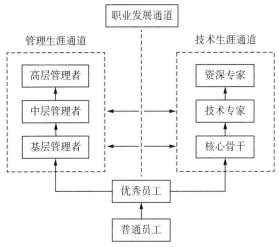

图6-4 "H"型职业发展道路

企业要结合自身情况,有针对性地对员工进行相应的职业生涯规划培训。如果企业人员规模不大,并且对员工进行相应职业生涯规划的培训对组织绩效的提升效果不明显,那么公司应该对企业本身进行重新定位和评估,思考如何让员工有合适的职业生涯规划设计以及如何促进组织和个人的共同发展与进步。

第三节 职位管理概述

一、职位管理的含义

组织理论之父马克斯·韦伯认为,任何组织都需要一个稳定的职位体系作为其存在和发展的基础,理想的职位体系应该具有准确性、稳定性、纪律性和可靠性。职位管理是以职位为管理对象,通过职位分析确定职位在组织中的相对价值,按其价值大小对其权利和义务实施分配、控制和管理。

职位价值基于部门在企业中的地位是职位管理的一个基本思想。企业长期业务战略凸显了不同部门在企业中的地位。传统的企业组织架构虽然承认企业内各部门作用不同,但在部门级别上则是一样的。新的职位管理思路革新了这一理念,认为各个部门对企业的贡献是不同的,因此不同部门的等级应该是有差异的,具体表现在起始等级和最高等级的等级区间上。部门职位等级差异反映了公司的长期业务战略。比如,在以营销为重的企业,与市场和客户直接接触的部门的重要性大于其他部门,而在以生产为主的企业,生产管理部门可能更为重要,因此这些重要部门的最高等级应该比其他部门高,起始等级由于考虑到工作重要性也相应得到提高。如果企业长期业务发展战略发生变化,部门级别就应得到调整,随之职位价值亦应重新评估。在这样一个指导思想下,一个强力部门的高级别员工就有可能和次要部门的负责经理具有相同或比他更高的级别,从而在制度层面落实了"H"型职业发展通路。

作为企业人力资源管理工作的基础,职位管理能够清晰地告知员工职责、工作范围以及任务特点,帮助员工了解其职位在企业组织中的具体位置和价值,同时,指导员工选择适合自身职业生涯发展的道路和确定其在企业中的奋斗目标。

二、职位管理的内容

随着《劳动合同法》的颁布,企业的用工成本越来越高,这也对企业的职位管理提出了更高的要求。职位管理的指导思想在于,企业能够根据长期业务战略确定与职位价值相对应的部门等级以及职位工作内容,使员工个人的上升通道和企业本身的发展通道能够有机地结合起来。职位管理的具体内容主要体现在四个方面,分别为组织设计、职位分析、职位评估和职位描述。

(一) 组织设计

组织设计是对企业总体组织架构的规划。不是所有的职位管理工作都必须进行结构重组的,但是职位管理工作流程却必须从这种设计开始。企业组织是经年累月演化而来的,通常是企业内长期管理变革的结果,是否需要进行组织设计,我们可以从四个方面来审视。第一,从业务角度看,现有组织设计是否覆盖了企业全部业务要求?负责部门是否都具备了相应的行动权力,以确保符合企业业务战略要求?如果战略业务组合没有相应组织予以支持,或者支持力量过于分散,那么组织在业务层面需要做相应整合。第二,从客户角度看,各类客户信息是否都能够得到正常传递并获得解决?如果因为组织原因使客户信息不能够得到及时处理,企业就要在流程重组基础上对组织结构或组织功能做适当调整。第三,从内部管理角度看,各个管理部门是否发挥了它应有的作用?比如,由于历史原因,有些与业务相关的组织分散在不同部门,随着新的业务环境的产生,需要对原有组织进行整合,以便发挥更大的作用。第四,从员工角度看,企业内部的人才优势是否得到充分的发挥?企业内的人才滥用,不仅表现在高能低就,更多的是面临人才缺乏的问题,各企业在不同程度上都存在"小马拉大车"的现象,改变这种现象的有效方法就是通过拆分企业组织,形成多个组织单元,削减终极经理职责权限,使一个组织单元专注于一项或两项业务,以保证最大限度地发挥企业的人才优势,有效利用员工所长。

(二) 职位分析

职位分析是对企业各类岗位的性质、任务、职责、劳动条件和环境,以及员工承担本岗位任务应具备的资格条件所进行的系统分析与研究,并由此制定岗位规范、工作岗位说明书等人力资源管理文件的过程。其中,岗位规范、工作岗位说明书都是企业进行规范化管理的基础性文件。在企业中,每一个劳动岗位都有它的名称、工作地点、劳动对象和劳动资料。

通过职位分析,组织可以清晰地了解各个职位的内容和特性,更清楚地认识不同职位在整个组织中的地位和作用。职位分析涉及设立职位的工作说明,分析具体内涵和工作量,提出开展工作所必需的能力和技巧,整理绩效衡量因素、内部联系和工作条件。

进行职位分析前,通常要对职位信息进行调查。在进行工作分析的调查和信息搜集时要遵循"6W1H"原则,即工作的内容是什么(what)、为什么要做这项工作(why)、谁对这项工作负责(who)、工作在什么时间完成(when)、工作在什么地点完成(where)、服务对象是谁(for whom)及完成这项工作的方法或途径是什么(how),这些都可以为企业的职位管理提供客观、科学的依据。

(三)职位评估

职位评估是在职位分析的基础上,根据一系列客观、科学的标准,对每个职位的相对价值、社会声望及满足个人需求的能力等的分析过程,其评估的对象是企业劳动者的工作岗位。可以说,职位评估师对职位价值的评价,是在职位分析的基础上根据职位本身所具有的特性确定其相对价值的过程。

在进行职位评估时需要考虑三个因素,分别是该职位的职责大小、职责范围以及工作的复杂程度。一般来说,职位越高,职责就越大,其组织影响力也越大,会对企业的发展产生重大影响;职位的管控范围越广,员工的独立性、沟通能力越强,对企业的经营决策影响就越大;工作的复杂程度越高,对知识、经验的要求越高,也会对企业产品质量、技术开发产生重大影响。因此,职位评估需要权衡这三方面因素,才能做出客观、公正的评估。

职位评估的中心是事不是人。职位评估虽然也会涉及员工,但它是以岗位为对象,即以岗位所担负的工作任务为对象进行客观评比和估计。作为职位评估的对象——岗位,较具体的劳动者具有一定的稳定性,同时,它能与企业的专业分工、劳动组织和劳动定员定额相统一,能促进企业合理地制定劳动定员和劳动定额,从而改善企业管理。由于岗位的工作是由劳动者承担的,虽然职位评估是以事为中心,但它在研究中又离不开对劳动者的总体考察和分析。

在职位评估过程中,根据事先规定的比较系统、全面反映岗位现象本质的职位评估指标体系,对岗位的主要影响因素逐一进行测定、评比和估计,由此得出各个岗位的量值。这样,各个岗位之间也就有了对比的基础,最后按评定结果,将岗位划分出不同的等级。职位评价衡量的是岗位的相对价值,而不是绝对价值(职位的绝对价值是无法衡量的)。

(四)职位描述

职位描述是在职位分析和职位评估的基础上形成的文字成果,其描述的内容包括职位名称、职位设立的目的、任职条件、工作职责、职位要求以及职位等级等。它能确定岗位工作的具体特征,并对相应职位人员的职责与需要具备的资格、能力等进行说明。它会为企业的绩效考核、薪酬制度、员工招聘、员工培训、员工晋升等提供依据,使得企业的职位管理有章可循。

准确地进行职位描述是职位管理的重要基础,职位描述的作用主要体现在以下几个方面:(1)根据职位描述所界定的任职要求进行人员的招聘、选拔和任用;(2)基于职位描述的职责进行岗位价值评估,进而确定岗位的薪酬水平;(3)基于职位描述的职责提取岗位绩效指标,以对任职者的绩效进行管理;(4)根据职位描述的任职要求分析任职者的培训需求,进行培训管理。

三、职位管理的合法性

职业生涯管理是贯穿劳动者整个职业生涯的漫长过程,在这一过程中可能存在诸多的劳动法律问题,在企业为员工提供职业培训、劳动者转岗或转换就业以及退休等环节中均有可能产生劳动争议。处理好企业与员工的劳动关系,不仅有利于劳动者的职业生涯发展,也有利于企业的长期发展。在职位管理中,职位培训和岗位调整是最重要的两个环节,其中岗位调整又是在职位管理过程中法律风险最大的环节。用人单位经常以经营自主权、用人自主权或客观情况发生重大变化为由调整劳动者的岗位,而劳动者往往以用人单位的调整不符合公平公正的原则等理由对这种调整不服,由此产生大量的劳动纠纷。

(一)职位培训的公平性

企业为员工提供职位培训时,劳动争议方面的法律问题主要集中在专项培训费用和服务期限的规定方面。专项培训费用和服务期总是相互交织在一起,企业为员工提供专业技术培训的机会,并支付专项培训费用,使得员工的技能和素质大大提高,市场竞争力得到提升。这时,设定服务期,既约束了一些在劳动市场上占据优势地位的劳动者的跳槽行为,也鼓励和保护了企业对员工培训的积极性。如果员工违反了服务期的规定,可以通过向企业支付违约金的方式平衡员工和企业的利益。

《劳动合同法实施条例》对专项培训费的内涵和外延专门进行了界定:专项培训费用包括用人单位为了对劳动者进行专业技术培训而支付的有凭证的培训费用、培训期间的差旅费用以及因培训产生的用于该劳动者的其他直接费用。从内涵上看,专项培训费用是用人单位为了对劳动者进行专业技术培训而支付的费用,上岗前关于安全生产、操作流程等的培训不在此列。从外延上看,用人单位为劳动者支付的专项培训费用既包括直接费用(如培训费),也包括间接费用(如培训期间的差旅费等)。

《劳动合同法》第二十二条规定:"用人单位为劳动者提供专项培训费用,对其进行专业技术培训的,可以与该劳动者订立协议,约定服务期。劳动者违反服务期约定的,应当按照约定向用人单位支付违约金。违约金的数额不得超过用人单位提供的培训费用。用人单位要求劳动者支付的违约金不得超过服务期尚未履行部分所应公摊的培训费用。"同时,《劳动合同法实施条例》第二十六条做了进一步规定,用人单位与劳动者约定了服务期,由于用人单位的原因,劳动者与用人单位解除了劳动合同的,不属于违反服务期的约定,用人单位不得要求劳动者支付违约金。

(二)转岗或转换职业

员工在职业生涯道路上,很可能遇到由于不适应现在的工作岗位,需要转岗或转换职业,以寻找新的职业发展方向的问题。同时,由于企业在发展过程中遇到种种客观问题,也需要对员工的岗位进行调整。无论从员工自身的角度,还是企业的角度,进行员工岗位调整时,都有可能遇到一些复杂的、难以协调的问题,由此产生大量的劳动争议。

企业在调整员工岗位时,主要涉及的法律问题是劳动合同的变更。劳动合同的变更,是指劳动合同生效以后未履行完毕之前,劳动关系双方当事人就已订立的劳动合同的部分条款达成修改、补充或者废止协定的法律行为。劳动合同的变更是对原合同的修改和补充,而不是订立新的合同。经双方同意依法变更后的劳动合同继续有效,对双方当事人都有约束力。

企业在进行调整岗位时,必须明确两个问题:一是什么情形下企业可以与劳动者变更劳动合同内容;二是企业与劳动者变更劳动合同内容的过程中应该注意哪些问题。《劳动合同法》中共涉及五种变更劳动合同的情形,分别是协商变更、依约定变更、因伤病变更、因胜任力变更和因客观情况变更,其中协商变更是劳动合同内容变更最简便的变更形式,也是劳动合同内容变更过程中使用最多、最广泛的一种方式。

岗位调整之后,企业同样可能面临复杂的情况。劳动者有的在去新岗位就任的同时就申请仲裁;有的明知原岗位已由其他人任职,但不赴新职而继续在原岗位工作。在这样的背景之下,作为雇主的企业,在处理岗位调整问题时,一方面应当尽可能地规避法律风险,另一方面应做出能与劳动者达成一致并使企业利益最大化的岗位调整方案。

(三)企业自主权的合理使用

企业自主权是指企业自主经营的权力。承认和保护企业自主权既可以保证国民经济的统一性,又可以保证企业生产经营的多样性和灵活性。在传统的经济管理体制下,中国的企业缺乏必要的自主权。改革开放后,根据所有权和经营权分离的原则,把企业推向市场,使其成为自主经营、自负盈亏、自我发展、自我约束的法人和市场竞争的主体。落实企业自主权,搞活社会主义企业,特别是大中型企业,是发展社会主义市场经济的中心环节。

在实际的经营环境中,企业有权根据生产经营的需求和劳动者的实际情况,对劳动者的岗位与工资进行调整,这对企业的运营发展来说,确实是必要的。但是,用人单位必须依法对劳动者的工作岗位进行调整,并尽量避免企业的自主权和员工的劳动权之间的冲突。

用人单位的用人自主权和工资的分配权主要体现在招聘之前,企业可以设置岗位及相应的岗位待遇。在录用了劳动者之后,虽然企业仍然可以通过行使用工自主权进行岗位调整,但会受到很大限制,这时只能依法进行劳动合同的变更来调整劳动者的岗位和工资待遇。

《劳动法》第十七条是关于劳动合同变更的规定,即订立和变更劳动合同,应当遵循平等自愿、协商一致的原则,不得违反法律、行政法规的规定。根据这一规定,变更工作岗位应被视为劳动合同的变更,应按照变更劳动合同的有关规定处理。因此,企业不能随便变更劳动者的工作岗位,更不能任意凭借劳动者不能胜任工作或机构调整等原因,将其调到其他工作岗位或降低工资待遇。对于那些确实不能胜任某一岗位的劳动者,企业才有权调整其岗位。但企业对此应当提供证明,证明岗位调整是具有充分合理性的,是在合理的范围内调整到适当的岗位。如果企业不能证明劳动者的工作能力不能胜任该岗位,是不能擅自调整工作岗位的。

一般而言,在岗位调整后,用人单位不能随意降低劳动者的工资待遇,如要调整工资则须就此与劳动者达成一致意见,并及时变更合同。当劳动者确定不能胜任工作且无法与用人单位协调一致时,用人单位可以按照《劳动合同法》的规定,提前30日通知劳动者因其不胜任工作而解除劳动合同,并按国家规定支付经济补偿。必须指出,用人单位如果想以调整岗位降低工资的方式来迫使劳动者无法接受新的岗位或工资而辞职,这是法律所不容许的。

企业在不违反法律的前提下,可通过以下三个途径尽可能地实现自主权力:

一是通过建立有效的绩效考核、劳动管理以及薪酬管理等制度来对员工进行依法考核,并根据考核结果来决定该员工岗位是否需要调整。特别需要注意的是,相关绩效考核制度要公示给员工,并保留公示记录。同时,员工绩效考核过程也要做记录并保留,以此来证明员工是因不胜任岗位才进行调岗或降薪。

二是在签订劳动合同时,可以对员工薪酬升降与岗位调整进行约定,如合同履行的客观情况发生变化,企业可以调整员工的工作岗位和工资。

三是在给员工调岗调薪后,要相应变更劳动合同,确保员工和企业双方利益,避免以后的劳资纠纷问题。

本章小结

本章对职业生涯管理与职位管理的相关概念进行了详细阐述,通过分析职业生涯管理的特点,总结其实施的目的和意义。同时研究了职业生涯管理在组织与个人层面上的区别和联系,并为读者提供实践上的建议指导。职位管理建立在职业生涯规划指导的基础之上,职位价值是职位管理的一个基本思想,在企业管理中占据重要地位。

关键术语

职业生涯管理(career management)

职业生涯规划(career planning)

组织职业生涯管理(organizational career management)

职业(occupation)

职业管理(occupation management)

职业生涯(career)

职位价值(job size)

职位管理(position management)

复习思考题

1. 回顾职业生涯管理在组织层面及个人层面的目的和作用。
2. 分析组织生涯管理和个人生涯管理的联系。
3. 尝试概括职业生涯规划的实施步骤。
4. 详细说明职位管理的程序性要求,以及各个程序的必要性。

第七章
绩效与薪酬管理中的劳动关系管理

知识结构图

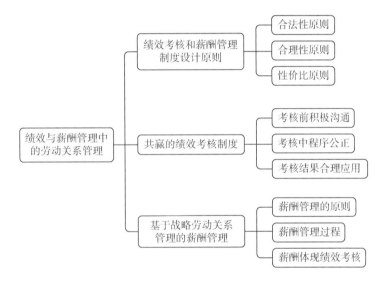

学习要点

- ❖ 绩效考核和薪酬管理制度设计的原则
- ❖ 制度设计的合法性原则
- ❖ 制度设计的合理性原则
- ❖ 制度设计的性价比原则
- ❖ 绩效考核制度实施前的要求
- ❖ 绩效考核制度实施中的要求
- ❖ 绩效考核制度实施后的要求
- ❖ 绩效考核的流程、内容、方式
- ❖ 薪酬管理制度的战略导向原则
- ❖ 薪酬管理制度的合理扣减薪酬原则
- ❖ 开展薪酬调查的流程、途径

劳动关系管理

- ❖ 确定薪酬水平及构成
- ❖ 岗位(技能)评价
- ❖ 体现绩效考核的薪酬体系

学习目标

本章主要研究员工绩效考核和薪酬管理等问题。学完本章之后，进一步了解绩效考核和薪酬管理的基本概念、特征、一般设计流程，从战略劳动关系管理的角度理解掌握绩效考核及薪酬管理的方法。

引导案例

因"考核不合格"解聘员工

2016年，张某入职甲公司担任研究员，双方订立了为期五年的劳动合同。张某入职之初，甲公司即向其送达了《绩效管理办法》，该办法规定：个人绩效考核结果连续两个季度为待改进或年度绩效考核结果为待改进的，甲公司有权对员工予以解聘处理，无须支付任何补偿或赔偿。2019年，张某第一季度至第四季度的考核结果均为合格，年度考核结果为待改进；2020年第一季度，张某的考核结果为待改进。

2020年5月，甲公司向张某送达了《解除劳动合同通知书》，依据《中华人民共和国劳动合同法》第三十九条的规定，以张某2019年年度考核结果和2020年第一季度考核结果均为待改进为由作出解除决定。2020年6月，甲公司参照《中华人民共和国劳动合同法》第四十条的规定，向张某支付经济补偿金及额外一个月工资作为代通知金。

张某认为甲公司的解除行为违法，遂提起劳动仲裁，要求甲公司继续履行劳动合同。2020年10月，劳动争议仲裁委员会裁决甲公司与张某继续履行劳动合同。甲公司不服该裁决，向法院提起诉讼。

(资料来源：搜狐网《正反两个案例看绩效考核改进是否属于不能胜任工作》)

第一节 绩效考核和薪酬管理制度设计原则

企业在设计规章制度时要考虑多方面的因素，尤其在设计绩效考核、薪酬管理等关乎员工切身利益的制度时，更要注意合法、合理等方面的要求，这些都有助于工作运行的顺畅性及效果。首先，制定的规章制度受法律法规的约束，这是保证规章制度具有约束力的基本原则；其次，提高规章制度的合理性，将大大减少其在执行过程中遇到的障碍，保证工作运行的效果；最后，应结合企业支付能力、战略目标设计规章的内容，在控制成本的同时，实现有效管理。因此，企业设计劳资双赢的绩效考核和薪酬管理制度时要做到合法、合理，并控制成本。

一、合法性原则

合法制定规章制度是劳动法律法规对企业管理提出的要求。《劳动合同法》对这一要求提出了更高的标准：首先，企业制定规章制度是履行义务的行为；其次，企业制定绩效考核制度、薪酬管理制度要经过民主程序，可以选择职工代表大会或者全体职工讨论的方式，并将规章制度的结果进行公示，告知全体员工；最后，工会或者员工认为制定规章制度的过程中存在问题时，有权向企业提出，通过协商进行修改完善。另外，法律法规规定企业的薪酬水平不得低于当地的最低工资标准，而且《劳动合同法》规定了劳动者在试用期间的工资不得低于本单位内部相同岗位最低档工资或者劳动合同约定工资的百分之八十。

（一）绩效考核相关的合法性问题

企业依据绩效考核结果调整员工岗位或者与员工解除劳动合同应符合《劳动合同法》第四条的规定："用人单位应当依法建立和完善劳动规章制度，保障劳动者享有劳动权利、履行劳动义务。用人单位在制定、修改或者决定有关劳动报酬、工作时间、休息休假、劳动安全卫生、保险福利、职工培训、劳动纪律以及劳动定额管理等直接涉及劳动者切身利益的规章制度或者重大事项时，应当经职工代表大会或者全体职工讨论，提出方案和意见，与工会或者职工代表平等协商确定。在规章制度和重大事项决定实施过程中，工会或者职工认为不适当的，有权向用人单位提出，通过协商予以修改完善。用人单位应当将直接涉及劳动者切身利益的规章制度和重大事项决定公示，或者告知劳动者。"

劳动关系处理不当将会引发劳动争议，增加管理难度。依据法律法规的相关规定，企业调整员工工作岗位一般有三种情况，这也是合法的情形，包括：第一，双方在劳动合同中明确约定企业有权根据生产经营的需要变动员工的工作岗位；第二，绩效考核结果或者其他途径证明员工不能胜任目前的工作岗位，企业进行调岗；第三，企业与员工签订了带有解密期条款的保密协议之后，该员工提出辞职，企业为了留住员工，对其岗位进行调整。

如果企业通过确凿的证据证明员工无法胜任当前的工作，通过调岗或者培训后仍然无法胜任，依据《劳动合同法》的规定，此时企业可以与员工解除劳动合同。然而，如果产生劳动争议，员工往往会对企业的绩效考核制度或者方案进行攻击。例如，员工指出绩效考核中存在歧视性因素，如性别歧视；员工指出解除劳动合同的原因并非不胜任岗位，而是"得罪"了企业的相关人员。此类问题的解决成本较高，因此在设计绩效考核制度和方案时，应尽量保持严谨性，尽量站在企业和员工的双重视角进行审视，降低劳动争议发生的可能性。

（二）薪酬管理相关的合法性问题

《劳动合同法》规定了劳动报酬、社会保险都是劳动合同中的必备条款。薪酬管理制度涉及的合法性问题主要包括满足最低工资标准、同工同酬、合理设定加班工资标准、足额缴纳社会保险等方面。

劳动关系管理

1. 满足最低工资标准

满足最低工资标准是法律法规对企业提出的最低基本要求。最低工资是指劳动者在法定时间内提供了正常劳动,其所在企业应支付的最低劳动报酬。这是政府对劳动市场的干预,实现调节企业工资分配、保障劳动者特别是低收入劳动者取得劳动报酬合法权益的一项重要制度。最低工资标准一般采取月最低工资标准和小时最低工资标准的形式。月最低工资标准适用于全日制就业劳动者,小时最低工资标准适用于非全日制就业劳动者。对于不遵守最低工资规定的用人单位,《劳动合同法》第八十五条规定了惩罚措施:用人单位的劳动报酬低于当地最低工资标准的,应当支付其差额部分;逾期不支付的,由劳动行政部门责令用人单位按应付金额百分之五十以上百分之一百以下的标准向劳动者加付赔偿金。

2. 实现同工同酬

在企业内部,如果员工所任职的岗位同时满足工作岗位、工作内容以及工作性质相同,劳动强度一致,付出同样的工作量取得相同的工作业绩,员工的技术水平、熟练程度相当,那么企业应当对这些员工实行同工同酬。同工同酬的理念表明,每个劳动者在同样的劳动关系管理中,实施职位的正常劳动是劳动者按依法签订的劳动合同约定,在法定工作时间或劳动合同约定的工资时间内从事的劳动。劳动者在依法享有的带薪年休假、探亲假、婚丧假、生育(产)假、节育手术假等国家规定的假期内,以及法定工作时间内依法参加社会活动期间,视为提供了正常劳动。薪酬体系的目标便在于实现同工同酬,它可以看作劳动平等的典型体现。

3. 合理设定加班工资标准

在劳动关系视角下,从保护员工劳动能力、促进企业长期发展角度出发,如果企业确因生产经营需要,必须延长工作时间的,应与工会和劳动者协商。协商后,企业可以在《劳动法》限定的延长工作时数内决定延长工作时间;企业如违反法律、法规强迫劳动者延长工作时间的,员工有权拒绝。如果员工在企业的安排下进行加班,企业应当按照国家规定向员工支付加班工资。《劳动法》第四十四条规定了员工加班工资的计算标准:延长劳动者工作时间的,支付不低于工资的150%的工资报酬;休息日安排劳动者工作又不能安排补休的,支付不低于工资的200%的工资报酬;法定休假日安排劳动者工作的,支付不低于工资的300%的工资报酬。但是由于目前我国劳动者处于弱势地位,一些企业,特别是一些劳动密集型企业,大都通过提高劳动定额标准、降低计件单价等手段,致使劳动者在8小时工作时间内根本无法完成定额任务,不得不选择"自愿加班"来完成工作任务,这种现象即属于变相强迫劳动者加班。如果由此引发劳动争议,那么企业败诉的可能性非常大。

4. 足额缴纳社会保险

社会保险关乎劳动者的切身利益,为了保护劳动者的合法权益,《劳动合同法》对相关内容进行了约束;2011年7月1日实施的《社会保险法》作为我国第一部专门规范社会保险制度的法律,对社会保险制度进行了全面约束。这些都体现了国家对企业员工的关注度。因此,为了保护员工合法权益,企业应当依据国家规定足额承担社会保险中应负担的部分,这也是法律法规规定的一项义务。社会保险包括:第一,基本养老保险。企业缴纳基本养老保险费的比例一般不得超过企业工资总额的20%(包括划入个人账户的部分),具体比例由各地政府决定。少数省、自治区、直辖市因离退休人数多、养老保险负担过重,确需超过企业工资总额20%的,应报相关政府部门批准。第二,基本医疗保险。该项保险费由员工和企业共同缴纳,企业缴费率应控制在工资总额的6%左右,员工缴费率一般为本人工资的2%。随着经济的发展,这两项缴费率可做相应的调整。第三,失业保险。该项保险费由员工和企业共同缴纳,企业按照工资总额的2%缴纳,员工按照本人工资的1%缴纳。各地可适当调整本行政区域失业保险费的费率。第四,工伤保险。工伤保险费由企业按照职工工资总额的一定比例缴纳,职工个人不得缴纳工伤保险费。工伤保险费根据各行业的伤亡事故风险和职业危害程度的类别实行差别费率。劳动行政部门对企业上一年度安全卫生状况和工伤保险费情况进行评估,适当调整企业下一年度工伤保险费率,实行浮动费率。第五,生育保险。生育保险费的缴纳比例由当地政府根据计划生育人数和生育津贴、生育医疗费等费用确定,并可根据费用支出情况适时调整,但最高不得超过工资总额的1%。

当劳动合同对劳动报酬、劳动条件等标准约定不明确而引发争议时,企业应该遵从法律的提倡与员工进行重新协商;协商不成的,则适用集体合同规定;没有集体合同或者集体合同未对劳动报酬做出规定的,用人单位应当实行同工同酬;没有集体合同或者集体合同未规定劳动条件等标准的,适用国家有关规定。

二、合理性原则

合法是企业规章制度要满足的最低要求。在满足法律法规要求的基础上,双赢的绩效考核和绩效考核制度的内容要具合理性,才能推动企业和员工共同发展。

第一,正确对待绩效考核。绩效考核是在一定时期内科学、动态地衡量员工工作状况和效果的考核方式,通过制定有效、客观的考核标准,对员工进行评定,以进一步激发员工的积极性和创造性,提高员工工作效率和基本素质。绩效考核使各级管理者明确了解员工的工作状况,并在此基础上制定相应的薪酬调整、人事变动等激励措施,为员工的晋升、降职、调职和离职提供依据。

某些企业误读法律精神,恶意使用绩效考核,以达到解除劳动合同的目的。然而,企业解雇一名员工所带来的直接经济成本、间接非经济成本都是一笔不小的开支,所以企业在利用绩效考核解雇员工时要考虑多方面的因素,慎重做出决定。

第二,规章制度中关于绩效考核的周期、方式、结果应用,以及薪酬管理制度的理念目标等都应与企业战略目标保持一致,不能与企业文化所提倡的核心价值观相冲突,否则,不仅不能促进企业管理的高效性,还会带来意外的麻烦。

第三,撰写绩效考核、薪酬管理制度时,应表述严谨、意思明确、用词规范、标准具体化及量化。

三、性价比原则

一方面，无论是实行绩效考核，还是发放工资，对企业而言都是一项不小的成本支出，不仅有直接的经济支出还包括无形的损耗；另一方面，从员工的角度看，如果企业的花销并不是用在关键的地方，这将或多或少挫伤员工的积极性。因此，"钱用在刀刃上"是企业设计绩效考核、薪酬管理制度，促进企业和员工共同发展的又一项重要的原则。

具体而言，企业在设计并具体实施绩效考核体系、薪酬体系时，首先要考虑自身的支付能力、成本控制目标，保证在扣除相关成本之后还有盈余供企业追加和扩大投资，获得持续发展；在实行以绩效考核结果定奖金等激励措施时，要考虑激励的效果，使员工获得满足感，激发工作积极性，取得工作成就的同时实现个人追求。

第二节 共赢的绩效考核制度

企业规章制度中关于绩效考核的规定大多是原则性内容，例如考核周期、方式等，具体的考核目的、考核意义、考核指标、考核方式、考核结果应用途径以及考核申诉程序等事项是每一次考核方案所应当涵盖的。

《劳动合同法》第三十九条规定："劳动者有下列情形之一的，用人单位可以解除劳动合同：（一）在试用期间被证明不符合录用条件的；（二）严重违反用人单位的规章制度的；（三）严重失职，营私舞弊，给用人单位造成重大损害的；（四）劳动者同时与其他用人单位建立劳动关系，对完成本单位的工作任务造成严重影响，或者经用人单位提出，拒不改正的；（五）因本法第二十六条第一款第一项规定的情形致使劳动合同无效的；（六）被依法追究刑事责任的。"

《劳动合同法》第四十条规定："有下列情形之一的，用人单位提前三十日以书面形式通知劳动者本人或者额外支付劳动者一个月工资后，可以解除劳动合同：（一）劳动者患病或者非因工负伤，在规定的医疗期满后不能从事原工作，也不能从事由用人单位另行安排的工作的；（二）劳动者不能胜任工作，经过培训或者调整工作岗位，仍不能胜任工作的；（三）劳动合同订立时所依据的客观情况发生重大变化，致使劳动合同无法履行，经用人单位与劳动者协商，未能就变更劳动合同内容达成协议的。"

这些内容的认可度将会影响考核方案运行顺利的程度。因此，企业在设计具体的考核方案时，应在遵循绩效考核制度的前提下，让员工参与其中，增加双方的沟通频率，适当增加沟通深度，确保设计的考核方案可行、有效。

一、考核前积极沟通

考核方案设计之时，企业应就绩效、绩效考核、绩效管理的相关概念和特点对员工进行普及，使之对绩效考核工作有正确的认识。考核方案设计完毕之后，在具体实施前，管理者或者考核方首先应将考核目的、意义告知员工，使之对考核有整体的把握，纠正员工将绩效考核视为公司"整人"的工具、办公室政治斗争的手段等错误理解，也不能使其认为考核只是"走形式、走过场"。考核前的适度沟通，既能保证绩效考核目的的实现，也会增加方案的顺利实施度。

（一）明确相关概念

绩效是员工完成工作的结果，或履行职务的结果，可视为员工对企业的贡献，具体表现为员工为企业完成工作的数量和质量、降低的成本费用以及为企业做出的其他贡献等。因此，绩效是行为产生的结果，这种结果要具备一定的可度量性，体现投入与产出的对比关系，这样可以衡量目标的完成程度。考核是考试和评价的总称。考试是为评价提供事实依据，考试的结果通过评价得以进一步运用。因此，绩效考核是通过数学的方式对员工绩效进行客观描述，进而根据描述来确定绩效的高低，做出评价。评价是在一定的情况下对业绩进行分析的过程，有利于找到影响绩效的因素和提高绩效的方法。简而言之，绩效考核是针对企业中每个员工所承担的工作，运用科学的定性和定量的方法，对员工行为的实际效果及其对企业的贡献或价值进行考核评价。

绩效管理体系是一套有机整合的流程和系统，专注于建立、收集、处理和监控绩效数据。它既能增强企业的决策能力，又能通过一系列综合的测量指标来帮助企业实现策略目标和经营计划。要实现此目标，企业管理者首先要将绩效管理视为员工同直接上级领导就绩效问题进行双方沟通的过程。在充分沟通、共同协商的基础上，直接上级帮助员工设定发展目标；在员工实现目标的过程中，直接上级对员工的能力进行辅导，帮助其实现绩效目标。在绩效期结束时，直接上级及时通过科学的手段和工具对员工的绩效进行考核，确定员工的绩效等级，找出员工绩效的不足，进而制订相应的改进计划，帮助员工改进工作中的不足和缺陷，使员工朝着更高的绩效目标迈进。因此，高效的绩效管理体系是企业实现运营目标的重要工具。

（二）宣传绩效管理模式

实践中，企业并未真正将绩效考核结果应用到员工绩效提升和绩效改善中去，只将绩效考核作为发放奖金的依据，导致收效甚微。一般而言，绩效管理由绩效界定、绩效衡量、绩效反馈三个环节构成。绩效界定是绩效管理的重要前提，依据企业战略目标及其对员工行为和结果的要求，确定绩效评价的目的，进一步确定绩效考核标准，这是强调员工的哪些行为对企业而言是关键性绩效指标。绩效衡量是考核主体应用绩效考核标准对员工的工作表现进行衡量，将员工中绩效优异者、绩效一般者以及绩效需要改进者区分开来。绩效反馈是向员工提供绩效信息反馈，与员工就其绩效表现进行沟通。绩效信息反馈的目的是帮助员工认识到自己的绩效水平和组织期望的差距，并帮助其进行有效的改进。绩效管理模型反映了企业管理的内容、步骤和具体操作（图7-1）。

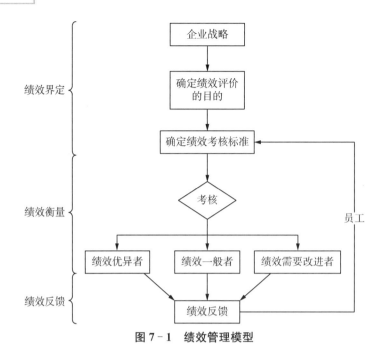

图 7-1 绩效管理模型

（三）落实绩效考核原则

依据考核目的设计绩效考核体系时应在遵循客观、公正、公开的原则之下，坚持以工作为中心设计考核内容，并且将考核结果及时反馈给员工，这样绩效考核才能真正发挥促进企业与员工共同发展的作用。

二、考核中程序公正

考核实施过程中，考核方要秉持客观中立的态度，确保程序公平。首先，做到"对事不对人"，只针对员工的绩效水平进行考核，不对员工的人格做评。其次，做到"要什么考什么"，只针对绩效目的进行考核，依据考核指标逐一评分、评价。最后，定量考核和定性考核相结合，对于可量化的指标采用定量的方式进行考核，对量化性差或者无法量化的指标进行定性考核。定量考核要求以客观数据为参考，定性考核应尽量扩大评价人的范围。这要求在选取绩效评价方式时，尽量选取民主特点显著的方式。要保证定性评价客观公正，并且降低评价者的主观性，可以在打分前对评价者进行适当培训。

（一）遵循基本的考核流程

在实践中，绩效界定、绩效衡量和绩效反馈三个环节可以细化为绩效管理的七个步骤，作为绩效管理的基本流程，包括：确定绩效评价的目的、建立考核目标和工作期望、设计评价体系、绩效形成过程的督导、绩效评价面谈、制订绩效改进计划、绩效改进指导（图 7-2）。企业可以依据自身特点、战略目标、管理时间进行调整和改进。

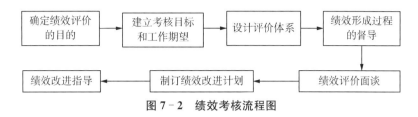

图 7-2 绩效考核流程图

步骤一：确定绩效评价的目的

不同的考核目的决定着考核指标的选取：想要了解员工对企业的忠诚度，则要注重员工工作行为和工作努力程度的考核；业绩考核主要应用于发放奖金；能力和素质考核应用于晋升；等等。例如，某公司销售部的区域经理在设计考核方案时应遵循"要什么考什么"的原则，并在特定时间进行考核，指标权重分散。可以选择的指标包括：销售额、回款率、利润指标、市场预测、市场策划、合同管理、业务风险管理、费用控制、新产品推广、财务制度执行、人员管理、重点客户管理、信息反馈、发送及货物管理、大客户拜访、退货率。依据公司追求市场占有率的目标，可将考核目标划定为三个：销售额、利润指标、回款率，权重分别为50%、30%、20%。

步骤二：建立考核目标和工作期望

一般而言，考核目标有四个来源：第一，工作岗位说明书，由工作分析提供。第二，日常工作，由直接领导提供。第三，上一个考核周期未完成和需要改进的目标，由直接领导提供。第四，企业经营与管理目标的分解。

工作期望是企业要求员工应该达成以及如何达成工作绩效指标的过程，包括四个方面：第一，应该做什么；第二，应该遵循哪些规章制度、工作程序和操作规范；第三，应该达成什么工作结果，包括工作质量和数量；第四，完成预定绩效应具备哪些知识、经验和技能。

步骤三：设计评价体系

绩效评价体系是正确衡量员工绩效的关键所在，涉及评价方式、评价主体和评价因素等内容。评价方式应尽可能做到公平、公正，评价过程的公平性会影响评价结果的公平性。评价主体的确定一般是根据评价方式的特点来选定，例如360度考核设计的考核主体较为广泛，包括上级领导、员工本人、下属、同事、顾客等。

一般而言，评价因素包括工作过程、工作结果、工作方法、工作效率、工作数量、工作的改进与改善、统筹安排与计划、知识、经验和技能、沟通能力、解决问题能力、督导能力、责任意识、个人品格等等。具体设计考核方案时，可以进行取舍。

步骤四：绩效形成过程的督导

实践中，对员工的行为进行督导可以通过行为督导指导记录表来进行，记录被考核员工在考核期内发生的极限行为并对此进行管理。所谓极限行为，是指超过或低于标准的行为。记录内容包括编号、发生极限行为的日期、针对该行为的应对措施、采取措施的时间、采取措施后的后续变化、员工改变现状的时间。这些内容记录完整后需要管理方和员工双方签字认可，以体现对过程的督导。

步骤五：绩效评价面谈

组织绩效评价面谈的目的在于就考核结果形成一致看法，承认员工的优点，同时指出其不足，并进一步针对绩效考核结果制订双方都能接受的绩效改进计划。最后，对下一阶段工作的期望达成一致协议。

绩效评价面谈过程中需要双方注意的事项包括：在面谈之前建立彼此信任的相互关系、营造有利的面谈气氛对面谈的顺利进行非常重要。开始面谈时，首先要向员工说明此次面谈的目的是培养和发展员工。面谈过程中，要鼓励员工多讲话，表达自己的观点和意见，尽量少打断员工讲话。面谈的内容集中在绩效本身，避免人身攻击，同时要注意员工的情绪变化，避免对立情绪和冲突发生。在谈及绩效时，更多地关注未来的绩效，不要过分地关注以往的绩效，更不要缠着过去的失误不放。面谈结束时，尽量以积极的方式结束面谈，激发员工的工作积极性更为重要。

步骤六：制订绩效改进计划

绩效改进目标涉及工作绩效改进目标和个人能力提升目标，这是实现企业和员工共同发展的关键环节，应当受到双方的重视。设定的目标要具体化、难度适当，且容易改的先改，容易见效的先改。此外，目标的设定需要员工参与其中，即由管理方与员工共同设定目标，这些都可以在一定程度上保证绩效改进计划的可行性。

目标确定之后便是拟定具体的行动方案，方案要明确企业和员工为实现绩效目标各自的行动方向。企业要为员工提供充实的资源，包括内外部的资源、相应的培训制度、上级的重视等。员工需要根据目标设定具体的步骤，对步骤进行动态调整。最后，对评估改进计划完成的方法也很重要。例如在"客户代表"的绩效改进方案中，具体的行动措施之一：在未来六个月，与职责范围内每一位客户通电话，并对客户反映的情况做出记录。企业提供的资源保障：客户；完成时间：六个月；评估方法：上级的观察和反馈，客户的反馈。措施之二：通过参加培训，向其他同事学习，提高年度考核中"客户意识"一项的得分。资源保障：上级、同事、人力资源部；完成时间：12月5日前；评估方法：年度考核中关于"客户意识"的评价得分是否提高。

步骤七：绩效改进指导

在实施绩效改进指导时，首先要明确绩效改进项目的先后顺序、每个改进项目的关键点、最佳改进时机等。其次，在确定员工的学习风格基础上，选择合适的学习方式，准备开展绩效指导。其间，管理层尤其是员工的直接上级要与员工保持密切、深度的沟通，使得员工保持较高的积极性，并且营造有利于学习的环境，保证学习的硬件和软件完善。最后，绩效评估指导的成效，可以通过回答以下问题：指导目标是否达成；是否需要进一步指导；对员工的指导是否有效；员工在指导过程中有什么反应；还有哪些需要改进的地方；等等。

绩效改进会用到一个非常重要的工具，即绩效改进表。此表的内容包括：绩效改进的项目；改进标准，例如一项改进是属于业绩改善还是能力提高；绩效改进的步骤；绩效改进的关键点；表格建立的日期；双方签字。通过及时填写绩效改进表，帮助员工提升绩效，同时对管理者本人进行考核。

（二）确定合理的绩效考核内容

绩效考核的内容包括工作业绩、工作能力和工作态度。工作业绩是员工的工作效率和工作效果，这是企业对员工的期望，是考核的重点内容。一般的衡量指标为完成工作的数量、质量、成本费用，完成工作的有效性等。工作能力包括员工从事各种工作的能力，例如体能、学识、智能、技能。体能取决于年龄、性别和健康状况等因素；学识包括文化水平、专业知识水平、工作经验等，与员工的受教育程度、工作经历有关；智能是人们通过客观事物获得知识并运用知识解决问题的能力，包括记忆、分析、综合、判断、创新等能力；技能包括操作、表达、组织等能力。工作态度是员工对工作的投入程度，主要指纪律性、协作性、积极性、主动性、服从性、执行性、责任性、归属性、敬业精神、团队精神、钻研精神、贡献意识、进取精神、开拓精神、使命感、荣誉感、事业心、信誉、忠诚、健康心态、良知与良心等。

工作业绩、工作能力和工作态度的权重与考核目的相关。例如，对工作业绩的考核往往是为了调整薪酬水平；对工作能力的考核结果多作为晋升的重要参考；对工作态度的考核有时是企业决定是否解雇员工的一个指标。再如，不同岗位的职责大小、工作性质等因素也决定了这三项考核权重的差异：管理岗位注重业绩的考核；技术类岗位偏向业绩考核和能力考核相结合；基层办事岗位主要针对工作态度进行考核。

（三）选取民主的绩效评价方式

为了使绩效评价过程以及结果客观公正，选取民主的评价方式更为科学。360度考核系统在体现民主性方面较其他方式而言更具优势。360度考核也可称为评估者评估和多角度测量。传统的评价体系中只将直接上级作为唯一的测评者，而360度考核系统则运用上级领导、员工本人、下属、同事、顾客以及能提供相关信息的人们的评价。因此，360度考核系统的优点在于：为个人提供了评价他人的机会；增加了自我感知和自我印象的评价。但持反对意见者一致认为，360度考核系统与绩效并没有直接的联系，并不能直接影响结果，也不能增加它的可接受度。360度考核的局限性还表现在评价者在打分的过程中不可避免地会受到自身某些因素的影响（如将人情关系作为一种比较重要的打分因素），从而降低了考核结果的客观性，这是不利于劳动关系的和谐稳定的。

所以，在劳动关系管理中，有必要分析评价者对绩效管理的影响，主要是从评价者来源、评价者特征、评价者动机三个方面展开分析。当然，可以通过对评价者的培训来降低这三方面的影响。

1. 评价者来源

360度考核涉及的评价者来源相当丰富，对被评价者的工作进行了多角度的考察，避免偏见、歧视的发生，增加了绩效评价结果的公正性和可接受度。不同的评价者还可以对被评价者绩效改进计划提出不同的见解，增加绩效改进计划的可行性。然而，不同的评价者在企业中的角色不同，使得其对被评价者的业绩期望不同，可能对评价结果的一致性产生影响。因此，为了使评价结果更具有参考性，来源相近的评价者采取相同的评价指标和测量方法，来源不同的评价者则采取不同的评价指标和测量方法,这样使得来源相近的评价者的评价结果保持一致性,不同来源的评价者提供丰富的评价意见。

2. 评价者特征、动机

评价者的性别、年龄、评价能力、主观想法以及与被评价者的关系等都会影响绩效考核结果。性别、年龄影响评价者对绩效考核的看法以及对考核目的的理解程度。评价能力将会影响评价者观察被评价者工作行为的机会和观察准确度。评价者的主观想法,如为了塑造一个好团队和好公司的印象、获得组织给予的奖励、避免给下属员工带来负面的结果等等,都会影响绩效评价的准确度。另外,评价者与被评价者在组织中的层级越近,评价者做出正确评价的能力越强,绩效考核效果就会更好。因此,评价者对绩效考核目的、意义以及结果应用等内容的了解,有助于提高其评价的客观公正性。

3. 评价者培训

对评价者进行培训可以降低由于来源不同、特征差异、动机不同而对绩效考核产生的负面影响。培训可以从态度及责任心、考核方法、反馈能力三个方面开展。首先应端正评估者的评估态度,增强其责任心。绩效考核受到评价者主观方面的影响。评估方法的选择、评估过程的把握、评估结果的评价、评估结果的反馈都与评价者的态度、责任心息息相关。因此,企业在进行绩效考核之前,对评价者进行态度、责任心方面的培训十分必要。通过培训评价者能明确认识到绩效考核的重要性,尤其是绩效考核对企业发展的必要性。对评价者进行评估方法的培训时不仅要讲解方法,而且要进行讨论,更重要的是要进行实践。只有通过实践才能使评价者看到自己掌握的程度,才能够纠正不正确的观念。最后是要提高评价者的信息反馈能力。信息反馈如果能够及时、有效,便能很好地调动员工的积极性;反之则会使员工积极性受到打击。通过考核结果的信息反馈,工作好的员工会取得更优异的成绩,工作差的员工则会努力赶上。要达到这个目的,就要求评价者讲究反馈的技巧,提高反馈面谈的能力。可通过做员工思想工作的方法采集反馈信息,也可通过电子信函、企业局域网等提高反馈的及时性、互动性。

360度考核系统增加了考核的民主性因素。相比之下,其他的考核方式,例如EVA(经济增加值)、BSE(平衡计分卡)、KPI(关键绩效指标)等,多是站在企业角度对员工绩效进行考量。从劳动关系管理角度出发,360度考核系统综合了多方意见,对员工的评价更为公正。

三、考核结果合理应用

应用考核结果之前,从尊重员工、加强沟通的角度来看,企业应该增加一个"申诉"环节,即:如果员工对其考核结果有异议,可以通过一定的程序、途径给予解决;如果无异议,那么将按照既定的方式应用考核结果。

(一)设置考核结果申诉机制

对考核结果有异议的员工,可在一定时间期限内向企业相关部门或者机构提出申诉,一一般以书面形式来体现,填写如考核申诉表之类的表单,注明员工所在的部门、姓名、申诉事项、申诉内容、申诉日期等信息,受理申诉的部门或者机构进行标注。为了保护员工的合法权益,受理申诉的职责可以由工会来承担。另外一种途径可以借鉴企业内部的劳动争议调解机制中"协调委员会"的形式,即由企业一方的代表和员工一方的代表(工会成员或者员工选出来的人员)组成类似于"申诉处理委员会"的组织,接受员工对绩效考核结果产生的质疑。员工可以向其直接上级领导反映其对绩效考核的异议,如果对处理结果不满意,可以再向人力资源部提出申诉。总之,站在劳动关系角度,企业应当结合实际设立暂时性或永久性的受理绩效考核申诉的部门或机构。

之后,受理部门或者机构应当就员工存在的异议进行调查,在充分调研、仔细分析的基础上,形成申诉结果的处理意见。可以选择重新进行绩效考核,也可以在绩效考核结果应用中考虑相关因素,例如减轻处罚、增加奖金数额等,还可以选择在下一次绩效考核中纠正此次失误。无论何种处理方式都要在一定期限内给员工答复,填写绩效考核申诉处理表,注明员工所在部门、姓名、申诉事项、申诉内容、调查情况、解决方案、解决结果、经办人等信息。这些表单作为绩效考核结果的附录一并存档。

(二)依据考核结果培训、转岗或奖励

绩效考核结果无异议或者异议得到解决之后,企业应当组织员工面谈,评价员工取得的成绩。按时按质按量完成绩效考核目标的,进行适当的奖励,一般采取物质奖励;如果员工取得突破性成绩,除了物质奖励之外,还可以给予其他非物质奖励,例如在年会上进行表彰、颁发奖状、授予荣誉称号等,甚至是以工作内容扩大化、更高层次的培训机会等富有挑战性的工作机会为奖励。如果员工未能完成工作目标,则指出存在的不足,找出应提高改善的方面,制订相应的培训计划或者适当调整岗位。

绩效的重要性已经被企业和个人重视。个人的绩效影响甚至决定员工的个人短期收入、长期发展;企业绩效决定着企业短期的利润指标和长期发展。企业的绩效受到员工个人绩效相当大的影响。因此,引导员工取得更高的绩效是企业劳动关系管理人员以及所有管理人员的重要职责,这需要管理人员和员工个人重视绩效管理。企业不仅要运用恰当的绩效考核方式衡量员工的绩效,还要在绩效目标订立、绩效指导、绩效反馈等环节中,加强双方沟通,使绩效管理取得成效。

第三节 基于战略劳动关系管理的薪酬管理

根据第一章所阐述的战略劳动关系管理理论,薪酬制度设计的最佳模式应是以建立企业和员工的良性互动为目标,最终实现企业和员工的共同发展,这也是实现和谐劳动关系的根本保障之一。

劳动关系管理

薪酬(salary)是建立在劳动关系基础之上的,是员工为企业提供劳动而从企业获得的各种有形的经济收入和无形的服务。薪酬是企业重要的成本支出,也是吸引和留住优秀人才的有效手段之一,更是员工维持生存、实现发展的物质保证。

劳资双赢的薪酬制度设计要分别站在企业发展和员工成长的角度上探寻对双方都有利的设计原则。从企业利益来看,薪酬制度设计首先要遵循战略导向、外部竞争性、高性价比等原则。此外,薪酬扣减制度的设计尤其需要谨慎。设计薪酬扣减制度时,首先要保证合法,其次要保证有效,即通过适当地、合法地、合理地扣减薪酬,起到警示、激励的作用,最终在保证双方合法权益的基础上,促进共同发展。

一、薪酬管理的原则

(一) 合法原则

1. 合法扣减薪酬原则

扣减薪酬其实是由扣工资和减工资两种行为构成的。

企业"扣工资"应当具备合法的依据,即法定事由,除此之外企业不能随意克扣员工的工资。《劳动法》第五十条规定:"工资应当以货币形式按月支付给劳动者本人。不得克扣或者无故拖欠劳动者的工资。"因此,为了保护劳动者的权益,法律规定了企业依据法定事由扣除其工资的数额不得超过本人工资的20%。但是,企业代扣员工工资的以下情形不包括在上述情形中:企业代扣代缴中要求代扣的抚养费、扶养费、赡养费;法律规定可以从劳动者工资中扣缴的个人所得税,企业代扣代缴应由个人负担的各项社会保险费用;法院判决裁定中要求代扣的抚养费、扶养费、赡养费;法律规定可以从劳动者工资中扣除的其他费用。

企业依据某些情形可以"扣减工资",即降低员工的工资水平。例如,依法签订的劳动合同中有明确规定的,如双方在合同中约定职工病假只能享受病假工资,这种情况下可以减发工资;企业依据规定并经职代会批准的厂规中有明确规定的,如劳动者违反劳动纪律可以予以罚款处分(但不能超过国家规定的扣除金额标准);企业工资总额与经济效益相联系,经济效益下浮时,工资必须下浮的(但支付劳动者工资不得低于当地的最低工资标准);因劳动者请假等相应减发工资等情形。

2. 合法程序原则

企业依据有关事由降低员工工资时,需要遵守法律规定的相关程序。薪酬福利是劳动合同中的重要内容,企业与劳动者签订劳动合同时,对该内容进行了确定,如果企业降低员工的工资水平,就属于劳动合同变更行为。《劳动合同法》第三十五条规定"用人单位与劳动者协商一致,可以变更劳动合同约定的内容",因此,企业欲降低员工的工资水平,首先要与其进行协商,达成一致;如果无法达成一致,而减薪是依据企业规章制度进行的,那么若规章制度符合法律规定的"主体合法,内容合法,程序合法",则企业可以向员工表明减薪的具体依据,得到其认可。

(二) 合理原则

根据冰山模型，我们可将薪酬管理的合理原则界定为：通过科学的薪酬设计与管理，提高企业的经济运行效率，获取竞争优势，实现企业的可持续发展。这主要包括遵守外部竞争性原则、内部公平性原则和高性价比原则，以保证企业能够吸引并留住核心人才，激励员工努力工作，使支付的薪酬成本能够带来有效的回报。同时，到企业工作的员工也能获得自身价值的肯定，满足自我发展的需求。当然，其中也有一定的合法成分。

1. 外部竞争性原则

外部竞争性原则强调企业在设计薪酬时应考虑所处行业的市场平均薪酬水平、竞争对手的薪酬水平，结合企业想要在市场中确立的地位，综合决定薪酬水平的竞争力，既保证薪酬支出的合理性，又保证企业能够充分地吸引和留住企业发展所需的人才。

2. 内部公平性原则

该原则主要包括两个方面：一是横向公平，薪酬标准、尺度对所有员工都是一致的，保证员工投入而获得的回报和其他付出相同努力的员工得到的回报一致；二是纵向公平，员工现在的投入一产出比应不低于过去，将来随着企业发展应有机会得到提高。

3. 高性价比原则

该原则是指企业支付的薪酬能够起到激励员工的作用。首先，企业设计薪酬体系时应在战略指导的基础上考虑自身的支付能力，也就是薪酬总额的合理性。短期来看，企业的各项收入扣除各项非人工成本后的余额应不低于薪酬总额；长期来看，企业支付薪酬总额、其他补偿性支出和非人工成本后，要有盈余才能支撑企业追加和扩大投资，获得可持续发展。企业可持续发展的经济保证也是员工自身发展的基础。其次，企业设计薪酬体系时须充分考虑薪酬激励效果。企业为员工设定的目标应具有可实现性，完成目标要获得既定的回报；员工的投入一产出比具有横向的稳定性和一致性，以及纵向的进步性，这样员工才能意识到自己努力就能获得相应的回报，才会产生更大的动力。薪酬的激励效果最终体现在企业竞争力上升和员工自我实现两个方面。

4. 战略导向原则

有效的薪酬管理在激励员工和团队进而改善企业的总体绩效、强化企业的核心价值观和文化、降低企业的管理成本等方面有积极的作用。然而，有的企业的薪酬管理并未表现出良好的效果，其中一个重要原因很可能是过于专注薪酬管理的技术层面问题，忽视了从企业整体战略出发的薪酬理念和制度制定的视角。

战略导向原则强调企业设计薪酬体系时必须从企业战略的角度出发制定薪酬战略，主要涉及薪酬支付标准、支付结构、薪酬制度管理等，这些内容对企业绩效、员工工作效率有很大影响。薪酬支付标准是决定薪酬高低的依据。薪酬支付结构体现薪酬的各个构成部分及其比重，最主要的是固定薪酬和变动薪酬、经济薪酬和非经济薪酬两两之间的比重。薪酬制度管理反映制定和调整薪酬制度的行为方式和决策标准，包括授权程度、员工参与方式、薪酬等级状况、薪酬支付方式以及薪酬制度的调整频率等。

战略导向之下,从企业视角来看,实行战略性薪酬管理是指对组织绩效具有关键性作用的薪酬决策模式,企业可以依据所处行业特点、获得竞争优势的来源、整体人力资源规划、薪酬管理制度等内容来确定企业的薪酬战略,这个过程就是战略性薪酬决策。薪酬战略是企业在进行薪酬管理时所要遵循的基本原则和导向,在确定了企业的薪酬战略之后,接下来要做的便是基于薪酬战略所制定的方向和基础来设计具体的战略薪酬管理实施方案,用一定的薪酬体系或组合来体现企业的薪酬战略。

企业要成功实施战略薪酬管理,需要劳动关系管理者具有全局观和战略眼光,清楚掌握企业人力资源状况并提供有效的意见和建议。在此基础上,企业实施战略薪酬管理要经过"三大步骤,一个补充":第一,全面评价企业所面临的外部和内部环境,包括企业所处的社会、经济和法律环境;第二,制定与企业战略相匹配的薪酬战略,包括薪酬结构策略、薪酬水平策略、薪酬组合策略和行政管理策略等要素;第三,薪酬战略转化为薪酬实践,即制定具体的操作方案,并严格按照方案实施,这一步骤能否实现,是对企业劳动关系管理部门操作能力的重要考验;第四,收集薪酬系统的反馈信息,并结合环境的变化随时调整具体的薪酬制度设计,使其进一步完善。

(三) 合情原则

合情原则是指企业劳动关系管理实践在相互依存和相互尊重的基础上,把员工视为最重要的财富,进行动态的人性化管理。薪酬管理中的合情原则亦如此,即也要体现以人为本,实行差异化、创新性的管理,以实现劳动关系的和谐。

◇ **小案例**

亲情1+1:德邦物流年投入8000万元给员工家属"发工资"

据了解,德邦员工入职满1年便能享受德邦快递给予的"亲情1+1"福利。作为劳动密集型企业,德邦10万多名员工的背后,是10万多个家庭,为了尽力地帮助员工和他们身后的家庭,德邦每月都会往员工家里寄一份工资,这份工资员工个人拿100元,德邦出100元,因此被称为"亲情1+1"福利。如今,德邦快递每年需要花费8000万元给员工家属"发工资",并且10多年来从未间断。

"亲情1+1"福利的推出,不仅提升了员工与企业间的凝聚力,更增强了员工家属对德邦快递的认同感。此前,德邦江苏苏州车队的司机老王,他父亲在银行卡办好的第五天,便收到了第一笔"亲情1+1"汇款,老人的脸上满是笑容,他还跟儿子说:"你好好干,能找到这么好的公司不容易。"

除了"亲情1+1",德邦还有一项特别人性化的福利。自2006年以来,德邦每年都会为员工举办集体婚礼,足迹遍布三亚、丽江、巴厘岛、马尔代夫等地,不仅赠送婚纱、精美相册,甚至来参加婚礼的家属,德邦也会为他们承担一定的费用。

据了解,除了"亲情1+1"和"集体婚礼"福利,德邦还有"全程无忧"计划。所谓"全程无忧"计划,是指对于在德邦工作满1年的经理级及以上员工,从孩子出生一直到孩子大学毕业的20多年,德邦每年都会给他们一定的补贴,这些补贴包含结婚贺礼、生小孩贺礼、小孩营养费、教育费等等。德邦快递通过特色员工福利的建设与员工关爱行动的执行,力求让每一位员工在德邦都能感受到如"家"一般的关怀。

(资料来源:网易《德邦快递年投入8000万给家属"发工资",这才是别人家的公司》)

随着劳动关系管理的深入发展,薪酬管理的创新化得到了大家的高度认同,获得了非同一般的管理效果。正如德邦一样,2023年6月,某集团在山东临沂总部举行第十届感恩父母团拜会,向员工父母发放650余万元的亲情工资。今年是该集团实行亲情工资"暖心工程"的第十年,十年来集团已累计发放亲情工资3650余万元。"感恩于心,回报于行",孝老敬老是中华民族的传统美德,企业为员工父母发放亲情工资,弘扬了孝道、温暖了人心,增强了员工的凝聚力和向心力,劳资关系出现了充满浓浓情意的和谐局面。

二、薪酬管理过程

薪酬管理如果要基于战略劳动关系管理来实施,做到合法、合理与合情,就要做好系统性工作。

(一)做好薪酬调查

薪酬调查是指针对市场上不同企业所支付的薪资情况,通过专业技术和方法进行数据收集整理、统计分析,从而反映出市场薪酬水平的客观状况,为管理者提供薪酬决策的依据。薪酬调查可以采取企业发动的形式,即邀请专业的管理咨询公司来完成,此方式获得的数据更具针对性,但是成本也相对较高。另一种方式是参照政府部门以及社会非营利性机构做出的薪酬调查报告,此方式获得的数据更为宏观,利于企业把握方向,成本较低,但是针对性差。实践中,企业可以将这两种方式综合使用,获得最优的数据构成。

薪酬调查(salary survey)包括企业内部调查和外部调查两大类。

1. 企业内部调查

企业内部调查,即企业薪酬现状摸底调查,包括短期营业目标对薪酬体系的要求、员工对薪酬体系满意度及改进方向的建议等。企业内部薪酬调查的另外一个重点是调查企业薪酬的支付体系、福利体系等内容。薪酬体系的选择是与企业支付基本工资的基础相联系的,不同的支付基础决定了不同的薪酬支付体系,包括基于职位的薪酬体系、基于能力的薪酬体系和基于绩效的薪酬体系。很明显,薪酬体系所对应的付酬依据分别是职位、任职能力和绩效水平。当然,其中还涉及福利体系管理。

福利是企业为了留住和激励员工向其发放的非货币形式的报酬。企业提供福利的形式多种多样,除了过去发放生活物品外,现在又增加了儿童照料、健身等新型福利项目。福利项目形式多样化、员工需求差异化,使得越来越多的企业采取自选式福利计划,即员工根据自身需求来选择想要享受的福利项目,最为典型的一种是"弹性福利计划"。弹性福利计划有别于传统固定式福利,强调员工根据自己的需要,依据自己能够享受的福利水平,从企业提供的"福利项目超市"中进行选择,建立起自己的"一揽子"福利计划。企业利用弹性福利计划,可以有效地控制福利成本,彰显其福利优势,吸引和留住人才。

2. 企业外部调查

企业外部调查主要包括行业地区调查和宏观调查。行业地区调查主要收集本行业、本地区的总体薪酬增长比例、行业薪酬水平;竞争企业的薪酬政策、薪酬水平、保险福利、长期激励策略等。宏观调查的主要对象是国家的宏观经济、通货膨胀率等。有效的外部调查可以实现企业薪酬外部竞争性,使薪酬具有稳定员工、激励员工的作用。

(二) 确定薪酬构成及水平

依据企业战略等原则确定的薪酬策略包括薪酬水平策略、薪酬构成策略两个方面。薪酬水平策略主要包括:薪酬水平处于行业领先地位的市场领先型策略、跟随行业总体薪酬行情的市场跟随型策略、成本优先的成本导向型策略和混合型策略。薪酬构成是指总体薪酬所包含的各部分及所占比例,最主要的是基本工资、奖金和绩效薪酬等的比例,如高弹性薪酬模式、调和性薪酬模式和高稳定性薪酬模式。这三种模式固定部分的薪酬比例逐渐增高,浮动部分的薪酬比例逐渐降低。

对不同岗位人员可采用不同的薪酬制度,例如对企业高层管理者可以采用与年度经营业绩相关的年薪制,对管理类人员和技术类人员可以采用以岗位、技能为基础的薪酬制。企业应依据不同的薪酬类别设计相应的薪酬构成。

1. 薪酬构成

薪酬由基本薪酬、可变薪酬和福利、津贴几部分构成。

基本薪酬又称固定工资(fixed pay),是企业根据员工所担任的职位或者员工所具备的完成工作的技能、能力以及员工完成的工作而向员工支付的稳定性经济报酬。它为员工提供了基本的生活保障,也是可变薪酬确定的一个主要依据。

可变薪酬(variable pay)又称浮动薪酬,是员工在创造了超过正常劳动定额的劳动成果之后,企业以物质的形式给予的补偿,可以视为一种补充性薪酬,通常表现为奖金。设立奖金的目的是通过在绩效和薪酬之间建立联系以鼓励员工取得更高的绩效。可变薪酬对于员工具有很强的激励性,有助于企业强化员工个人、团队乃至整个企业的优秀绩效,对企业绩效目标的达成起着积极的作用。

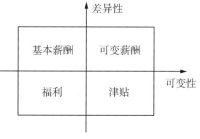

图 7-3 薪酬构成图

员工福利可视为企业为员工提供的间接薪酬。福利是企业为了激励和留住员工向其发放的非货币形式的报酬,具体的形式包括实物、保险、住房公积金、培训、带薪休假等。津贴是企业补偿员工在特殊条件下的劳动消耗及额外生活费用的工资表现形式,常见的有矿山井下津贴、高温津贴、野外矿工津贴、林区津贴、山区津贴、驻岛津贴、难苦气象台站津贴、保健津贴、医疗卫生津贴等。此外,生活费补贴、价格补贴也属于津贴。福利与津贴的最大区别表现在福利是非货币形式的报酬,而津贴是以货币形式固定发放的报酬。

2. 薪酬结构

薪酬结构是指在企业内部不同职位或技能岗位之间工资比率安排。一个完整的薪酬结构包括:薪酬等级的数量,同一薪酬等级内部的薪酬水平的变动范围,相邻两个薪酬等级之间的交叉与重叠关系。通过职位评价或技能评价,企业可以决定其薪酬等级的数量。

随着组织结构不断走向扁平化,与之相适应的新型薪酬结构应运而生,即宽带薪酬结构。宽带薪酬结构就是指对多个薪酬等级以及薪酬变动范围进行重新组合,从而变成只有相对较少的薪酬等级以及相应较宽的薪酬变动范围。

这种薪酬结构能够与企业流程再造、团队与能力导向的企业管理战略相配合,表明企业希望其员工能够具有多种技能和能力,从而在组织需要的时候承担多种工作任务。薪酬宽带是技能或能力薪酬体系建立和有效运营的重要保证。

3. 薪酬水平

薪酬水平是指企业支付给不同职位的平均薪酬,它反映了企业薪酬的外部竞争性(相对于竞争对手、市场平均薪酬)。薪酬水平受到劳动力市场状况、行业规模和企业经营战略等因素的影响。企业可以选择的薪酬策略主要有薪酬领先策略、市场追随策略、浮动型策略等。企业获得竞争对手或者市场薪酬水平的主要途径是薪酬调查。

三、薪酬体现绩效考核结果

绩效考核结果与薪酬结合起来,主要表现为奖励绩效水平优秀的员工。主要有两种方式:第一种是考核结束后,针对考核结果高于标准的程度支付一次性奖金,一般在年底进行兑现;第二种是在基本薪酬部分予以体现,即提高员工下一年度的基本薪酬水平,这一水平将持续至下一次绩效考核进行时,并且作为下一次加薪的基础,这就是所谓的"绩效加薪"。

关于绩效加薪,我们还要注重其加薪的频率。一般来说,每年进行一次绩效加薪比较常见,具体的操作时间可选择在年末绩效考核结束之后。如果员工绩效满足加薪的水平,就可以进行基本薪酬的调整。这种调整方式可以集中工作时间进行调薪,从而降低了管理难度。实践中还有的企业依据每个员工进入本企业的时间来选定绩效加薪的时间,即在员工入职一年时进行调整。但这种这种方式会导致工作时间不集中,增加绩效与薪酬管理的工作负荷。还有的企业为了激励员工取得优秀绩效,加强薪酬与绩效的关联性,将绩效加薪的频率定为弹性制,即绩效表现优秀的员工加薪时间间隔较短,而绩效表现一般的员工加薪时间间隔较长。

一次性奖金和绩效加薪都是对绩效考核结果的有效应用方式。相比之下,一次性奖励的成本或许比绩效加薪低一些,因为绩效加薪是基本薪酬的永久性累计增加,它会不断扩大企业的薪酬基数。

总之,绩效考核和薪酬体系都会深深地影响企业的劳动关系。所以,任何管理者和人力资源管理从业人员都必须极其重视,切不可等闲视之。

表7-1 体现绩效的薪酬制度差异性

差异及判定标准	薪酬制度表现形式	
	一次性奖励	绩效加薪
调整对象	绩效奖金	基本薪酬
优势	成本较低,激励持续时间较短	成本较高,激励持续时间较长

本章小结

本章的主要内容是绩效考核与薪酬管理,阐述了薪酬管理和绩效管理制度设计的基本原则,描述了各自的主要内容、流程和目的。有效的薪酬管理和绩效考核制度在激励员工、团队进而改善企业的总体绩效、强化企业的核心价值观和文化、降低企业的管理成本等方面有积极的作用,同时对构建和谐劳动关系,最终实现企业和员工的共同发展也至为关键。

关键术语

绩效考核(performance appraisal)

薪酬管理(salary management)

共赢(win-win)

制度设计(system design)

薪酬调查(salary survey)

薪酬结构(salary structure)

工作业绩(work performance)

工作能力(working ability)

工作态度(working attitude)

复习思考题

1. 绩效考核和薪酬管理制度设计的原则包括什么?
2. 绩效考核的流程、方式是什么?
3. 开展薪酬调查的流程、途径有哪些?
4. 简要概括薪酬水平及薪酬构成。
5. 体现绩效考核的薪酬体系有哪些?
6. 长沙某技术装备制造企业为了提升员工积极性,于2018年9月切实推行了效率工资制度,福利也有较大改善,近5年来劳动纠纷数量较往年均有很大幅度的下降,甚至是零纠纷,相对人工成本不升反降,劳动关系维系稳定有序。请你用战略劳动关系理论进行分析说明。

第三篇

调控篇

第八章 劳动合同管理

知识结构图

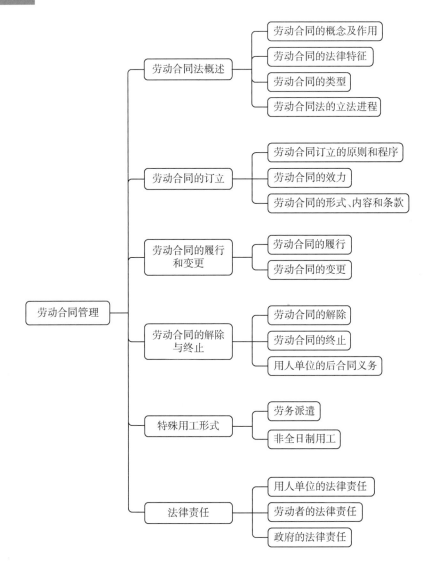

第八章 劳动合同管理

学习要点

- 劳动合同的相关概念及类型
- 劳动合同的法律特征
- 劳动合同的效力及内容形式规范
- 劳动合同的法定必备条款与约定条款
- 劳动合同法的起源和发展
- 劳动合同订立的原则和程序
- 劳动合同履行、变更的程序规范
- 劳动合同解除的类型和要求
- 劳动合同终止的相关概念
- 用人单位的后合同义务
- 劳务派遣和非全日制用工
- 用人单位、劳动者、政府三方的法律责任

学习目标

通过本章的学习,了解劳动合同法的起源和发展、劳动合同的种类和法律特征,以及特殊劳动形式的相关内容;掌握劳动合同的订立和效力、履行和变更、解除和终止的相关规定,以及在劳动合同管理中违反劳动合同法所应承担的法律责任。

引导案例

网约货车司机与平台企业之间是否存在劳动关系?

刘某于2020年6月14日与某信息技术公司订立为期1年的车辆管理协议,约定:刘某与某信息技术公司建立合作关系;刘某自备中型面包车1辆提供货物运输服务,须由本人通过公司平台在某市区域内接受公司派单并驾驶车辆,每日至少完成4单,多接订单给予加单奖励;某信息技术公司通过平台与客户结算货物运输费,每月向刘某支付包月运输服务费6000元及奖励金,油费、过路费、停车费等另行报销。刘某从事运输工作期间,每日在公司平台签到并接受平台派单,跑单时长均在8小时以上。某信息技术公司通过平台对刘某的订单完成情况进行全程跟踪,刘某每日接单量超过4单时按照每单70元进行加单奖励,出现接单量不足4单、无故拒单、运输超时、货物损毁等情形时按照公司制定的费用结算办法扣减部分服务费。2021年3月2日,某信息技术公司与刘某订立车辆管理终止协议,载明公司因调整运营规划,与刘某协商一致提前终止合作关系。刘某认为其与某信息技术公司之间实际上已构成劳动关系,终止合作的实际法律后果是劳动关系解除,某信息技术公司应当支付经济补偿。某信息技术公司以双方书面约定建立合作关系为由否认存在劳动关系,拒绝支付经济补偿,刘某遂向劳动人事争议仲裁委员会申请仲裁。

[资料来源:人力资源和社会保障部、中华人民共和国最高人民法院联合发布第三批劳动人事争议典型案例(人社部

函〔2023〕36号）〕

思考：刘某与某信息技术公司之间是否符合确立劳动关系的情形？

第一节 劳动合同法概述

随着改革开放的不断深化，国有体制改革、非公有制经济的发展使得用工形式多样化，劳动关系的形式也日益多元化、市场化和复杂化，因此对于出台调整劳动关系的单行法律的呼声越来越迫切。2007年6月29日，《劳动合同法》草案在第十届全国人大常委会第二十八次会议审议通过，同日第六十五号主席令公布，自2008年1月1日起施行；2012年12月28日修订，2013年7月1日正式开始实施。

一、劳动合同的概念及作用

《劳动合同法》第一条规定："为了完善劳动合同制度，明确劳动合同双方当事人的权利和义务，保护劳动者的合法权益，构建和发展和谐稳定的劳动关系，制定本法。"从法条可知，劳动合同是用人单位和劳动者在劳动过程中签订的明确双方权利和义务的协议。用人单位和劳动者的劳动关系自用工之日起形成，双方权利和义务的关系需要通过劳动合同来明确。因此，劳动合同的作用如下：

（1）明确劳动合同双方当事人的权利和义务。随着计划经济向市场经济的转变和深化，我国开始对计划经济下的固定劳动关系制度进行改革。1986年国务院发布了《国营企业实行劳动合同制暂行规定》（已废止），在国营企业新招收的职工中实行劳动合同制，在明确合同双方的劳动关系上开启了新的篇章；1995年1月1日开始正式施行的《劳动法》的第十六条规定："劳动合同是劳动者与用人单位确立劳动关系、明确双方权利和义务的协议。建立劳动关系应当订立劳动合同。"《劳动法》实施后，劳动合同制度开始在不同的用工形式中得到普及。2008年1月1日起施行的《劳动合同法》第二条规定："中华人民共和国境内的企业、个体经济组织、民办非企业单位等组织（以下称用人单位）与劳动者建立劳动关系，订立、履行、变更、解除或者终止劳动合同，适用本法。"劳动合同制度的普及实践证明，通过劳动合同明确用人单位和劳动者双方的权利和义务关系，有利于用人单位和劳动者的双向选择制度的建立、实现劳动力资源市场配置、促进劳动力的合法合理流动。随着市场经济体制的发展和社会环境的变化，出现了一些新型的劳动关系，因此规范劳动合同的订立、履行、变更、解除或终止的行为，能够在劳动过程中进一步明确劳动合同双方当事人的权利和义务，推动劳动关系和谐发展。

（2）保护劳动者的合法权益。《劳动合同法》作为一部规范用人单位和劳动者劳动关系的社会法，其立法目的在于明确双方的权利和义务，保护劳动者的合法权益。从我国目前的用工实践来看，相较于劳动者，用人单位在经济地位和社会地位上都处于强势位置，用人单位通过各种方式侵害劳动者合法权益的现象并不少见。有鉴于此,如果对用人单位和劳动者实施同等保护,必然导致劳资关系的不平衡,背离了《劳动合同法》的立法初衷和价值取向。订立劳动合同的基本原则是平等协商,但是并不能实际改变用人单位和劳动者之间不平等的地位,故而要想真正实现劳动关系和谐发展,劳动合同立法就需要向劳动者倾斜,倾向于保护劳动者的合法权益。

(3) 构建和发展和谐稳定的劳动关系。构建和发展和谐稳定的劳动关系是《劳动合同法》的最终目标。《劳动合同法》是调整用人单位和劳动者在劳动过程中权利与义务的法律。任何立法都需要在多方利益关系主体之间找到利益共同点,并有效平衡。在劳动关系中,劳动者确实是弱势一方,但是如果只保护劳动者权益,一味强调用人单位的责任,就会使企业的经营自主权受到限制,人力资源管理难以发挥最优配置的作用,最终影响企业在市场上的竞争力;相对应的,如果劳动者的权益得不到有效保护,放任企业在用工方面的法定责任,健康有活力的员工队伍同样建设不起来,最终用人单位和劳动者双方的利益都会受损。劳动合同法立法就是要在用人单位和劳动者的权利与义务上找到平衡点,帮助双方形成互利共赢的价值观,构建和发展和谐的劳动关系。

二、劳动合同的法律特征

劳动合同是用人单位和劳动者在平等协商、双方意思表达一致的情况下签订的明确双方权利与义务的书面协议。从法律特征上来看,劳动合同具有以下特点:

(1) 劳动合同的主体是特定的。劳动合同的主体双方一方是用人单位,另一方是劳动者。劳动合同不同于一般的民事合同,劳动合同强调的是劳动过程中劳动关系的确定,因此主体双方只能是用人单位和劳动者。用人单位主要指的是中华人民共和国境内的企业、个体经济组织、民办非企业单位等组织;劳动者主要指的是具有劳动权利能力和劳动行为能力的自然人。

(2) 劳动合同主体双方具有平等性和隶属性。劳动合同签订之前,用人单位和劳动者双方法律地位平等,双方都有自由选择对方和协商劳动合同内容的权利;但是双方意思表达一致,合同签订之后,劳动者就需要根据劳动合同的约定,完成工作岗位的相关要求,接受用人单位的考核,在法律地位上隶属于用人单位。

(3) 劳动合同的内容体现当事人和国家的双重意志。劳动合同的内容是用人单位和劳动者平等协商的结果,但是劳动合同的内容和形式必须遵守国家的相关法律法规。为了平衡双方的权利和义务,规范劳动市场,稳定社会秩序,保护劳动者的合法权益,我国在劳动合同主要条款上有明确的法律规定,例如劳动时间、劳动安全保护、最低工资、休息休假等等,双方当事人必须遵守,否则将会承担相应的法律责任。

三、劳动合同的类型

根据不同的分类标准,劳动合同可分为不同的类型。不同类型的劳动合同在法律上的限制和要求是不一样的,因此劳动合同的分类具有明确的法律意义。

表 8-1 劳动合同的类型

分类标准	类型
劳动合同期限	固定期限劳动合同、无固定期限劳动合同、以完成一定工作任务为期限的劳动合同
劳动合同目的	录用合同、聘用合同、借调合同、停薪留职合同
劳动者的人数	个人劳动合同、集体劳动合同

1. 根据劳动合同期限分类

(1) 固定期限劳动合同是指用人单位和劳动者在劳动合同中明确约定了劳动合同终止的时间,固定期限劳动合同履行的时间是事先约定的。其优点是能够一定程度稳定劳动关系,保持一定时间内人员关系的有序运转,同时也能给双方灵活操作的空间。用人单位可根据固定期限劳动合同来预测人力资源的需求和供给,保证人力资源平衡。固定期限劳动合同的缺点是在一定程度上导致人员流动性大,用人单位的人力资源招聘成本增加。

(2) 无固定期限劳动合同是指用人单位和劳动者在劳动合同中没有明确约定劳动合同终止的时间,劳动关系可以在劳动者法定劳动年龄期间和用人单位存续期间一直存在,无法定条件和约定条件劳动合同不会终止。因此,相较于固定期限劳动合同,无固定期限劳动合同更稳定、更长久,对劳动者而言会更有利。但是从另一个角度来说,无固定期限劳动合同可能会滋长劳动者消极怠工的情绪,不利于企业的良性发展。故而除法定情况以外,企业应根据实际情况和绩效考核的结果与员工签订无固定期限劳动合同。

《劳动合同法》第十四条对于应签订无固定期限劳动合同的法定情形作了明确规定:"有下列情形之一,劳动者提出或同意续订、订立劳动合同的,除劳动者提出订立固定期限劳动合同外,应当订立无固定期限劳动合同:(一)劳动者在该用人单位连续工作满十年的;(二)用人单位初次实行劳动合同制度或国有企业改制重新订立劳动合同时,劳动者在该用人单位连续工作满十年且距法定退休年龄不足十年的;(三)连续订立二次固定期限劳动合同,且劳动者没有本法第三十九条和第四十条第一项、第二项规定的情形,续订劳动合同的。"此外,《劳动合同法》还明确规定用人单位自用工之日起满一年不与劳动者订立书面劳动合同的,视为用人单位与劳动者已订立无固定期限劳动合同。

◇ **小案例**

小李是某房地产公司的员工,从 2006 年 1 月开始在这家公司连续工作 2 年,签过两份固定期限劳动合同。小李想知道,若 2008 年 1 月合同到期再签新合同的话,自己是不是可以要求和单位签订无固定期限的劳动合同。

(3) 以完成一定工作任务为期限的劳动合同。即指用人单位和劳动者协商一致以完成一定工作任务为期限的劳动合同,大致包括:以完成单项工作任务为期限的劳动合同;以项目承包方式完成承包任务的劳动合同;因季节原因临时用工的劳动合同;其他双方约定的以完成一定工作任务为期限的劳动合同。

2. 根据劳动合同目的分类

录用合同是指用人单位根据工作分析,预先设定岗位要求面向社会公开发布招聘启事,劳动者自愿报名,用人单位全面考核、择优录取,用人单位和劳动者协商一致后,签订确定双方之间的劳动关系、明确劳动过程中权利和义务的书面协议。大部分的劳动合同都属于录用合同。

聘用合同也称聘任合同,是用人单位从实际情况出发,以聘用专职或是兼职有专业技术的人员为目的的合同。用人单位通过劳动合同与被聘请者确定劳动关系,明确双方在劳动过程中的权利和义务关系。

借调合同是指用人单位将与自己建立劳动关系的员工临时借调给另一家用人单位,三方签订的明确权利和义务关系的合同。劳动者在借调期间属于借调单位的员工,应服从借调单位的管理,但是仍然保留与被借调单位之间的劳动关系。

停薪留职合同是指劳动者因为特殊原因需要离开工作岗位,用人单位停止发放薪酬,但是用人单位与劳动者保留劳动关系期间,双方协商一致约定权利和义务关系的协议。

3. 根据劳动者的人数分类

个人劳动合同是指用人单位与单个劳动者签订的明确双方权利和义务的协议。此类劳动合同的主体是用人单位和单个劳动者,约定的仅是用人单位与特定劳动者之间的劳动关系。

集体劳动合同是指企业职工一方与用人单位通过平等协商,就劳动报酬、劳动时间、休息休假、安全卫生、保险福利等方面达成一致,签订的书面协议。集体合同主体双方,一方是用人单位,另一方是企业工会,合同签订后需经职代会表决通过,并提交行政主管部门审批才能生效。集体劳动合同一经生效,效力高于个人劳动合同,而且效力范围包括全体员工和用人单位。

四、劳动合同法的立法进程

1995年《劳动法》的施行基本确定了与市场经济发展相适应的劳动合同制度,各行各业都开始实行劳动合同制度。在实际用工过程中,随着社会经济的飞速发展,用工的形式开始多样化,如小时工、派遣工、劳务工等等。新型的用工形式缺乏相应的法律制度进行规范。同时,2005年全国人大常委会在对《劳动法》的执行情况检查中发现:中小企业和非公有制企业劳动合同签约率不到20%,个体经济组织签约率更低;60%以上的用人单位与劳动者签订的是短期劳动合同,劳动关系不稳定;用人单位利用自己的经济强势地位侵犯劳动者的合法权益,劳动争议案件明显增加。因此,为了保持经济和社会的持续稳定发展,构建和发展和谐稳定的劳动关系,出台劳动合同法的呼声越来越高。

其实在1994年下半年,国家劳动部和全国总工会就已经启动了劳动合同法的立法程序,但是在1998年准备提交国务院法制办时被暂时搁置。主要原因是当时中央提出诸如就业、社会保险等与社会主义市场经济配套的法律尚未启动立法程序,劳动合同法单独立法可能收不到预期的效果。直到2004年底劳动和社会保障部重新启动了《劳动合同法》的起草工作,国务院法制办历经十个月修改完善,《劳动合同法(草案)》于2005年10月28日经国务院第一百一十次常务会议审议并原则通过,2005年11月26日国务院向全国人大常委会提交议案。2006年3月20日至4月20日向全社会公开征求意见,社会反响强烈,全国人大常委会收到了高达19多万条的反馈意见。经过四次审议之后,2007年6月29日第十届全国人大常委会第二十八次会议通过,自2008年1月1日起施行。

随着劳务派遣制度在用工市场的大量使用,为了规范劳务派遣制度,全国人民代表大会常务委员会针对劳务派遣的许可条件、用工范围、同工同酬等方面对《劳动合同法》进行了相应的修改,2012年12月28日第十一届全国人大常委会第三十次会议审议通过了《劳动合同法》修正案,自2013年7月1日起开始生效。

第二节 劳动合同的订立

劳动合同的订立是用人单位和劳动者遵守法律法规、平等协商,双方就劳动过程中的权利和义务达成一致,确定劳动关系的法律行为。在理论上,订立劳动合同包括订立书面劳动合同和订立口头劳动合同。在立法中,除特殊情况以外,订立劳动合同一般指书面劳动合同的签订。

一、劳动合同订立的原则和程序

《劳动合同法》第三条规定:"订立劳动合同,应当遵循合法、公平、平等自愿、协商一致、诚实信用的原则。"在此原则的基础上,劳动合同的订立也须遵循一定的程序原则,根据《合同法》的相关规定,结合人力资源管理相关知识,实践过程中劳动合同的订立应经过要约、承诺两个环节。

1. 要约

要约是一方主动发出希望与另一方订立劳动合同的意思表示。劳动合同的要约内容应该是非常具体明确的,包括了劳动时间、劳动地点、劳动岗位、劳动报酬等。在劳动合同要约发出之前,首先是用人单位根据工作分析、人力资源需求向社会公开发布招聘启事,然后劳动者按照招聘启事投放简历,用人单位根据收到的简历进行初步筛选,启动笔试、面试等相关考核环节,最后确定录用人员。在这些过程中,双方互相了解,并没有进入劳动合同具体内容的商讨之中,双方也没有明确与对方签订劳动合同的意思表示,因此可不视为要约环节,仅是要约邀请,即希望对方做出签订劳动合同的意思表示。

用人单位确定了录用人员之后，向劳动者发出录用通知书，明确劳动者的劳动岗位、劳动报酬、劳动时间及地点等等，此时可视为明确的签订劳动合同的意思表示，也即要约。双方进入劳动合同实质内容的商讨环节。

2. 承诺

承诺是指受要约方同意要约方提出的要约，即受要约方明确表示同意要约方提出的劳动合同全部条款，而不做出更改和拒绝的意思表示。如果受要约方拒绝，则劳动合同签订程序终止。如果受要约方提出更改某些条款，则意味着原有的要约失效，双方须经过协商，一方重新发出新的要约，等待另一方接受，因此劳动合同草案的协商过程可能是一个反复磋商、不断要约的过程，直到一方发出要约，另一方作出承诺，双方意思表达一致，合同签订，产生法律效力。

综上所述，劳动合同签订在实践中主要表现为以下几个环节：首先，用人单位发布招聘启事，劳动者投放简历，用人单位经过筛选考核，确定录用人员；其次，用人单位发出要约，向劳动者提供书面的劳动合同草案，告知用人单位的相关规章制度，双方协商相关条款；最后，劳动者作出承诺，双方在劳动合同上签字盖章后，劳动合同生效。

3. 劳动合同订立的注意事项

（1）如实告知义务和如实说明义务。为了平衡用人单位和劳动者信息不对称的情况，《劳动合同法》规定了用人单位如实告知义务，用人单位对劳动者的如实告知义务贯穿于劳动合同订立的始终，包括两部分的内容：一是主动告知义务的内容，二是被动告知义务的内容。主动告知义务是指用人单位在招聘劳动者的过程中，应如实告知劳动者工作内容、工作地点、工作环境、工作条件、职业危险、劳动报酬等与劳动者权利和义务密切相关的事宜。这些内容是劳动者必须知道的，也是法定条件，无论劳动者是否询问，用人单位都应当主动将上述情况如实告知。被动告知义务是指在劳动者主动询问用人单位与工作相关的事宜时，如用人单位的规章制度、请假制度、考勤制度、休假制度、培训制度等等，用人单位也须根据实际情况如实告知。劳动者只有全面了解用人单位的基本情况，才能结合自身的情况有效行使自由择业权和就业权。

订立劳动合同时，用人单位需要对劳动者与劳动合同直接相关的基本情况进行了解，劳动者应如实说明。《劳动合同法》对于劳动者如实说明义务的规定与用人单位如实告知义务的规定是有区别的：劳动者只有被动说明义务，而无主动告知义务；用人单位有权了解、劳动者有义务说明的内容仅限于与劳动合同直接相关的情况，除此之外，劳动者可以拒绝说明。劳动者应如实向用人单位说明自身情况，如自己的求学经历、学历学位、工作经验、健康状况、特长爱好等等。用人单位应对劳动者自述情况进行真实性审查，以防欺诈行为，但是同时应尊重劳动者的人权和隐私权，一切与工作无关的个人隐私不应随意探听，并对劳动者的个人信息做好相应的保密工作。

如实告知和如实说明义务是劳动合同订立的先合同义务，用人单位和劳动者都应该本着诚实守信的原则来履行义务，如果任何一方应当告知而不告知，或是告知、说明的内容是虚假信息，就违反了如实告知和如实说明义务，可能构成欺诈。《劳动合同法》规定，用人单位或劳动者使用欺诈手段使另一方在违背真实意图的情况下签订劳动合同，劳动合同无效，对对方造成损害的，应承担相应的法律责任。

（2）用人单位招用劳动者，不得扣押劳动者居民身份证和其他证件，不得要求劳动者提供担保或者以任何名义向劳动者收取财物。其他证件包括但不限于下列证件：毕业证、学位证、资格证、专业技能证书、职称评定证书等证件。实践中，用人单位一般是以保证金、抵押金、培训费、服装费、纪律违约金等各种形式向劳动者收取费用。因此在招聘过程中，扣押证件、收取财物、要求提供担保都是违法行为。实践过程中，用人单位为了确认劳动者的真实情况，可能需要查验证件，但应该遵循当场查验的原则，确定之后当场将证件返还给劳动者。如果应聘人员过多，应合理调整查验时间，并告知劳动者，以免产生扣押证件的误会。

（3）严格控制签订劳动合同的期限。《劳动合同法》第十条明确规定："建立劳动关系，应当订立书面劳动合同。已建立劳动关系，未同时订立书面劳动合同的，应当自用工之日起一个月内订立书面劳动合同。"在《劳动合同法》的制定过程中，全国人大常委会和社会各界非常关注劳动合同订立率低的问题。深究其原因，既有用人单位一方的原因，也有劳动者一方的原因，但是总的来说，主要还是用人单位为了降低用工成本、逃避法律责任等原因造成的。书面劳动合同更能明确双方的权利和义务关系，保护劳动者的合法权益，故而立法将订立书面劳动合同之义务指向用人单位。

自用工之日起一个月内，用人单位应书面通知劳动者订立书面劳动合同，劳动者出于自身原因不愿意与用人单位签订书面劳动合同的，用人单位应书面通知劳动者终止劳动关系，此时无须支付经济补偿金。

自用工之日起超过一个月不满一年未与劳动者签订书面劳动合同，用人单位应书面通知劳动者补签劳动合同，劳动者不愿意与用人单位签订劳动合同的，用人单位应书面通知劳动者终止劳动关系并支付相应的经济补偿金。用人单位不履行与劳动者签订书面劳动合同的义务，又不与劳动者终止劳动关系的，自用工之日起满一个月后每月应向劳动者支付二倍工资。

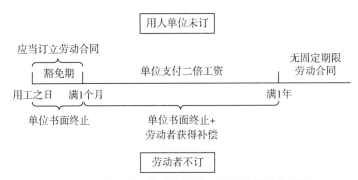

图 8-1 签订书面劳动合同的时间要求及法律后果

自用工之日起超过一年未与劳动者签订书面劳动合同的,视为满一年的当日用人单位与劳动者签订了无固定期限劳动合同,用人单位应立即与劳动者补签书面无固定期限劳动合同,自此之后无须再支付二倍工资。

综上所述,用人单位应秉承诚信协商、诚信订立合同的义务,严格把控书面劳动合同的签订时间,自用工之日起一个月内尽快与劳动者签订书面劳动合同。

二、劳动合同的效力

1. 劳动合同的生效

劳动合同的生效是指具备有效要件的劳动合同按照主体双方意思表示开始产生法律效力。劳动合同一经生效,合同的内容就对主体双方产生了法律约束力,任何一方违反合同就须承担相应的法律责任。根据上述劳动合同订立程序,劳动合同双方意思表达一致,签字盖章,劳动合同就成立。一般来说,劳动合同的成立和生效是一致的,但是也有特殊情况——劳动合同成立了但是并未产生法律效力,如订立时附条件和附期限的劳动合同。例如,应届毕业生应取得学历证和学位证,合同才会生效。

劳动合同成立后发生法律效力应具备有效要件,一般来说主要包括以下几个方面:

(1) 主体合法。劳动合同的双方当事人必须具备主体资格。作为用人单位一方必须是企业、个体经济组织、民办非企业单位、国家机关、事业单位或者社会团体等组织;作为劳动者一方必须是具备劳动权利能力和劳动行为能力的自然人。根据《劳动法》的规定,中华人民共和国公民自16岁获得劳动权利能力。

(2) 内容合法。国家为了保护劳动者的合法权益,在规范劳动关系、调控劳动标准上出台了一系列相关的法律法规,例如最低工资制度、标准工时制度、休息休假制度、加班加点制度等等。用人单位和劳动者在签订劳动合同时,必须遵守国家相关法律制度,即使双方意思表达一致也不能违反这些法律法规的内容。如果违反法律相关条款,相关的劳动合同内容则是无效条款。

(3) 形式合法。全日制用工模式下,用人单位与劳动者平等协商,意思表达一致应签订书面劳动合同;非全日制用工可以口头协定。从实践来看,书面合同能够明确双方的劳动关系性质,即使是非全日制用工,为了保护劳动者的合法权益,最好也签订书面劳动合同。

(4) 程序合法。劳动合同订立的程序应遵循要约和承诺的基本程序,在订立过程中秉承公平、合法、平等自愿、协商一致、诚实守信的原则。缺失法定步骤和违背基本原则的劳动合同皆是无效劳动合同。

2. 劳动合同无效的确认及法律后果

(1) 劳动合同无效的确认

劳动合同无效是指用人单位和劳动者签订了劳动合同,但是国家不予认可其法律效力。一般来说,劳动合同成立就会产生法律效力,无效劳动合同即使成立,自始无效,不具有法律约束力和履行力。有下列情形之一的,可确认劳动合同无效或者部分无效:以欺诈、胁迫的手段或者乘人之危,使对方在违背真实意思的情况下订立或者变更劳动合同的;用人单位免除自己的法定责任、排除劳动者权利的;违反法律、行政法规强制性规定的。对劳动合同的无效或者部分无效有争议的,由劳动争议仲裁机构或者人民法院确认,其他任何部门或者个人都无权认定劳动合同无效。

(2)劳动合同无效的法律后果

劳动合同无效可分为部分无效和全部无效。劳动合同部分无效是指有些合同条款违反法律规定,但是并不影响其他条款的效力,即违反法律规定的条款无效,其余条款仍然对双方主体有约束力。相对于劳动合同全部无效,部分无效的劳动合同在实践过程中通常表现为用人单位免除自己的法定责任、排除劳动者权利的条款,如:用人单位对因员工过错而引发的工作事故不承担赔偿责任;劳动者加班不给加班费;未经用人单位同意,劳动者不能任意结婚、怀孕。

劳动合同全部无效自始无效,即从订立的时候开始就没有产生法律约束力,以后也不会转化为有效合同。有鉴于劳动合同的特殊性,已经履行的劳动合同,劳动者已经付出的劳动不可能恢复到合同订立之前的状态。因此,劳动者已经付出劳动的,用人单位应向劳动者支付劳动报酬。即使无营业执照的单位被依法取缔,用人单位劳动者已经付出劳动的,被处理的用人单位或是出资人也应向劳动者支付劳动报酬。劳动者的报酬标准参照用人单位同类岗位劳动者的劳动报酬确认,如果双方约定的报酬高于用人单位同岗位劳动者工资水平的,除非当事人恶意串通侵害社会公共利益的情况外,劳动者已经付出劳动的,应按实际履行内容来确认。

根据《劳动合同法》的相关规定,劳动合同被确认无效,给对方造成损害的,有过错一方应当承担赔偿责任。因用人单位的过错导致劳动合同无效的,用人单位须向劳动者支付劳动报酬、经济补偿以及损害赔偿;因劳动者的过错导致劳动合同无效而给用人单位造成损失的,劳动者也应赔偿用人单位的财产损失。

三、劳动合同的形式、内容和条款

《劳动合同法》第十条明确规定用人单位与劳动者建立劳动关系,应当订立书面劳动合同。因此,订立书面劳动合同是国家强制性规定,劳动合同能够将劳动关系性质有效确定,保证劳动合同在履行过程中有据可依,一旦用人单位和劳动者之间发生争议,劳动合同也是明确双方权利和义务关系的有力证据。

劳动合同的内容是用人单位和劳动者双方通过平等协商所达成的权利和义务的协议。劳动合同的内容包括法定必备条款和约定条款两部分。

1. 法定必备条款

法定必备条款是指根据法律规定劳动合同必须具备的条款。一般来说,劳动合同必备条款是关系劳动者切身利益的内容,倘若劳动合同缺少必备条款,一旦发生争议,将会损害劳动者的合法权益。根据《劳动合同法》第十七条规定,一般必备条款包括:

（1）用人单位的名称、住所和法定代表人或者主要负责人。这一条主要是为了明确用人单位一方主体资格，确定劳动合同一方当事人的基本情况。

（2）劳动者的姓名、住址和居民身份证或者其他有效身份证件号码。为了明确劳动关系另一方当事人劳动者的身份，确认劳动者主体资格，劳动合同中必须有此项信息。

（3）劳动合同期限。劳动合同期限是用人单位和劳动者享有权利、履行义务的时间界限。双方当事人可根据实际情况来选择签订不同期限的劳动合同，一般可分为固定期限、无固定期限和以完成一定工作任务为期限的劳动合同。

（4）工作内容和工作地点。工作内容是指劳动者在用人单位具体从事的工作岗位、职责或者任务，此条款是劳动合同的核心内容，也是劳动者获得工资报酬的基础。劳动合同的工作内容应明确、具体、详细，有助于合同的高效履行和减少争议的产生。工作地点是劳动合同的实际履行地点，工作地点与劳动者工作环境、生活状况、收入支出、就业倾向等密切相关，因此劳动者有权在签订劳动合同之前知晓实际工作地点，并在劳动合同中予以明确。

（5）工作时间和休息休假。工作时间是指劳动者必须用来完成工作任务所需要的时间。法律一般会明确规定工作时间的上限，用人单位会根据工作岗位来确定具体的工作时间，如是6小时还是8小时，是早班还是晚班，是标准工时制度还是综合计算工时制度或不定时制度等等。工作时间不同，劳动者的劳动报酬亦会不同。休息休假是根据法律法规、用人单位的规章制度，劳动者无须工作可以自由支配的时间。劳动是公民的权利，休息也是公民的权利。用人单位和劳动者应根据国家法律法规的相关规定，结合劳动者的工作岗位、工作性质、工作时间等不同，协商约定休息休假的具体事项，并在劳动合同中予以明确。

（6）劳动报酬。劳动报酬是指用人单位和劳动者确定劳动关系之后，劳动者提供劳动而取得的相应的报酬。获得劳动报酬是劳动者的基本权利，也是满足劳动者及其主要赡养的家庭成员物质文化需要的基本保障，因此劳动报酬是劳动合同中必备的条款。

（7）社会保险。社会保险是国家通过立法强制实施，由国家、用人单位和劳动者三方筹资，帮助劳动者在遭遇年老、疾病、工伤、生育、失业等风险时，防止收入中断、减少和丧失，以保障其基本生活需求的社会保障制度。我国现行的社会保险制度包括养老保险、医疗保险、工伤保险、生育保险和失业保险五部分。

（8）劳动保护、劳动条件和职业危害防护。劳动保护是用人单位为了防止劳动过程中的安全事故，保障劳动者在劳动过程中的安全和健康而采取的各种措施。劳动条件是用人单位为了保障劳动者顺利完成工作任务，为劳动者提供的必要的物质条件和技术条件，如劳动工具、劳动场所、劳动经费、技术资料等等。职业危害是指劳动者在劳动过程中，因接触职业性有害因素如粉尘、放射性物质、有毒物质等而使生命健康受到的危害。根据《职业病防治法》的相关规定，用人单位在与劳动者签订劳动合同之前，应当将工作过程中可能产生的职业病危害及其后果、职业病防治措施和待遇等如实告知劳动者，并在劳动合同中写明，不得隐瞒或者欺骗。

（9）法律、法规规定应当纳入劳动合同的其他事项。

2. 约定条款

约定条款是指法律法规没有强制性规定,用人单位和劳动者可根据实际情况自由协商约定的条款。约定条款并不是劳动合同的必备条款,但是与劳动者的切身利益同样密切相关。常见的约定条款有试用期、服务期、保密、竞业限制、补充保险等其他事项。

(1) 试用期条款

试用期是指用人单位和劳动者为了相互了解,依法约定的对新录用的员工进行考察的时间。用人单位和劳动者可以在劳动合同中对试用期的期限、待遇进行约定,但不得违反相关法律对于试用期的明确规定。试用期的约定有利于用人单位有效甄选人员,也有利于劳动者深入了解用人单位,防范劳动风险。我国《劳动合同法》关于试用期条款的规定如下:

① 试用期的期限:以完成一定工作任务为期限的劳动合同或者劳动合同期限不满三个月的,不得约定试用期;劳动合同期限三个月以上不满一年的,试用期不得超过一个月;劳动合同期限一年以上不满三年的,试用期不得超过两个月;三年以上固定期限和无固定期限的劳动合同,试用期不得超过六个月。

表8-2 试用期期限

劳动合同期限	试用期期限
以完成一定工作任务为期限	不得约定试用期
期限不满三个月	不得约定试用期
三个月以上不满一年	不得超过一个月
一年以上不满三年	不得超过二个月
三年以上和无固定期限	不得超过六个月

备注:同一个用人单位与同一劳动者只能约定一次试用期;试用期包含在劳动合同期限内,劳动合同仅约定试用期的,试用期不成立,该期限为劳动合同期限。

② 试用期的工资待遇:劳动者在试用期的工资不得低于本单位相同岗位最低档工资或者劳动合同约定工资的百分之八十,并不得低于用人单位所在地的最低工资标准。

(2) 服务期条款

服务期是指用人单位为劳动者提供专项培训费用,对劳动者进行专业技术培训,双方约定劳动者因获得出资培训而应当与用人单位保持劳动关系的最低期限。劳动者如果违反服务期的约定与用人单位提前解除劳动关系,应当按照约定向用人单位支付违约金。约定服务期有利于保护用人单位因人力资本投资而获得的人力资源使用权。为了保护劳动者在服务期的合法权益,我国对服务期条款约定进行了相应的法律规制:用人单位对劳动者的培训,不论脱产还是非脱产,提供了专项培训费用,有权约定服务期;服务期的长短应与用人单位提供的培训费用相对称,劳动者在服务期的工资增长机制不受影响;劳动者违反服务期约定,应向用人单位支付违约金,违约金的数额不得超过用人单位提供的培训费用,且不得超过服务期尚未履行部分所应分摊的培训费用。

(3) 保密条款

保密条款是指劳动合同中可约定劳动者保守用人单位商业秘密和与知识产权相关的保密事项。根据《反不正当竞争法》的规定，商业秘密是指不为公众所知悉、具有商业价值并经权利人采取相应保密措施的技术信息、经营信息等商业信息。商业秘密包括两部分：如管理方法、营销策略、供货商信息、客户信息等经营信息；如生产工艺、产品配方、技术图纸等技术信息。商业秘密与企业的生存发展有着密切的联系，是企业的无形资产。保守用人单位的商业秘密是每一个劳动者的责任和义务，无论在合同中是否约定保密义务，从职业道德的角度，劳动者都有保守商业秘密的责任。在实践过程中为了进一步明确双方的权利和义务，用人单位和劳动者可在劳动合同中明确约定保密条款，劳动者泄露用人单位商业秘密给用人单位造成损失的，应承担损害赔偿责任。

(4) 竞业限制条款

竞业限制条款是指对负有保密义务的劳动者，用人单位可以在劳动合同或者保密协议中约定，在解除或者终止劳动合同后一定期限内，不能到与用人单位生产或经营同类产品、从事同类业务且有竞争关系的其他单位任职，也不得自己开业生产或经营同类产品、从事同类业务，但用人单位须给予劳动者经济补偿。竞业限制条款的重要生效条件是经济补偿，用人单位和劳动者约定竞业限制条款时，应当同时约定竞业限制经济补偿。竞业限制经济补偿不能包含在工资和经济补偿金中，只能在劳动关系结束后，在竞业限制期限内按月给予劳动者经济补偿。劳动合同结束或解除之后，用人单位未按照约定支付竞业限制经济补偿的，竞业限制条款无效，因此支付竞业限制经济补偿是竞业限制条款生效和劳动者履行竞业限制义务的前提。

竞业限制客观上限制了劳动者的就业权，进而会影响劳动者的生存权，为了保护劳动者的合法权益，法律对竞业限制条款进行了必要的限制：竞业限制的人员仅限于用人单位的高级管理人员、高级技术人员和其他负有保密义务的人员。实践中从经济成本的角度出发，用人单位也应对商业机密采取相应的保密措施，避免全员竞业限制；竞业限制的范围、地域、期限由用人单位和劳动者约定，原则上，竞业限制的范围、地域不能任意扩大，用人单位应以能够实际构成竞争关系的地域为限，同时法律明确规定竞业限制的期限不得超过二年，用人单位和劳动者的约定不能违反法律规定；双方当事人约定了竞业限制和经济补偿，劳动合同解除或者终止后，因用人单位原因三个月未支付经济补偿，劳动者请求解除竞业限制约定的，人民法院应予以支持。劳动者违反竞业限制约定，向用人单位支付违约金后，用人单位可要求劳动者按照约定继续履行竞业限制条款。

(5) 补充保险条款

除了国家基本社会保险之外，用人单位可根据实际情况为劳动者购买补充养老保险和补充医疗保险，来满足劳动者高于基本社会保险的需求。补充保险是商业保险，国家没有强制性规定，用人单位可根据自身的经济实力来选择是否购买补充保险。

第三节 劳动合同的履行和变更

一、劳动合同的履行

劳动合同的履行是指劳动合同双方当事人根据劳动合同的约定,完成约定的义务,获得各自合法权益的过程。

1. 劳动合同履行的原则

(1) 亲自履行原则。亲自履行是指劳动合同双方当事人应实际参与到劳动过程中,用人单位不能随意将劳动者派遣到其他单位从事劳动,劳动者也不能请别人代为履行劳动义务。基于劳动合同诚信的原则,用人单位选择劳动者、劳动者选择用人单位均建立在信任和诚实的基础上,因此在履行劳动合同过程中首要原则就是亲自履行,双方的义务都应该是自己亲自履行,不能由他人代劳。

(2) 全面履行原则。《劳动合同法》第二十九条明确规定:"用人单位与劳动者应当按照劳动合同的约定,全面履行各自的义务。"这就是劳动合同的全面履行原则。全面履行原则要求劳动合同双方当事人按照合同约定的权利和义务,在约定的履行时间、履行地点,以适当的履行方式全面完成合同义务的履行。全面履行不仅包括双方当事人应在劳动合同履行过程中遵循全面履行原则,也包括在劳动合同履行之前和之后,双方对先合同义务和后合同义务的履行,如:用人单位的如实告知义务和劳动者的如实说明义务;用人单位招用劳动者,不得扣押劳动者居民身份证和其他证件,不得要求劳动者提供担保或者以其他名义向劳动者收取财物;用人单位应向劳动者开具离职证明及支付相应的补偿;劳动者离职应办理好相应的交接工作。

(3) 协作履行原则。协作履行是指双方当事人在劳动合同的履行过程中要发扬协作精神,互相帮助,共同履行合同规定的义务,共同实现合同规定的权利。协作履行的原则包括以下几方面的内容:任何一方都要保证自己能够亲自、全面和充分地履行合同规定的内容和条款;任何一方本着诚实守信的原则完成自己的义务,是为合同的履行打下良好的基础,也是协作的前提;在合同的履行过程中,双方当事人要相互关心,并进行必要的相互检查和监督;遇到问题,双方都要寻找解决问题的办法,提出合理化建议;合同没有得到正确的履行或发生不适当履行时,任何一方违约,另一方都要帮助纠正。不能一出现矛盾就采取过激的手段来解决,应站在对方角度来看待问题和矛盾;若劳动者违约,用人单位要立足于说服教育,帮助其纠正,不能一出现问题就想着惩罚、辞退;若用人单位违约,劳动者也要及时反映问题,并协助其纠正,不能采取罢工、闹事等过激手段。劳动者和用人单位之间不是对立的关系,而是合作共赢的关系,只有双方意识到这一点,采取协作沟通的原则来履行合同,双方才能共赢。

2. 劳动合同履行的基本规则

(1) 及时足额支付劳动报酬。拖欠或者未足额支付劳动报酬的,劳动者可以依法向当地人民法院申请支付令,人民法院应当依法发出支付令。

(2) 用人单位应当严格执行劳动定额标准,不得强迫或者变相强迫劳动者加班。用人单位安排加班的,应当按照国家有关规定向劳动者支付加班费。

(3) 劳动者拒绝用人单位管理人员违章指挥、强令冒险作业的,不视为违反劳动合同。劳动者对危害生命安全和身体健康的劳动条件,有权对用人单位提出批评、检举和控告。

(4) 用人单位变更名称、法定代表人、主要负责人或者投资人等事项,不影响劳动合同的履行。

(5) 用人单位发生合并或者分立等情况,原劳动合同继续有效,劳动合同由承继其权利和义务的用人单位继续履行。

3. 劳动合同约定不明的履行规则

劳动合同履行过程中有相关条款约定不明的,双方当事人应依法协商补充协议,协商不成的按以下原则处理:劳动合同未作规定的,按有关法律法规或用人单位内部劳动规则履行;合同条款约定不实的,按劳动合同有关条款或同行业、同工种、同岗位劳动合同标准执行;若与集体合同条款不一致,则按集体合同执行。

二、劳动合同的变更

劳动合同的变更是指劳动合同在履行的过程中,由于客观情况发生变化,经合同双方当事人协商一致,对合同条款进行修改或者补充。

1. 劳动合同变更的类型

(1) 劳动合同法定变更。订立原劳动合同时所依据的法律、法规、规定已经修改或废止,会直接引起劳动合同法定条款的变更,如最低工资制度调整、工作时间和休息时间调整、产假延长等等。

(2) 劳动合同约定变更。合同双方当事人提出变更合同内容的时间须在原合同的有效期内。从合同履行过程中的实际具体情况看,有下列情况之一的,可以变更劳动合同:经劳动合同双方当事人协商同意的;劳动合同期限虽满,但依法不得终止劳动合同的;劳动合同订立时所依据的客观情况发生重大变化,致使原劳动合同部分条款无法履行的;符合劳动合同约定的变更条件出现的。

2. 劳动合同变更的程序

(1) 提出变更劳动合同的要求。劳动合同一方当事人提出变更要求,并说明变更的理由、内容、条件及请求对方答复的期限。

(2) 按期作出答复或进行协商。收到提出方的变更要求,另一方当事人须在要求的期限内作答,如有不同意见,则可以进行协商;如果一方当事人不同意变更劳动合同或是双方协商未能就变更劳动合同达成协议,原合同继续有效,双方应继续履行原劳动合同,任何一方均可依法单方面解除劳动合同。

(3) 签订书面协议。双方协商后同意变更劳动合同,应当采用书面形式。变更后的劳动合同文本由用人单位和劳动者各执一份。

第四节 劳动合同的解除与终止

劳动合同的解除与终止是劳动合同效力和劳动合同权利与义务关系消亡的两种形式。劳动合同解除是指在劳动合同尚未履行完毕之前,主客观情况发生重大变化,劳动合同当事人提前终止劳动关系,解除双方的权利与义务关系。简而言之,劳动合同的解除,是劳动合同的提前终止。劳动者提出解除,称为辞职;用人单位提出解除,称为辞退。劳动合同的终止有广义和狭义之分。狭义的劳动合同终止,是指双方当事人已经履行完毕劳动合同所约定的权利和义务,或其他法律事实的出现致使双方当事人劳动关系不复存在,合同就此终止法律效力。广义的劳动合同终止,不仅包括狭义的劳动合同终止,而且还包括劳动合同的解除,即在合同有效期内,提前结束合同的效力。劳动关系管理中的劳动合同终止,仅指狭义的概念,不包括合同被提前解除的情形。

因此,劳动合同解除有别于劳动合同终止,其特征如下:劳动合同的解除是劳动合同的提前终止,劳动合同的解除是根据当事人的意愿而产生的合同关系的终止,不同于劳动合同在一定法律事实出现后无须当事人发出意思表示的劳动合同的终止;劳动合同解除权的行使者为合同当事人,任何合同以外的第三人均无权提起解除,仲裁机关或人民法院只对当事人的解除效力作出裁决;劳动合同的解除是一种法律行为,它导致劳动合同的法律效力提前终止,既可以表现为单方的法律行为,也可以表现为双方的法律行为。

一、劳动合同的解除

我国《劳动法》和《劳动合同法》对劳动合同解除采用了双方解除或协商解除、过失性辞退、无过失性辞退、经济性裁员(无过失性辞退的一种特例)以及劳动者辞职的立法技术分类。

1. 双方协商解除

双方协商解除是指用人单位和劳动者协商一致解除劳动合同。实践过程中,劳动合同双方当事人中的任何一方都可以向另一方提出解除劳动合同的诉求,双方协商一致后劳动合同即可解除。解除劳动合同是由用人单位提出的,用人单位须向劳动者支付经济补偿金;解除劳动合同是由劳动者提出的,用人单位则无须向劳动者支付经济补偿金。

因此,对于劳动者提出解除劳动合同的,用人单位应保留书面证据;协商一致解除劳动合同,用人单位应草拟解除合同协议书,双方同意后,签字盖章,一式两份,各执一份。

2. 用人单位单方解除劳动合同

(1) 过失性辞退

过失性辞退,也称为即时辞退,是指由于劳动者存在过错,用人单位可以随时解除劳动合同的一种解除制度。根据法律规定,劳动者有下列情形之一的,用人单位可以即时解除劳动合同:劳动者在试用期间被证明不符合录用条件的;劳动者严重违反用人单位的规章制度的;劳动者严重失职,营私舞弊,给用人单位造成重大损害的;劳动者同时与其他用人单位建立劳动关系,对完成本单位工作任务造成严重影响,或经用人单位提出拒不改正的;劳动者采用欺诈、胁迫的手段或乘人之危,使用人单位在违背真实意思的情况下订立或变更劳动合同的;劳动者被依法追究刑事责任的。过失性辞退劳动者的起因是劳动者存在重大过错,因此企业在行使单方解除权时,不需向劳动者支付经济补偿金,可以直接行使解除权。

(2) 预告辞退

预告辞退,也称为非过失性辞退,是指劳动者虽无过错,但由于主客观情况发生了变化或劳动者患病、非因公伤残等,用人单位在采取弥补措施无果的情况下,法律赋予用人单位在履行特定程序后解除劳动合同的权利。《劳动合同法》第四十条对于用人单位的非过失性辞退做出了具体的规定:"有下列情形之一的,用人单位提前三十日以书面形式通知劳动者本人或者额外支付劳动者一个月工资后,可以解除劳动合同:(一)劳动者患病或者非因工负伤,在规定的医疗期满后不能从事原工作,也不能从事由用人单位另行安排的工作的;(二)劳动者不能胜任工作,经过培训或者调整工作岗位,仍不能胜任工作的;(三)劳动合同订立时所依据的客观情况发生重大变化,致使劳动合同无法履行,经用人单位与劳动者协商,未能就变更劳动合同内容达成协议的。"

(3) 经济性裁员

经济性裁员即因经济性原因,企业濒临破产,被人民法院宣告进入法定整顿期间,或因生产经营发生严重困难,达到当地政府规定的严重困难企业标准而难以正常经营的状况下,通过裁员从而达到增效目的。《劳动合同法》第四十一条规定:"有下列情形之一,需要裁减人员二十人以上或者裁减不足二十人但占企业职工总数百分之十以上的,用人单位提前三十日向工会或者全体职工说明情况,听取工会或者职工的意见后,裁减人员方案经向劳动行政部门报告,可以裁减人员:(一)依照企业破产法规定进行重整的;(二)生产经营发生严重困难的;(三)企业转产、重大技术革新或者经营方式调整,经变更劳动合同后,仍需裁减人员的;(四)其他因劳动合同订立时所依据的客观经济情况发生重大变化,致使劳动合同无法履行的。"

经济性裁员时,应当优先留用下列人员:与本单位订立较长期限的固定期限劳动合同的;与本单位订立无固定期限劳动合同的;家庭无其他就业人员,有需要扶养的老人或者未成年人的。用人单位依照企业破产法规定进行重整裁减人员,在六个月内重新招用人员的,应当通知被裁减的人员,并在同等条件下优先招用被裁减的人员。用人单位经济性裁员,也要向劳动者支付经济补偿。

（4）用人单位单方解除劳动合同的法律规制

为了保护劳动者的合法权益，防止用人单位为了逃避责任而滥用单方解除劳动合同权力，用人单位在进行预告辞退和经济性裁员时，要受到《劳动合同法》第四十二条的约束："劳动者有下列情形之一的，用人单位不得依照本法第四十条、第四十一条的规定解除劳动合同：（一）从事接触职业病危害作业的劳动者未进行离岗前职业健康检查，或者疑似职业病病人在诊断或者医学观察期间的；（二）在本单位患职业病或者因工负伤并被确认丧失或者部分丧失劳动能力的；（三）患病或者非因工负伤，在规定的医疗期内的；（四）女职工在孕期、产期、哺乳期的；（五）在本单位连续工作满十五年，且距法定退休年龄不足五年的；（六）法律、行政法规规定的其他情形。"但是如果员工有严重违纪行为，有被依法追究刑事责任的行为，或者营私舞弊，给用人单位造成重大损害的，过失性辞退的条件就成立了，企业仍然可以单方面解除合同，且无须支付经济补偿。

3. 劳动者单方解除劳动合同

（1）即时辞职

即时辞职与法律规定的用人单位即时辞退相对应，是指在法定条件下即用人单位有过错，劳动者享有即时解除劳动合同的权利。《劳动合同法》第三十八条规定："用人单位有下列情形之一的，劳动者可以解除劳动合同：（一）未按照劳动合同约定提供劳动保护或者劳动条件的；（二）未及时足额支付劳动报酬的；（三）未依法为劳动者缴纳社会保险费的；（四）用人单位的规章制度违反法律、法规的规定，损害劳动者权益的；（五）因本法第二十六条第一款规定的情形致使劳动合同无效的；（六）法律、行政法规规定劳动者可以解除劳动合同的其他情形。用人单位以暴力、威胁或者非法限制人身自由的手段强迫劳动者劳动的，或者用人单位违章指挥、强令冒险作业危及劳动者人身安全的，劳动者可以立即解除劳动合同，不需事先告知用人单位。"

（2）预告辞职

预告辞职也称为劳动者预告解除。劳动者提前三十日以书面形式通知用人单位，可以解除劳动合同。劳动者在试用期内提前三日通知用人单位，可以解除劳动合同。劳动者预告辞职，不能获得经济补偿，而且劳动者必须履行法定的通知程序。如果劳动者没有履行通知程序，则属于违法解除，如果因此对用人单位造成损失的，劳动者应对用人单位的损失承担赔偿责任。

二、劳动合同的终止

《劳动合同法》第四十四条规定："有下列情形之一的，劳动合同终止：（一）劳动合同期满的；（二）劳动者开始依法享受基本养老保险待遇的；（三）劳动者死亡，或者被人民法院宣告死亡或者宣告失踪的；（四）用人单位被依法宣告破产的；（五）用人单位被吊销营业执照、责令关闭、撤销或者用人单位决定提前解散的；（六）法律、行政法规规定的其他情形。"

劳动合同期满引起劳动合同的终止,双方当事人可能选择续订劳动合同,继续维持双方的劳动法律关系。在劳动合同续订的情况下,不得再行约定试用期,双方的权利和义务可以与原来合同的规定相同,也可以通过协商的方式予以更改。

终止劳动合同,下面三种情况的,用人单位应当向劳动者支付经济补偿:劳动合同期满,除用人单位维持或提高劳动合同约定条件续订劳动合同,劳动者不同意续订的情形外,用人单位终止固定期限劳动合同的;用人单位被依法宣告破产的;用人单位被吊销营业执照、责令关闭、撤销或者用人单位决定提前解散的。

三、用人单位的后合同义务

劳动合同终止或解除,用人单位与劳动者的法律关系终结,权利与义务消灭。与此同时,双方产生新的后合同义务。

用人单位的后合同义务主要包括经济补偿和办理离职手续两部分内容。

1. 经济补偿

用人单位在某些情况下终止劳动合同或解除劳动合同,按照法律的规定,应该向劳动者支付经济补偿。经济补偿是指按照《劳动合同法》的规定,在劳动者"无过错"的情况下,用人单位与劳动者解除或者终止劳动合同而依法应给予劳动者的经济上的补助。

(1) 经济补偿金与违约金、赔偿金不同。首先,适用条件不同。经济补偿金是法定的,主要是针对劳动关系的解除和终止,如果劳动者无过错,用人单位则应给予劳动者一定的经济补偿。违约金是约定的,是劳动者违反了"服务期和竞业禁止"的规定,根据劳动合同的约定而向用人单位支付的违约补偿。值得注意的是,《劳动合同法》禁止用人单位对劳动合同"服务期和竞业禁止"以外的其他事项约定劳动者承担违约金责任。赔偿金是指用人单位和劳动者由于自己的过错给对方造成损害时所应承担的法律责任。对于劳动者来说,并不是只对违反"服务期和竞业禁止"这两个事项承担违约责任,如果劳动者违反其他事项有关规定的,需要承担赔偿金的法律责任。其次,性质不同。经济补偿金不以过错为条件,没有惩罚性。违约金和赔偿金均以过错为构成要件,具有惩罚性和赔偿性。再次,支付主体不同。经济补偿金的支付主体只能是用人单位;违约金的支付主体只能是劳动者;赔偿金的支付主体是过错方,可能是用人单位,也可能是劳动者。

(2) 用人单位应支付经济补偿的情形:劳动合同期满,除用人单位维持或提高劳动合同约定条件续订劳动合同,劳动者不同意续订的情形外,企业终止固定期限劳动合同的;用人单位被依法宣告破产,被吊销营业执照、责令关闭、撤销或者用人单位决定提前解散,导致劳动合同终止的;劳动者即时解除劳动合同的;用人单位提出,双方当事人协商解除劳动合同的;用人单位预告辞退劳动者的;经济性裁员;法律、法规规定的其他情形。

表 8-3 用人单位应支付经济补偿的情形

类型		经济补偿	备注
协商解除(协商自愿)		不需要	用人单位单方解除,应事先将理由通知工会;有违规解除,工会有权要求用人单位纠正;用人单位应研究工会意见,并将处理结果书面通知工会
		需要	
法定解除	即时辞退	不需要	
	预告辞退	需要	
	经济性裁员	需要	
终止合同	劳动合同到期	不需要	
		需要	
	用人单位破产、责令关闭等	需要	

《劳动合同法》第四十七条规定了经济补偿的支付标准,用人单位依照本法有关规定应当向劳动者支付经济补偿的,在办结工作交接时支付。

经济补偿金的支付标准:经济补偿金＝工作年限×月工资

① 关于补偿工作年限的计算标准

a. 经济补偿按劳动者在本单位工作的年限,每满 1 年支付 1 个月工资的标准向劳动者支付。6 个月以上不满 1 年的,按 1 年计算;不满 6 个月的,向劳动者支付半个月工资的经济补偿。

b. 劳动者非因本人原因从原用人单位被安排到新用人单位工作的,劳动者在原用人单位的工作年限合并计入新用人单位的工作年限。原用人单位已经向劳动者支付经济补偿的,新用人单位在依法解除、终止劳动合同计算支付经济补偿的工作年限时,不再计算劳动者在原用人单位的工作年限。

② 关于补偿月工资基数的计算标准

a. 月工资按照劳动者应得工资计算,包括计时工资或者计件工资以及奖金、津贴和补贴等货币性收入。

b. 劳动者在劳动合同解除或者终止前 12 个月的平均工资低于当地最低工资标准的,按照当地最低工资标准计算。劳动者工作不满 12 个月的,按照实际工作的月数计算平均工资。

c. 劳动者月工资高于用人单位所在直辖市、设区的市级人民政府公布的本地区上年度职工月平均工资 3 倍的,向其支付经济补偿的标准按职工月平均工资 3 倍的数额支付,向其支付经济补偿的年限最高不超过 12 年。

2. 办理离职手续

劳动合同解除或终止的,用人单位应出具解除或者终止劳动合同的证明,证明应当写明劳动合同的期限、解除或终止劳动合同的日期、工作岗位、在本单位的工作年限,并在 15 日内为劳动者办理档案和社会保险关系转移手续。

用人单位未向劳动者出具解除或者终止劳动合同的书面证明,由劳动行政部门责令改正;给劳动者造成损害的,应当承担赔偿责任。用人单位对已经解除或者终止的劳动合同的文本,至少保存2年备查。

第五节 特殊用工形式

一、劳务派遣

劳务派遣又称人才派遣、人才租赁、劳动派遣、劳动力租赁,是指由派遣单位通过与用工单位订立劳务派遣协议,将和自己签订劳动合同的劳动者派往用工单位从事劳动的一种用工方式。劳务派遣最大的特点是劳动力所有权与使用权相分离,劳动者与实际用工单位之间没有签订劳动合同,而是与派遣单位之间签订劳动合同,存在劳动关系,但是却被派遣单位派遣到实际用工单位劳动,形成了"有关系没劳动,有劳动没关系"的特殊用工形式。

劳务派遣对于用工单位而言,实现了企业内部的人员分级管理,强化内部竞争,使企业的人力资源管理更为专业化;劳务派遣对于劳动者来说,使劳动者的就业更加便捷,拓宽了劳动者的就业渠道;从整个社会的角度来说,劳务派遣使流动就业组织化,实现了大量农村劳动力向城镇的有序转移,减少了流动就业中的供需矛盾,使劳动关系运作规范化,适当地减少了劳动争议。

近年来,大量用人单位都开始频繁使用劳务派遣这种新型的用工形式。总的来说,劳务派遣能够为用人单位节省招聘费用,降低用人成本;避免企业与员工的劳资纠纷;增强用人单位用人方式的机动灵活性;解决机关事业单位用人受编制限制和指标限制的难题。但是这也带来了一系列的用工风险,特别是在劳动者特殊权益保护方面比较突出,如:劳务派遣公司随意克扣劳动者的工资;劳务派遣同工不同酬;劳务派遣员工得不到正常晋升和工资增长;等等。从保护劳动者的合法权益出发,我国在《劳动合同法》中对劳务派遣制度进行了相应的法律限制。

1. 严格规制劳务派遣单位

(1) 劳务派遣单位的主体资格

经营劳务派遣业务应当具备下列条件:注册资本不得少于人民币二百万元;有与开展业务相适应的固定的经营场所和设施;有符合法律、行政法规规定的劳务派遣管理制度;法律、行政法规规定的其他条件。如果派遣单位不具有派遣资质,用工单位有可能面临"双倍工资"的处罚。因此,用工单位在使用劳务派遣的时候,首先需要核实劳务派遣单位的相关资质。

(2) 劳务派遣单位的义务

劳务派遣单位应与劳动者签订书面劳动合同,即劳务派遣单位是劳动关系中的用人单位,应当履行用人单位对劳动者的全部义务。派遣单位承担依法招用劳动者、签订劳动合同以及解除劳动合同时支付经济补偿、支付工资、参加社会保险并依法缴费等义务。

劳务派遣单位与被派遣劳动者至少要订立二年以上的固定期限劳动合同。劳动合同的期限本应当是由劳动合同双方约定,可以是固定期限的劳动合同,也可以是无固定期限的劳动合同,还可以是以完成一定工作任务为期限的劳动合同。固定期限的劳动合同,也是双方约定期限。但是《劳动合同法》就劳务派遣中的劳动合同的期限做出了强制规定,即不得少于二年,可以多于二年。

劳务派遣单位应当与被派遣劳动者订立二年以上的固定期限劳动合同,按月支付劳动报酬;被派遣劳动者在无工作期间,劳务派遣单位应当按照所在地人民政府规定的最低工资标准,向其按月支付报酬。劳务派遣单位跨地区派遣劳动者按照用工单位所在地的标准执行。

劳务派遣单位派遣劳动者应当与接受以劳务派遣形式用工的单位订立劳务派遣协议。劳务派遣协议应当约定派遣岗位和人员数量、派遣期限、劳动报酬和社会保险费的数额与支付方式以及违反协议的责任。用工单位应当根据工作岗位的实际需要与劳务派遣单位确定派遣期限,不得将连续用工期限分割订立数个短期劳务派遣协议。劳务派遣单位应同时将劳务派遣协议的内容告知被派遣劳动者。劳务派遣单位不得克扣用工单位按照劳务派遣协议支付给被派遣劳动者的劳动报酬。劳务派遣单位和用工单位不得向被派遣劳动者收取费用。

2. 严格规制用工单位

用工单位是实际使用劳动者的用人单位,在行使用工权利的同时也应履行相应的义务:执行国家劳动标准,提供相应的劳动条件和劳动保护;告知被派遣劳动者的工作要求和劳动报酬;支付加班费、绩效奖金,提供与工作岗位有关的福利待遇;对在岗被派遣劳动者进行工作岗位所必需的培训;连续用工的,实行正常的工资调整机制;用工单位不得将被派遣劳动者再派遣到其他用人单位。

3. 保障劳动者的合法权益

(1) 同工同酬权利

在劳务派遣制度实施过程中,比较突出的问题是劳务派遣员工与用工单位合同工虽然属于同样的工作性质,但是工资待遇相差较大;在缴纳社会保险方面,劳务派遣工的社会保险一般按照当地最低工资标准缴纳,合同工的社会保险是按照公司上年度平均工资标准缴纳。同工同酬是劳动者的法定权利,必须贯彻执行。《劳动合同法》第六十三条明确规定:被派遣劳动者享有与用工单位的劳动者同工同酬的权利。用工单位无同类岗位劳动者的,参照用工单位所在地相同或者相近岗位劳动者的劳动报酬确定。

(2) 参加或者组织工会权利

在市场经济条件下,参加和组织工会,利用集体的力量争取劳动者合法、正当权益是劳动者最基本的权利之一。被派遣劳动者因为与劳务派遣单位、用工单位之间的三方关系,其本身与实际用工单位之间并没有劳动关系,但是作为劳动者,其参加和组织工会的权利同样应该得到保护。我国《劳动法》第七条有明确规定:"劳动者有权依法参加和组织工会,工会代表和维护劳动者的合法权益,依法独立自主地开展活动。"因此,被派遣劳动者有权在劳务派遣单位或者用工单位依法参加或者组织工会,维护自身的合法权益。

(3) 解除劳动合同权利

用人单位与劳动者协商一致可以解除劳动合同,因此劳务派遣单位和劳务派遣员工在双方无过错的情况下,主客观情况发生变化,均可以主动提出解除劳动合同,双方协商一致即可,劳务派遣单位提出解除劳动关系,需支付相应的经济补偿。劳务派遣单位和用工单位有违法行为(如:未按照劳动合同约定提供劳动保护或者劳动条件的;未及时足额支付劳动报酬的;未依法为劳动者缴纳社会保险费的;用人单位的规章制度违反法律、法规的规定,损害劳动者权益的;用人单位采用欺诈、胁迫、乘人之危的手段订立合同,致使劳动合同无效的),劳动者可以立即解除劳动合同。有下列情形之一的,实际用工单位可将劳动者退回到派遣单位,劳动派遣单位可根据解除劳动合同的相关规定,与劳动者解除劳动合同:被派遣劳动者有严重违反实际用工单位规章制度的;严重失职,给实际用工单位造成巨大经济损失的;劳动者同时与其他用人单位建立劳动关系,对完成本单位的工作任务造成严重影响,或者经用人单位提出,拒不改正的;劳动者通过欺诈、胁迫使用人单位违背真实意图建立劳动关系的;劳动者不能胜任工作,经调整后仍然不能胜任等情形的。

4. 劳务派遣的一般规定

劳务派遣制度由于用工灵活、成本较低,一些用人单位为了降低用工成本,逃避劳动法的责任,大量使用劳务派遣员工,使得劳务派遣用工范围不断扩大,劳务派遣员工的数量不断增加。如果不对这一用工形式进行规范管理,劳务派遣将会成为企业用工的主要形式,劳动关系的基础将会受到严重挑战,劳动者的合法权益得不到应有的保障,社会公平正义难以维护。因此,《劳动合同法》明确规定劳务派遣只能在临时性、辅助性或者替代性的工作岗位上实施。临时性工作岗位是指存续时间不超过六个月的岗位;辅助性工作岗位是指为主营业务岗位提供服务的非主营业务岗位;替代性工作岗位是指用工单位的劳动者因脱产学习、休假等原因无法工作的一定期间内,可以由其他劳动者替代工作的岗位。用人单位不得设立劳务派遣单位向本单位或者所属单位派遣劳动者,用工单位不得将被派遣劳动者再派遣到其他用人单位。

二、非全日制用工

非全日制用工是一种极为灵活的用工形式,在一定程度上弥补了全日制用工模式下存在的用工刚性。随着我国劳动力市场竞争的愈发激烈,其发挥了很好的缓冲作用,并逐渐成为现在企业用工不可或缺的一部分。

在我国,全日制的劳动者平均每天工作时间一般不超过八小时,每周工作时间一般不超过四十小时;而非全日制劳动者在同一用人单位平均每天工作时间一般不超过四小时,每周工作时间累计一般不超过二十四小时。

非全日制用工可以订立口头协议。通常,建立劳动关系就应当签订书面的劳动合同,但是也有例外,非全日制用工双方既可以订立口头协议,也可以签订书面劳动合同。这一特点也大大体现了非全日制用工的灵活性,双方可以通过口头约定的方式明确各自的权利和义务,以诚实信用为准则,严格遵守双方的约定。

企业与全日制员工之间可以根据劳动合同期限的长短约定试用期:劳动合同期限在三个月以上不满一年的,可以约定不超过一个月的试用期;一年以上不满三年的,试用期不得超过二个月;三年以上固定期限和无固定期限的劳动合同,试用期不得超过六个月。但是,在非全日制用工模式下,双方当事人不得约定试用期。换句话说,无论非全日制员工与企业之间约定的用工期限有多长,都不得设立试用期。由于非全日制员工的工作往往不是很稳定,经常会更换用人单位,因此,禁止双方约定试用期既符合灵活用工的要求,也体现了法律对非全日制员工的特殊保护。

一个全日制员工只能与一家用人单位建立劳动关系,而非全日制员工在这方面则具有更大的弹性,劳动者可以与一家甚至多家用人单位订立劳动合同建立劳动关系,只要后订立的劳动合同不影响先订立的劳动合同的履行即可。

全日制用工模式下,无论是劳动者还是用人单位在合同履行期间如果想要提前终止用工,都需要严格遵守法律规定的条件及程序,如果没有按照法律规定履行,给对方造成损失的,应当承担赔偿责任。同全日制用工有很大不同的是,非全日制双方的任何一方都可以随时通知对方终止用工,而不需要遵守任何法定条件或程序。这样企业和劳动者均获得了极高的自主权,只要有一方想要结束用工,均有权随时终止。

按照现行法律法规的规定,用人单位以劳动者不能胜任工作、医疗期满不能工作、客观情况发生重大变化等为由解除与全日制员工的劳动合同的,应当向劳动者支付经济补偿。然而,对于非全日员工,企业无论以什么理由与其解除劳动关系,均无须支付经济补偿。

表8-4 全日制用工与非全日制用工的区别

事项	全日制用工	非全日制用工
工作时间	平均每天工作时间一般不超过八小时,每周工作时间一般不超过四十小时	在同一用人单位平均每天工作时间一般不超过四小时,每周工作时间累计一般不超过二十四小时
合同形式	书面	可以口头
试用期	按法律规定约定试用期	不得约定试用期
双重劳动关系	只能与一家用人单位建立劳动关系	可以与一家或一家以上用人单位建立劳动关系
解除劳动合同	按照劳动合同解除的法定条件解除	任何一方随时可提出解除劳动合同
工资标准	按月不低于最低月工资标准支付	最长支付周期不得超过十五天,不得低于最低小时工资标准
保险	社会保险	只需购买工伤保险

全日制用工一般按月计薪，工资不得低于月最低工资，而非全日制用工则是以小时计酬，其工资只要不低于最低小时工资即可，并且，工资结算支付的周期通常最长也不超过十五天。

非全日制用工的劳动者与用人单位之间存在劳动关系，但非全日制劳动关系的具体事项及法律要求与全日制劳动关系有所不同。根据目前法律规定，用人单位应当按照国家有关规定为建立劳动关系的非全日制劳动者缴纳工伤保险费。关于养老保险，根据规定，从事非全日制工作的劳动者应当参加基本养老保险，原则上参照个体工商户的参保办法执行；而在医疗保险上，根据规定，从事非全日制工作的劳动者可以个人身份参加基本医疗保险，并按照待遇水平与缴费水平相挂钩的原则，享受相应的基本医疗保险待遇。除此之外，法律法规没有关于非全日制用工的社会保险的其他规定。很显然，根据现行法律规定，对于非全日制用工，单位只需缴纳工伤保险费。

但是，要注意的是，非全日制用工存在侵权或公司商业秘密被泄露等方面的法律风险。这主要是因为非全日制用工的劳动者可能同时与数个单位存在劳动关系，甚至这些单位之间有可能存在竞争关系。所以，用人单位应加强用工管理和商业秘密保护，以规避上述风险。

非全日制用工规避或防控风险的方法较多。首先，签订书面协议，严格工作时间。在非全日制用工中，一旦发生劳动争议，用人单位第一步要做的就是证明双方之间是非全日制用工关系，而劳动合同是确定用工性质的最好证明。非全日制劳动合同的内容由双方协商确定，应当包括工作时间和期限、工作内容、劳动报酬、劳动保护、劳动条件五项必备条款，但不得约定试用期。其次，依法缴纳工伤保险。缴纳工伤保险是除了工作时间之外，认定非全日制用工的重要标志。而且工伤保险的费率并不高，故用人单位切忌为了节省成本而将自己置于巨大风险之下。最后还要加强管理，规避利益冲突，包括工作时间上的管理、内部管理及保密管理。

第六节　法律责任

一、用人单位的法律责任

《劳动合同法》中对用人单位的权利和义务作了明确规定，用人单位若出现违法行为，将要承担法律责任。

1. 用人单位订立劳动合同违法的法律责任

（1）用人单位提供的劳动合同文本未载明劳动合同必备条款或者用人单位未将劳动合同文本交付劳动者的，由劳动行政部门责令改正；给劳动者造成损害的，应当承担赔偿责任。

（2）用人单位自用工之日起超过一个月不满一年未与劳动者订立书面劳动合同的，应当向劳动者每月支付二倍的工资。

（3）用人单位违反法律规定不与劳动者订立无固定期限劳动合同的，自应当订立无固定期限劳动合同之日起向劳动者每月支付二倍的工资。

（4）用人单位违反法律规定与劳动者约定试用期的，由劳动行政部门责令改正；违法约定的试用期已经履行的，由用人单位以劳动者试用期满月工资为标准，按已经履行的超过法定试用期的期间向劳动者支付赔偿金。

（5）用人单位违反法律规定扣押劳动者居民身份证等证件的，由劳动行政部门责令限期退还劳动者本人，并依照有关法律规定给予处罚。

（6）用人单位违反法律规定以担保或者其他名义向劳动者收取财物的，由劳动行政部门责令限期退还劳动者本人，并以每人五百元以上二千元以下的标准处以罚款；给劳动者造成损害的，应当承担赔偿责任。

2. 用人单位履行劳动合同违法的法律责任

用人单位有下列情形之一的，由劳动行政部门责令限期支付劳动报酬、加班费或者经济补偿；劳动报酬低于当地最低工资标准的，应当支付其差额部分；逾期不支付的，责令用人单位按应支付金额百分之五十以上、百分之一百以下的标准向劳动者加付赔偿金：

（1）未按照劳动合同的约定或者国家规定及时足额支付劳动者劳动报酬的；

（2）低于当地最低工资标准支付劳动者工资的；

（3）安排加班不支付加班费的；

（4）解除或者终止劳动合同，未按照法律规定向劳动者支付经济补偿的。

3. 用人单位违法解除或终止劳动合同的法律责任

（1）用人单位违反法律规定解除或者终止劳动合同的，应当依照法律规定的经济补偿标准的二倍向劳动者支付赔偿金。

（2）用人单位违反法律规定未向劳动者出具解除或者终止劳动合同的书面证明，由劳动行政部门责令改正；给劳动者造成损害的，应当承担赔偿责任。

（3）劳动者依法解除或者终止劳动合同，用人单位扣押劳动者档案或者其他物品的，由劳动行政部门责令限期退还劳动者本人，并以每人五百元以上二千元以下的标准处以罚款；给劳动者造成损害的，应当承担赔偿责任。

4. 其他法律责任

（1）用人单位直接涉及劳动者切身利益的规章制度违反法律、法规规定的，由劳动行政部门责令改正，给予警告；给劳动者造成损害的，应该承担赔偿责任。

（2）用人单位招用与其他用人单位尚未解除或者终止劳动合同的劳动者，给其他用人单位造成损失的，应当承担连带赔偿责任。

（3）个人承包经营违反法律规定招用劳动者，给劳动者造成损害的，发包的组织与个人承包经营者承担连带赔偿责任。

二、劳动者的法律责任

劳动者违反劳动合同中约定的保密义务或者竞业限制,劳动者应当按照劳动合同的约定,向用人单位支付违约金;给用人单位造成损失的,应承担赔偿责任。

劳动者违反培训协议,未满服务期解除或者终止劳动合同的,或者因劳动者严重违纪,用人单位与劳动者解除约定服务期的劳动合同的,劳动者应当按照劳动合同的约定,向用人单位支付违约金。

三、政府的法律责任

劳动合同体现了国家和双方当事人的双重意志,我国政府对劳动合同的制度实施依法履行监督检查职责。国务院劳动行政部门负责全国劳动合同制度实施的监督管理;县级以上地方人民政府劳动行政部门负责本行政区域内劳动合同制度实施的监督管理;县级以上各级人民政府劳动行政部门在劳动合同制度实施的监督管理工作中,应当听取工会、企业方面代表以及有关行政主管部门的意见。

劳动行政部门监督检查的事项包括:用人单位制定直接涉及劳动者切身利益的规章制度及其执行情况;用人单位与劳动者订立和解除劳动合同的情况;劳务派遣单位和用工单位遵守劳务派遣有关规定的情况;用人单位遵守国家关于劳动者工作时间和休息休假规定的情况;用人单位支付劳动合同约定的劳动报酬和执行最低工资标准的情况;用人单位参加各项社会保险和缴纳社会保险费的情况;《劳动法》《劳动保障监察条例》等相关法律法规对劳动安全卫生、试用期约定、女职工和未成年工特殊权益保护等规定的其他劳动监察事项。

本章小结

本章以劳动合同为线索,辅以丰富的案例教学,辨析了劳动合同的相关概念,将劳动合同定义为用人单位和劳动者在劳动过程中签订的明确双方权利和义务的协议。同时通过本章的学习,可以了解劳动合同法的发展,以及劳动合同的相关概念和特征,掌握劳动合同订立、履行、变更、解除、终止的制度规范和法律要求。

关键术语

劳动合同(labor contract)

无固定期限劳动合同(unfixed-term labor contract)

无效合同(invalid contract)

试用期(probation period)

医疗期(medical period)

竞业限制条款(non-competition clause)

服务期(service period)

劳务派遣(labor dispatch)

非全日制用工(part-time work)

复习思考题

1. 什么是劳动合同？劳动合同的类型有哪些？
2. 试讲劳动合同订立的程序规范。
3. 思考三方原则在劳动合同相关活动中的体现。
4. 简述解除劳动合同时，用人单位应支付经济补偿的情形。
5. 劳动合同的解除有哪些类型？
6. 案例分析题：

2006年9月，谢某与某槟榔公司签订了一年的《业务代表聘用合同书》，2015年3月28日，签订了为期三年的《业务代表销售合作协议》(2015年3月28日至2018年3月27日)，约定谢某为公司槟榔销售的业务代表，该协议涉及的内容有合作事项、保证金的约定、合作期限、应得利润、双方义务、协议期满的约定、违约责任、纠纷的解决。2012年6月1日至2018年5月，某槟榔公司为谢某参加了基本养老保险。2016年6月15日至2018年3月8日谢某在公司处领了五笔款项，其单据上均载明系应得利润。因《业务代表销售合作协议》到期，谢某和公司于2018年6月21日签订了《解除销售合同协议书》，双方签字、盖章。2019年4月17日，谢某以请求公司支付经济补偿、失业保险损失、带薪年假工资为由向仲裁委申请仲裁，仲裁委驳回谢某全部仲裁请求。谢某向一审法院起诉请求：公司支付经济补偿金12万元、失业保险待遇损失32232元、未休年休假工资27586元。

一审法院认为：本案争议的焦点是原告与被告之间是否存在劳动关系。结合本案，原告和被告于2006年9月5日、2015年3月28日签订两份《业务代表销售合作协议》，双方真实意思的表示是建立销售合同关系，而双方没有建立劳动关系的合意，劳动关系虽受劳动法律来调整，但成立劳动合同、建立劳动关系还是要双方真实意思的表示。且原、被告均按照《业务代表销售合作协议》约定的内容全面履行各自的义务，其间，原告不接受被告的管理，交通运输工具自备，原告以现金的方式从被告办事处领取产品，领取产品的数量由原告自行决定，被告则按销售回款额计发原告的应得利润，被告对原告的产品销售量不作要求，原告也不接受被告公司的考勤，无须在被告公司的管理、指挥、监督下劳动，被告的员工管理制度对原告没有约束力，原告不享受被告公司职工的全勤奖和其他福利待遇。

综上所述，原告与被告不符合认定事实劳动关系的要件，被告为原告代办基本养老保险不能认定为双方存在劳动关系的理由。因此1.原告要求被告支付解除原告谢某2006年9月5日至2018年5月劳动关系未支付的经济补偿金12万元；2.被告赔偿未购买失业保险导致原告不能享受失业保险待遇损失32232元；3.被告支付原告未休年休假工资27586元均没有事实和法律依据，不予支持。谢某不服一审判决，提起上诉：我工作由公司安排和管理，我所从事的产品销售工作系公司的业务组成部分，各项规章制度亦适用于我，是亦按月收取公司的劳动报酬，双方符合劳动关系特征，因此，双方的劳动关系成立。

二审法院认为：本案二审争议的焦点是谢某与某槟榔公司之间是否存在劳动关系。谢某与公司之间不存在劳动关系。理由如下:1.谢某与公司之间不存在人身从属性,公司对谢某没有较强的管理及约束。谢某与公司之间签订的是《业务代表销售合作协议》,谢某自备交通运输工具,以现金的方式在已交纳保证金金额范围内从公司办事处领取产品,领取产品的数量由其自行决定,公司对其产品的销售量无要求。公司对谢某的工作过程不管理、不检查,只要求其销售成果,双方之间不存在人身从属性。2.谢某获得报酬的方式不具有劳动关系属性。劳动关系下的劳动者,其劳动报酬的给予有最低工资标准的限制。谢某与公司之间没有底薪,谢某按照比例提成的方式计算报酬,在谢某的报酬领取上也明确注明是应得利益。故双方之间没有基本工资的设定,谢某的收入,完全由其销售情况决定。

因此,一审法院根据查明的事实,判定谢某与公司之间不存在劳动关系,有事实及法律依据,本院予以认可。综上所述,上诉人谢某的上诉理由均不能成立,本院不予支持。一审判决认定事实清楚,适用法律正确,审理程序合法,应予维持。

谢某不服二审判决,向高院申请再审。高院认为:本案再审争议焦点是谢某与槟榔公司之间是否存在劳动关系。原判认定谢某与公司之间不存在劳动关系有事实及法律依据,谢某起诉提出要求公司支付其相应经济补偿金、失业保险待遇损失及未休年休假工资等主张依法应不予支持。二审判决结果并无不当,依法应予维持。

[案例来源:中国裁判文书网(2020)湘民申831号,文中内容、名称有删减、调整,案例仅供教学所需]

思考:请依据以上案例进行分析并提交分析报告,在分析报告中须包括但不限于以下问题的回答:本案争议的焦点是什么?我国相关法律对此是怎么规定的?什么是劳动关系?结合劳动关系的特征谈谈本案中劳动关系的认定。我国劳动争议解决的途径有哪些?

【拓展案例】

员工履历有虚假成分,公司是否可以解除劳动合同关系?

2020年10月11日,黄某向某科技公司发送了应聘登记表及硕士学位证书照片,其中登记表记载:黄某教育及学习经历为2003年9月至2006年7月期间就读学校为某理工大学,专业为计算机科学与技术,学历为硕士。2020年11月2日,黄某入职公司,岗位为高级FPGA(Field Programmable Gate Array,现场可编程逻辑门阵列)工程师。据此双方签订了劳动合同。

2021年4月15日,某科技公司向黄某发送辞退通知书,记载:"由于你在入职时提供了不实信息,上述情形严重违反公司《员工奖惩制度》,依据相关法律法规及公司规章制度,经公司研究决定,于2021年3月31日起终止与你的劳动关系,对你予以辞退。你的工资等款项结算至2021年3月31日,社保按相关规定执行。"

2021年4月8日,黄某申请劳动仲裁,公司于2021年5月6日提起反申请,请求:1.认定双方于2020年11月2日签订的劳动合同书无效;2.退还凭借虚假学历、虚假履历、虚假离职证明多获得的劳动报酬83258.45元。

2021年7月27日,仲裁委裁决:一、确认黄某与某科技公司于2020年11月2日签订的劳动合同书无效;二、黄某返还公司2020年11月2日至2021年2月28日期间多获得的劳动报酬75527.9元;三、驳回黄某的全部仲裁请求;四、驳回公司的其他仲裁请求。黄某不同意该仲裁裁决,诉至法院。

　　黄某起诉称:1.请求判令黄某与公司于2020年11月2日签订的劳动合同书有效;2.黄某不予返还公司2020年11月2日至2021年2月28日期间多获得的劳动报酬75527.9元。一审法院认为:黄某认可其简历上的工作经历时间与实际工作经历不符,且认可其伪造了与新某公司的离职证明,其理工大学的毕业证及学位证在学信网上均无法查询。黄某主张其在入职时告知了某科技公司其工作经历时间书写错误,但其对此未提交相应的证据予以证实,故法院对其主张不予采信。黄某提供不实的工作经历、学历及离职证明,属于不诚信行为,违背了诚实信用原则,某科技公司在此种情况下与黄某签订了劳动合同,违背了公司的真实意思表示,双方签订的劳动合同书应属无效。黄某主张劳动合同有效的诉讼请求,缺乏事实和法律依据,法院不予支持。关于劳动报酬的问题。劳动合同被确认无效,劳动者已付出劳动的,用人单位应当向劳动者支付劳动报酬。劳动报酬的数额,参照本单位相同或者相近岗位劳动者的劳动报酬确定。黄某与某科技公司之间签订的劳动合同虽属无效,但依据双方提交的证据可知,黄某确已付出劳动,故公司应向其支付劳动报酬。对于黄某的薪酬标准,仲裁委参照当地职工月平均工资及2020年人力资源市场薪酬大数据报告中本地区发布岗位行业薪酬价位表中计算机软件及计算机硬件的薪酬指导价位,酌定黄某的月工资标准为10934.42元,并无不当。对于返还某科技公司多获得的劳动报酬,法院以此为标准计算,与公司已发放的工资款项相互抵扣之后,仲裁裁决数额未超过两项抵扣的数额,某科技公司无须再支付黄某2021年3月份的工资,黄某应向某科技公司返还多获得劳动报酬75527.9元。

[案例来源:中国裁判文书网(2022)京民申5718号,内容有删减]

思考: 公司因为员工履历有假,可以解除劳动合同吗?

【实用文本】

<h2 style="text-align:center">劳动合同范本</h2>

甲方(用人单位)名称:_____

法定代表人(主要负责人)或者委托代理人:_____

注册地址:_____

乙方(劳动者)姓名:_____

居民身份证号:_____

户口所在地:_____省(市)_____区(县)_____乡镇_____村

邮政编码:_____

根据《劳动法》《劳动合同法》及有关规定,甲乙双方遵循平等自愿、协商一致的原则签订本合同。

一、合同期限

第一条　甲、乙双方选择以下第_____种形式确定本合同期限:

(一)有固定期限:自_____年___月___日起至_____年___月___日止。其中试用期自_____年___月___日起至_____年___月___日止。

(二)无固定期限:自_____年___月___日起至依法解除、终止劳动合同时止。其中试用期自_____年___月___日起至_____年___月___日止。

（三）以完成一定工作（任务）为期限：自_____年___月___日起至_____工作（任务）完成时终止。

二、工作内容和工作地点

第二条　甲方招用乙方在_____（项目名称）工程中，从事_____岗位（工种）工作。

乙方的工作地点为：_____。

经双方协商一致，可以变更工作岗位（工种）和工作地点。

乙方应认真履行岗位职责，遵守各项规章制度，服从管理，按时完成工作任务。

乙方违反劳动纪律，甲方可依据本单位依法制定的规章制度，给予相应处理。

三、工作时间和休息休假

第三条　甲方安排乙方执行以下第_____种工时制度：

（一）执行标准工时制度。乙方每天工作时间不超过8小时，每周工作时间不超过____小时。每周休息日为_____。

（二）经当地劳动行政部门批准，执行以_____为周期的综合计算工时工作制度。

（三）经当地劳动行政部门批准，执行不定时工作制度。

甲方保证乙方每周至少休息一天。乙方依法享有_____等假期。

甲方因实际生产需要，经得乙方同意后，可安排乙方加班。日延长工时、休息日加班无法安排补休，法定节假日加班的，甲方按《劳动法》第四十四条规定支付加班工资。

四、劳动报酬

第四条　甲方采用以下第_____种形式向乙方支付工资：

（一）月工资_____元，试用期间工资_____元。甲方每月____日前向乙方支付工资。

（二）日工资_____元，试用期间工资_____元。甲方向乙方支付工资的时间为每月____日。

（三）计件工资。计件单价约定为_____。

甲方生产经营任务不足，乙方同意待岗的，甲方向乙方支付的生活费为_____元。待岗期间乙方仍需履行除岗位工作外的其他义务。

五、社会保险

第五条　甲乙双方按国家规定参加社会保险。甲方为乙方办理有关社会保险手续，并承担相应的社会保险义务。乙方应缴的社会保险费由甲方代扣代缴。

乙方患病或非因工负伤的医疗待遇按国家有关规定执行。

乙方因工负伤或患职业病的待遇按国家有关规定执行。

乙方在孕期、产期、哺乳期等各项待遇，按国家有关生育保险政策规定执行。

六、劳动保护和劳动条件

第六条 甲方应当在乙方上岗前进行安全生产培训,乙方从事国家规定的特殊工种,应当经过培训并取得相应的职业资格证书方可上岗。

甲方根据生产岗位的需要,按照国家劳动安全卫生的有关规定为乙方配备必要的安全防护设施,发放必要的劳动保护用品。其中建筑施工现场要符合《建筑工程施工现场环境与卫生标准》(_____)。对乙方从事接触职业病危害作业的,甲方应按照国家有关规定组织上岗前和离岗时的职业健康检查,在合同期内应定期对乙方进行职业健康检查。

甲方依法建立安全生产制度。乙方严格遵守甲方依法制定的各项规章制度,不违章作业,防止劳动过程中的事故,减少职业危害。

乙方有权拒绝甲方的违章指挥,对甲方及其管理人员漠视乙方安全健康的行为,有权提出批评并向有关部门检举控告。

七、解除和终止

第七条 本劳动合同的解除或终止,依《劳动合同法》规定执行。

八、劳动争议处理

第八条 甲乙双方发生劳动争议,可以协商解决,也可以依照《劳动争议调解仲裁法》的规定通过申请调解、仲裁和提起诉讼解决。

九、其他

第九条 甲乙双方约定的其他事项:_____。

第十条 本劳动合同_____式_____份,甲乙双方各执_____份。

本劳动合同自甲乙双方签字、盖章之日起生效。

甲方(公章)_____ 乙方(签字或盖章)_____

　　年　　月　　日　　　　　　　　　　年　　月　　日

第九章
员工参与管理

知识结构图

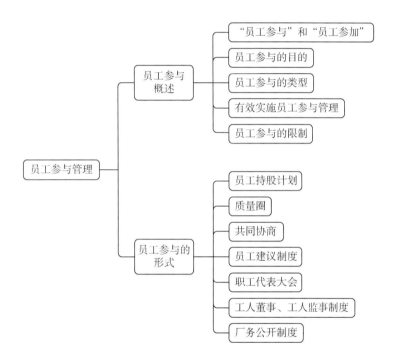

学习要点

- ❖ 员工参与的含义和特征
- ❖ 员工参与的基本形式
- ❖ 员工参与的限制
- ❖ 管理沟通的概念
- ❖ 授权的概念
- ❖ 员工持股计划的相关概念
- ❖ 质量圈的相关概念
- ❖ 共同协商的相关概念
- ❖ 员工建议制度的相关概念
- ❖ 职工代表大会的相关概念
- ❖ 工人董事、工人监事制度的相关概念
- ❖ 厂务公开制度的相关概念

劳动关系管理

学习目标

本章主要研究员工参与管理的分类、实施、意义和组织形式等问题。学完本章之后,应当能够阐述员工参与管理的概念、参与类型,理解员工参与的功能与限制,掌握员工参与的主要形式。

引导案例

华为员工持股:是投资分红还是薪酬激励?

根据2014年4月份英国《金融时报》探访华为技术有限公司(简称"华为")总部后发布的最新数据,华为员工持股比例已达99%,覆盖人数近8万人。华为根据1997年建立的《员工持股计划(ESOP)》授予高绩效员工股票,按照该员工的工作水平和对公司的贡献决定其获得的股份数。华为的《员工持股计划》为激励员工而设,而该计划也使华为得到大量流动资金。每个目前受雇于华为的持股员工都有权选举和被选举为股东代表,选举为每五年一次。持股员工会选出51人作为代表,再从51名代表中选出华为17人董事会的成员以及监事会。迄今为止,员工持股制度已在华为推行达13年,随着华为成为国际性公司,而成为全世界关注的话题。

(一)制度数次调整

华为的员工持股制度历经了数次调整。

1990年,处在创业期的华为第一次提出内部融资、员工持股的概念。主要的策略是按照工作的级别、绩效、可持续贡献等给予内部员工股票,员工以工资、年底奖金出资购买股份,资金不够的,公司协助贷款,员工享受分红权,但不享受公司法中股东所享有的其他权利;员工所持股份在退出公司时价格是按照购股之初的原始价格回购,员工也不享有股东对股票的溢价权。

2001年后,华为公司实行了相应的员工持股改革:新员工不再派发长期不变1元1股的股票,而老员工的股票也逐渐转化为期股,即所谓的"虚拟受限股"(简称"虚拟股")。虚拟股由华为工会负责发放,每年华为会根据员工的工作水平和对公司的贡献,决定其获得的股份数。员工按照公司当年净资产价格购买虚拟股。拥有虚拟股的员工,主要的收益变化是除了可以获得一定比例的分红,还可以获得虚拟股对应的公司净资产增值部分。

2008年,华为再次调整了虚拟股制度,实行饱和配股制,即规定员工的配股上限,每个级别达到上限后,就不再参与新的配股。这一规定也让手中持股数量巨大的华为老员工们配股受到了限制,给新员工的持股留下了空间。经过调整后的虚拟股制度一直沿用至今。

(二)理念

1998年华为出台了一份纲领性和制度性的管理规章,是华为价值观的总结,代表着任正非本人的管理思想。多年来,内容部分曾做过修订,但关于涉及员工持股的价值分配章节的内容,一字未动过。在管理规章第一章第四部分第十七条中,可以找到华为关于员工持股的纲领性的陈述,即"我们实行员工持股制度"。这个表述契合了合伙人制度中的几个关键概念：一是模范员工，二是利益与命运共同体，三是中坚层。按照这个理解，华为就像个大的合伙人组织，所以员工持股计划，以及基于此展开的外界无法想象的自动降薪等一系列行为，就很符合华为的行事逻辑。这些行为并非只是任正非号召力和强权式推进的结果，而是因为大家都是共同体，共享利益共进退。任正非也说，华为的文化是"利益分享，以奋斗者为中心的文化"。

（三）渡过难关的秘密

任正非本人多次指出，华为能够从一个2万元起步、没有任何创新能力的小企业成长为规模庞大、产品多样的大公司，员工持股计划发挥了巨大作用。华为曾经有四次"紧要关头"：创业期、网络经济泡沫时期、非典时期、全球性金融危机时期。员工持股计划，成为华为渡过难关的秘密所在。

抛开收益、技术、人才等硬指标的考量，员工持股计划也是维持任式领导风格的重要因素，为华为内部去阐释和强调奋斗精神提供了逻辑上可以自我说服的基础。员工持股计划把所有的人都聚集到了一个平台上，人心不是散的，风吹过来才有效果。在理解华为的成功上，必须认识到员工持股计划的根基作用，"华为的管理方式只能是以此为基础架构的超越，而不是改变或者颠覆"。

（四）时间单位计划

2013年，为了解决外籍员工和基层员工的激励问题，华为推出了"时间单位计划"。时间单位计划又称TUP计划，即每年根据员工的岗位及级别、绩效，给员工配一定数量的期权，期权不需要员工花钱购买，5年为一个结算周期。

可以看出，与此前的虚拟股受限股制度相比，TUP计划员工持股的本质没有改变。从长远来看，比较积极的方面，是该计划有望解决此前虚拟股制度设计所带来的问题。例如，被任正非多次批评的财富过度集中于部分人手中的问题，在虚拟股制度的架构中，随着工作年限的提高、职位的晋升，财富已经越来越多地集中在华为的中层手中，导致基层员工无法公平分享利益。

该案例有力说明了包括员工持股在内的员工参与形式，对于发挥员工的积极性和创造性、保证员工更愿意献身企业、实现合作双赢具有极大的推动作用。一般而言，员工参与是一种员工影响企业内部决策的程序和制度，它和集体协商相同，都是产业民主的重要机制。

（资料来源：环球人力资源智库）

第一节　员工参与概述

一、"员工参与"和"员工参加"

员工参与（employee participation，也称雇工参与）和员工参加（employee involvement，也称员工卷入、员工介入）有时被当成同义词，可以互换使用，其含义都包括了个体和集体信息的传达和磋商,都可以指管理者向雇员传达有关经营活动、决策和绩效等方面信息的企业机制。但随着时代的发展,越来越多的学者认为不应将"员工参与"和"员工参加"看作同一概念,二者追求的目标和结果是截然不同的。

员工参与,主要关注于雇员群体或雇员代表在多大程度上分享权力,以及组织规章所规定的雇员群体影响企业决策的能力。如 Donovan 认为,"工人参与是指工人或其代表参与集体谈判中的事项和管理事务的决策";Brannon 认为,"工人参与是企业所有者、管理者和他们所雇佣的工人之间权力的分配和运用,它涉及工人对其目前所在工作组织的直接介入,以及通过代表对企业的社会、技术和政治结构中的决策制定的间接介入"。雇员影响决策的程度或雇员控制决策制定的水平,称为参与程度。参与程度由弱到强可排列为:有权利获得信息、提出反对意见、提出建议、提供咨询、暂时或长期拒绝一个提议、与管理层共同制定决策、对某一决策进行单独的控制。总之,员工参与通常更显著地体现为一种在企业决策实体中选择和派人作正式代表的方式,如董事会层次的参与,或其他为特殊目的而组成的团体(如工作委员会),或为集体谈判而建立的机构。因此,在这些机构代表雇员的利益时,员工个人参与就很间接了,它强调以"集体"而非"个人"的参与过程,如集体谈判、共同协商和工作委员会等制度,注重"雇员通过集体谈判和讨价还价来对企业、工作表现、雇佣条款等许多方面施加的影响",是对决策权的一定程度的分享。

员工参加是管理层推行的以自愿为基础的活动,用以影响雇员态度和工作场所行为。它主要是由管理者发起的,用来增加雇员对企业了解和对企业责任心的一系列活动,含有"雇主掌握主动权"的含义,是用来传达信息并提高员工对企业责任心的一个过程。员工参加将雇员视为不同的个体,强调管理者要直接面对面地与雇员打交道,而非通过雇员代表。其核心理念是自由的市场和政府不干预的立场,认为管理者知道怎么做是最好的,应该允许企业自由地建立符合其实际情况的劳动关系体系。员工参加是基于个体的人力资源策略的一部分,主要在企业层次上鼓励员工参加与其工作相关的事务,一般仅限于向员工直接传递信息而不涉及任何权力分享,其形式包括信息的传播、交流、提出建议或协商等。

市场经济国家的员工参与管理,最早起源于 19 世纪末英国的集体谈判制度,内容包括参与所有、参与管理和参与分配,并在第二次世界大战后的工业民主化运动中逐步得到法律承认。员工参与是依据企业管理过程中的"分享管理"和"机会均等"原则发展而来的,其核心是员工有权参与涉及他们自身利益问题的决策和管理。员工参与管理是工业化运动的核心和结果。1951 年国际劳工大会第 34 届会议通过一项工业民主决议,敦促会员国在企业中设立员工雇主共同参加的组织。

参与管理主要体现经济民主和管理民主。经济民主是资方允许员工以同等地位,参与企业所有权(资本)与利润的分享。管理民主起源于德国的共同决定制,即员工享有企业内部的管理决策权,共同讨论并决定公司内的任何问题。进入 21 世纪,随着企业组织结构发生实质性变化,参与式管理越来越普遍,管理民主越来越深入人心。过去,企业组织结构是金字塔式的,层层垂直命令是其主要特点。企业组织结构的扁平化发展,意味着管理方式由"权力型"向"参与型"转变。权力型管理方式的基本特征是上级管下级,一级管一级,排斥员工参与。参与型管理方式的基本特征是将所有能下放到基层的管理权限都下放到基层,使管理者在遇到困难时能得到员工的广泛支持,上情很快下达,下情迅速上报,反应灵敏效益高。这种分权、授权式的管理本身就是一种参与激励手段,它赋予员工以权利和义务,其回报是管理者获得更多支持与帮助,在一定程度上从某个方面缓和了劳资矛盾,改变了管理者与员工泾渭分明的局面,减轻了企业内耗。

参与管理强调通过员工参与组织的管理决策,改善人际关系,发挥员工的聪明才智,充分实现自我价值,同时达到提高组织效率、增长组织效益的目标。根据日本公司和美国公司的统计,实施参与管理可以大大提高经济效益,一般可以提高50%以上,有的可以提高一倍至几倍。增加的效益一般有三分之一作为奖励返还给员工,三分之二成为组织增加的资产。

总的来说,"员工参与"是一个以权力为中心的概念,由工会发动,通过政府立法实施;而"员工参加"则是一元主义的、以事务为中心的概念,由雇主和管理层的利益驱动,目的在于使雇员产生责任感并做出贡献。

二、员工参与的目的

员工参与的目的主要包括以下几个方面:

(1) 增进员工的独立创造性和思考能力,激发员工对企业强烈的责任感。

(2) 提供员工自我训练的机会,为所有员工提供参与可能影响他们利益的决策的机会。

(3) 协助管理者集思广益、做出明智决策,帮助企业提高绩效和生产力,采纳新的工作方法来适应新技术的发展,利用所有员工的知识和技能。离问题越近的人,对问题的思考越深刻,就越容易找到解决问题的方法。

(4) 促进劳资双方的沟通,使企业更好地满足顾客的需要,更好地适应市场的需求,并使企业前景以及为之工作的人获得最好的发展。

(5) 提高员工忠诚度和对工作的满意度。员工参与管理最有效的目标是增强员工对企业的忠诚度,提高工作热情。研究表明,对企业忠诚而且富有工作热情的员工,他们的工作绩效通常比较高。由人力资本付出所产生的绩效,是衡量企业人力资本投资风险的重要指标,而提高人力资本付出水平的前提条件是确保员工对企业忠诚和对工作的热情。对企业忠诚意味着员工对企业目标和发展方向的认同,以及对外在诱惑的拒绝。工作热情高的员工,通常会以任务为导向,喜欢承担繁重工作,实现工作目标,把提高工作绩效看作自我价值的实现。企业要提高员工的人力资本付出水平,必须确保员工对企业忠诚和对工作充满热情,即将员工融入企业之中、融入企业的整体管理环节之中,这是员工人力资本付出的前提条件,也是提高工作绩效,使企业在竞争中处于不败地位的关键环节。

三、员工参与的类型

一般而言,员工参与是一种员工影响企业内部决策的程序和制度,它和集体协商相同,都是产业民主的重要机制。

(一）根据员工参与管理的方式划分

（1）被迫参与和自愿参与。被迫参与主要是通过立法对员工和雇主共同决策做出规定或要求；自愿参与是雇主要求员工参与管理，员工自愿接受。

（2）正式参与和非正式参与。正式参与是指有员工参与管理的组织机构，如员工与雇主共同决策委员会；非正式参与则是基于员工与雇主之间的个人合约或协定。

（3）直接参与和间接参与。直接参与是通过有很多员工参加的正式会议来进行共同决策，是员工个人的直接参与；间接参与则是通过企业干部、工会或者员工代表成立的理事会来共同决策。

以上三种形式相互联系，并不是彼此独立的或彼此不相关的。一般来说，被迫参与倾向于正式的和间接的参与，而自愿参与倾向于非正式的和直接的参与。

(二）根据员工参与度划分

（1）无参与。员工不参与共同决策，但雇主对决策的有关信息可以采取两种不同态度：一是完全不透露任何有关决策的具体信息；二是事先可以向员工提供关于决策的详细信息。

（2）共同磋商。通常分为两种情况：一是咨询协商式参与（consultative participation），即雇主鼓励员工提供意见或建议，但保留决策权。雇主做出决策之前，就有关问题向员工进行解释，并征求员工意见，然后独立地做出决策。二是授权式参与（delegative participation），即员工享有工作上有限的自主权与决策权。雇主不但向员工征求意见，而且在最终决策中充分反映员工的意见。

（3）联合或共同决策。员工与雇主共同对有关问题进行分析，共同做出决策或决定。一般来说，在共同决策的情况下，双方对最终决策的形成有同样大的影响力。

（4）员工完全控制。员工班组中的某个人或某些人对有关他们自己的问题，完全拥有决策权，雇主在非例外的情况下不得干预。

(三）根据员工参与决策的内容划分

（1）工作层面的参与。主要有员工建议制度、质量管理、工作团队、分红，以及与工作条件相关的内容，如任务分配、工作方法、工作程序设计、工作目标、工作速度、设备的安置、照明设备的配备、工作安全等。

（2）管理层面的参与。主要涉及集体劳动关系的参与事项，包括聘用、解雇、培训、激励、工作纪律与工作评估、工资与工时、意外事故补偿及标准等，常见的有劳资会议、工作生活质量计划等方式。

（3）企业层面的参与。主要涉及经营决策、企业战略制定参与，这是最高层次的参与，常见的有职工代表大会、员工入股、共同决定等方式。

在多数情况下，员工参与决策的内容主要涉及工作层面和管理层面，极少涉及企业主要战略问题,如产品选择、工厂选址和投资等。

对雇主和管理者而言,员工参与的确减少了他们所拥有的管理职权,但通过授权、权力分享和员工参与,不仅能满足员工自我管理、自我实现的需求,也能凝聚员工集体的智慧和创意,增强企业的执行力与竞争力,创造企业与员工双赢的契机。

表9-1 员工参与分类表

划分标准	员工参与类型
根据员工参与管理的方式划分	被迫参与和自愿参与
	正式参与和非正式参与
	直接参与和间接参与
根据员工参与度划分	无参与
	共同磋商
	联合或共同决策
	员工完全控制
根据员工参与决策的内容划分	工作层面的参与
	管理层面的参与
	企业层面的参与

四、有效实施员工参与管理

企业的竞争力来自内部和外部的资源整合能力,而企业内部的"全员智慧"是一种最直接的内部资源,也是最直接的免费资源。因此,鼓励员工参与管理并建立配套的参与体系,不仅能增强组织内部的沟通和协调能力,而且能有效地提高生产力。

有效实施员工参与管理,需要把握好四个关键要素。

(一)沟通

沟通是指在组织内部,管理者通过"发出信息到接收信息再到反馈"的行动过程,来完成计划、组织、领导等目标性工作。在劳动关系中,沟通是管理者向员工传达信息的过程,其目的是向员工提供组织信息,加深员工及其代表对组织的问题和管理者地位的理解。这种自上向下的沟通是从管理者向员工的单方的沟通,使他们接受管理者的计划。除了这种自上向下的沟通之外,还包括自下向上的问题解决方式,即利用员工的知识和意见,扩展企业内部思想储备,鼓励工作中的合作关系,并使其合理化。

有效的沟通可以发挥以下作用:

(1)沟通可以引发员工的意见、力量和奋发精神,改善管理者与员工之间的关系,减少冲突。通过与员工面对面的交流,可以了解员工的真实想法、对工作的意见和期望,无论是抱怨还是一些不成熟的设想和建议,都是很有用的信息。通过有效的沟通,可以形成令人满意的劳动关系、建立良好的人际关系和营造良好的组织氛围,减少冲突,保持员工的忠诚度。

(2) 沟通是体现和实现员工参与管理的重要形式,有助于发挥员工的主动性和创造性。员工参与管理是建立在有效沟通的基础之上的,沟通有利于管理者准确迅速地收集、处理、传递信息,使决策更加合理有效。没有信息沟通,企业的共同目标就难以为员工所了解,也不能使协作的愿望变成协作的行动。如果管理者不懂得如何与员工沟通,忽视员工的意见和建议,就会挫伤他们的积极性和工作责任感。沟通体现并实现了员工对管理的充分参与,有助于发挥员工的主动性、创造性,提高员工的工作质量和工作满意度,达到自我实现的目的。

(3) 沟通能够激励员工,提高员工士气。员工工作的动力包括外在的奖励体系和来自工作本身的内在奖励,但工作动力的大小取决于责任的多少和从工作中取得成就的大小,以及对员工期望的满足程度。对工作的想法和相关的奖励很大程度上取决于管理者或团队领导者以及企业内部的沟通效率。建立一套成熟完善的沟通体系,把企业的构想、使命、期望与绩效等信息准确地传递给员工,并指引和带领他们完成目标,有助于改善企业的劳动关系,提高员工的工作效率。

(二) 授权

授权是指企业给予员工参与管理、做出决策的权力。对于员工而言,企业主要从以下六个方面实现员工参与管理,提高员工的自主性和积极性。

(1) 工作内容选择权,即自我选择做什么工作的权力。
(2) 工作目标要求决定权,即决定把工作做到什么程度的决定权力。
(3) 工作考核标准决定权,即决定用什么标准对所承担的工作进行考核的权力。
(4) 工作时间限制决定权,即决定所承担的工作什么时候开始、什么时候终止的权力。
(5) 工作方式选择权,即选择以什么方式来完成工作目标的权力。
(6) 工作场所选择权,即选择在什么地方履行职责、完成工作目标的权力。

不授权不行,授权过度也不行。企业的授权管理既要保证充分合理授权,又要保证所授权力得到控制,从而达到既能提高员工的积极性和创造性,又能使企业在稳定秩序的基础上提高效益。

(三) 提高员工自身的素质

员工自身的素质是成功实施员工参与管理的关键,员工参与管理的效果取决于员工的知识和能力。如果员工缺乏参与管理的能力,一切都只是空谈。提高员工素质的途径包括以下几方面:

(1) 培训。培训是提高员工素质的主要方式。通过提供专业化的培训,一方面可以增加员工的专业技能和知识,另一方面可以扩展员工的思考空间,引导员工对自身的工作进行深入的思考,从而有助于有效发挥员工在参与管理中的作用。

（2）各种竞赛、活动。通过各种形式的知识竞赛、文化征文、恳谈会、演讲比赛等活动，一方面可以加强员工对企业战略、目标、文化的理解，引导员工主动地学习和自我提高，另一方面还可以发现员工的特长，提供员工展现自我的舞台，提高员工的积极性和主动性。

（3）鼓励员工自我提高。可以通过"每月一书""每周一题"等方式，使员工强化不断学习的意识，从而达到使员工主动学习、提高自我的目的。

（四）反馈和激励

反馈是指企业需要及时地把员工参与管理的开展状况、取得的效果、出现的问题等信息传达给员工。激励是指对于那些通过参与管理，为企业管理、决策做出贡献，对企业业绩的提高、目标的达成发挥重要作用的员工，企业应提供各种方式的奖励，包括发放奖金、在企业中作为榜样进行宣传、颁发证书奖杯等。只有通过及时的反馈和有效的激励措施，才能使员工真正了解、相信参与管理，更加积极主动地投入参与管理之中。

五、员工参与的限制

员工参与也有其限制，具体体现在以下几个方面：

（1）由于个人的受教育程度、出身背景、心理状态等方面的不同，员工对于参与的"态度"和"领悟"也有所不同。

（2）参与制度有时会增加企业经营的限制，影响决策有效性。

（3）由于企业的生产和经营管理日趋专业化和复杂化，员工参与除非在其个人的专业范围内，否则很难发挥功效，有时甚至会破坏员工与管理者或经营者之间的感情。

（4）员工可能觉得参与的程度不够深、参与的范围不够广，以致双方的问题无法获得圆满的解决。

总之，产业民主已是未来的趋势，因此，如何使劳资双方以开放的心胸持续地对话，并结合公司治理的精神，达到双赢的局面，仍是一个课题。

第二节　员工参与的形式

一、员工持股计划

员工持股计划（employee stock ownership plans，ESOP）是20世纪60年代初由路易斯·凯尔索（Louis Kelso）最先在美国提出的，其主要内容是：企业成立一个专门的员工持股信托基金会，基金会由企业全面担保，贷款认购企业的股票。企业每年按一定比例提取出工资总额的一部分，投入员工持股信托基金会，偿还贷款。贷款还清后，该基金会根据员工相应的工资水平或劳动贡献的大小,把股票分配到每个员工的"员工持股计划账户"上。员工离开企业或退休时,可将股票卖出,即还给员工持股信托基金会。

20世纪80年代以来,越来越多的企业开始拟订并实施员工持股计划。ESOP在西方被看成一项员工福利计划,员工获得的股票是福利的一部分。从资本意义上说,ESOP使员工成为企业的所有者。实践证明,ESOP的实施能够激励员工更努力、更主动地工作。如今,ESOP的发展已越来越趋于国际化。英国、德国、法国等国的企业也在大力推行ESOP,日本绝大部分上市公司实行了员工持股计划。在我国,平安保险、建设银行、北京银行等多家企业已经开始实施ESOP。

ESOP对企业业绩的提升作用十分明显,这是ESOP得以迅速推广的重要原因。美国学者对1400家实施了ESOP的公司的业绩进行了详细调查,结果表明,实施了ESOP的企业的生产效率比未实施ESOP的企业要高,而且员工参与企业管理的程度越高,企业的业绩提高得就越快。在实践中,ESOP还可降低公司被敌意收购的可能性,这也是ESOP快速发展的动力。

ESOP有利于调动员工工作积极性,增强员工归属感和企业凝聚力,吸引人才,降低人员流动率,提高企业经济效益。随着市场经济的发展,ESOP渐渐成为一些高科技公司留住人才、激励员工的有效方式。但并非仅仅通过使员工获得公司股份就可以达到激励员工的目的,员工还需要了解企业的经营状况并拥有对公司的经营施加影响的机会。只有具备这些条件,员工才会对他们的工作更满意,对其在公司中的身份更满意,并积极地去做好工作,为公司赢得更大的效益。

二、质量圈

质量圈(quality circle)的理论基础是全面质量管理(total quality management,TQM)。TQM强调质量存在于企业管理的全过程,质量与企业的每一个员工都有关系。质量圈最早是由美国的管理学家设计的,但在美国长期被忽视,20世纪50年代传到日本,被日本企业予以充分的实施,从而使日本生产出了低成本、高质量的产品,并在与美国企业的竞争中获胜。80年代以来,欧洲、北美洲、亚洲等地的企业都大力实施质量圈活动,倡导员工参与企业管理,激发员工的工作积极性。工作上的种种问题在传统上都是由管理人员或工程师解决,质量圈的设立让员工分享了管理人员的工作控制权。

质量圈是指由共同生产某一特定部件或提供某一特定服务的员工自愿组成的工作小组,定期聚会讨论解决与工作相关问题的方法。一个质量圈通常由8~10人组成,他们定期会面(常常是一周一次),探讨问题成因,提出解决建议,实施纠正措施,共同承担解决问题的责任。会议时间约为一小时,由管理该团队的直线管理人员或该团队自我选举的一位成员作为协调人主持会议。质量圈讨论的问题包括工作设计、任务分配、工作进度、产品质量、生产成本、生产率、安全卫生、员工士气等。一般而言,管理层对建议方案的实施与否保留最终决定权。当然,员工也并不一定具有分析和解决质量问题的能力,因而质量圈也包含对参与员工进行培训,向他们讲授群体沟通技巧、各种质量测量和分析问题的技术等。通过参加质量圈计划,员工能够在提供建议与解决问题的过程中获得心理满足,有助于增进劳资双方的沟通,它是员工参与管理、提高企业生产效率的一个重要手段。

三、共同协商

所谓共同协商,是指资方为协调与员工的关系而在制定决策之前,先征求员工的意见,但不需要征得员工或其代表同意的决策程序。其组织机构是协商委员会,由员工和管理方代表组成,主席往往由委员会成员每年选举产生。共同协商是一种最常见的员工参与管理的方式,本质上是使管理者和雇员通过协商委员会讨论并决定影响他们共同或各自利益的事务的一种形式。共同协商的目的是为管理者和雇员共同研究和讨论事关双方利益的问题提供交流的机会,通过观点和信息的交流,形成双方都认可的解决办法。

共同协商提供了一种机制,它使管理者能够将影响雇员利益的提议传达给雇员,并使雇员能够表达他们对这些提议的想法,对工作的组织方式(如弹性安排)、工作条件、人事政策、各种程序、卫生和安全等提出自己的意见。共同协商并非权力分享,雇员并不会参与策略性政策的制定,如投资、产品市场开发、合并或接管等。

四、员工建议制度

员工建议制度是员工参与的形式之一,其目的主要是为了给员工提供一个机会,让他们能够表达对改进公司产品和服务的看法、方法甚至计划。这种制度同时提供了一种机制来审视员工建议案的内容,好的建议可以获得公司的奖励,甚至加以实施。员工建议制度着重劳资双方之间的沟通,一方面能让员工有机会表达对目前措施和工作程序的不同意见,促进劳资合作,另一方面也能鼓励员工发挥创造力,提高员工对工作的兴趣。

最常见的建议方式是意见箱、意见表格等。管理者和团队领导应鼓励下属提出建议,可以海报、小册子和公司内刊文章等方式来宣传该建议,并突出成功的建议和实践这些建议的方式。企业应有专门的人员或机构负责处理建议方案,将雇员的建议提交给有关部门进行评审。管理者应该处理所有的沟通事宜,必要时应向提建议的雇员了解更多细节。

五、职工代表大会

职工代表大会制度是我国国有企业实行企业民主的最基本形式,是职工行使民主管理权力的方式。它是指职工按照自己的意愿选举职工代表来参与企业重大决策的讨论、审议和决定。我国《全民所有制工业企业职工代表大会条例》中规定,企业在实行厂长负责制的同时,必须建立和健全职工代表大会制度和其他民主管理制度,保障与发挥工会组织和员工代表在审议企业重大决策、监督行政领导、维护员工合法权益等方面的权力和作用。职工代表大会制度是在1957年开始正式实施的,很长一段时间里在单一的公有制经济中,该制度被广泛应用。随着改革开放的深入,职工民主管理的理念一度被削弱。之后,《公司法》和《劳动法》规定了各类公司都要通过职工代表大会或其他形式行使民主管理。如今,职工代表大会制度在企业,尤其是大型企业覆盖广泛,对保障职工权益、充分发挥职工的积极性和主动性、提高劳动生产率、建立和谐的劳动关系、稳定社会秩序具有重大意义。

六、工人董事、工人监事制度

工人董事、工人监事(又称职工董事、职工监事)制度是市场经济条件下公司发展的产物。它是指依照法律规定,通过职工代表大会民主选举一定数量的职工代表进入董事会、监事会,代表职工行使参与企业决策权力、发挥监督作用的制度。董事会中的员工代表称为工人董事,监事会中的员工代表称为工人监事。工人董事、工人监事制度使员工代表对公司决策进行监督,及时反映员工的意愿和要求;平衡员工与投资者、管理者的关系;能够把员工利益和公司利益结合在一起,共同承担风险、承担责任、共享利益;在促进公司发展、协调劳资关系方面起到重要作用。在我国,工人董事、工人监事是一个新制度,是职工代表大会制度的延伸,是完善我国公司法人治理结构的重要内容,是公司实行民主管理的重要形式。但工人董事、工人监事制度通常只在已有董事会或监事会的公司制企业(有限责任公司和股份有限公司)中建立。

七、厂务公开制度

厂务公开制度是我国企业,特别是国有企业大力推行的民主管理的重要形式。它是指企业将发展情况和管理决策向全体职工公开,让职工自由发表意见,赋予职工当家做主的权利。厂务公开制度不仅可以搭建职工知情、参与、监督的平台,让广大职工充分参事议事、共建共享和谐,同时可以为企业铺就科学发展的道路。企业性质不同,厂务公开制度的内容、形式等也不同。总体而言,可以通过公告栏、专题会议等多种形式,做到重大决策公开、制度管理公开、经营绩效公开、人事调整公开等。许多企业建立了网络信息平台,如百度、腾讯、新浪等互联网公司普遍使用的公司内部网站,实时公示、更新公司动态,"贴吧"形式的留言栏让每个员工可以自由留言互动,反映意见。企业的实践证明,厂务公开制度有利于形成和谐合作、互利共赢的员工关系。

不同国家、不同企业,员工参与管理的形式也不尽相同。除了上面列举的民主形式外,还有企业管理委员会、合理化建议、企业民主对话等形式。因此,要依据企业的具体情况选择最适合本企业的管理形式,以调动员工的积极性、主动性和创造性,使企业充满生机和活力,让员工都能直接参与企业管理,真正体现员工在企业中的主人翁地位,从而挖掘企业潜力,促进企业技术进步,提高企业经济效益。

本章小结

本章节的关键词是员工参与管理,首先对员工参与的含义和特征进行了详细的描述,以参与方式和参与度为标准,对员工参与的类型进行了分类归纳;其次介绍了员工参与管理的几种常见形式——员工持股计划、质量圈、共同协商、员工建议制度、职工代表大会、工人董事和工人监事制度、厂务公开制度。

关键术语

员工参与(employee participation)
沟通(communication)
质量圈(quality circle)
授权(authorization)
员工持股计划(employee stock ownership plan)
共同协商(common consultation)
职工代表大会(worker's congress)
员工建议制度(employee advice system)
工人董事、工人监事制度(worker director and worker supervisor system)
厂务公开制度(factory affairs open system)

复习思考题

1. 员工参与管理的功能有哪些?
2. 举例说明企业中员工参与的限制。
3. 员工参与管理从哪些角度进行分类?分为哪几类?
4. 试分析员工参与管理中沟通的作用。
5. 请分别描述员工参与的七种形式。

【拓展案例】

福特汽车公司的员工参与和沟通

亨利·福特二世对于员工问题十分重视。他说:"我们应该像过去重视机械要素取得成功那样,重视人性要素,这样才能解决战后的工业问题。而且,劳工契约要像两家公司签订商业合同那样,进行有效率、有良好作风的协商。"

亨利·福特二世说到做到,他起用贝克当总经理,以改变他在接替老亨利时,公司职员消极怠工的局面。贝克首先以友好的态度来与员工建立联系,使他们消除了被"炒鱿鱼"的顾虑,也善意批评他们不应该消极怠工、互相扯皮。为了共同的利益,劳资双方应当同舟共济。他同时虚心听取工人的意见,并积极耐心地着手解决存在的问题,还和工会主席一道制订了雇员参与计划,在各车间成立由工人组成的"解决问题小组"。

工人有了发言权,不但解决了他们生活方面的问题,更重要的是对工厂的整个生产工作起到了积极的推动作用。兰吉尔载重汽车和布朗Ⅱ型轿车的空前成功就是其中突出的例子。投产前,公司大胆打破了那种"工人只能按图施工"的常规,而是把设计方案摆出来,请工人"评头论足",提出意见。工人提出的合理化建议达749条,经研究,采纳了其中542条,其中有两条意见的效果非常显著。以前在装配车架和车身时,工人得站在一个槽沟里,手拿沉重的扳手,低着头把螺栓拧上螺母。由于工作十分吃力,工人往往干得马马虎虎,从而影响了汽车质量。工人格莱姆说:"为什么不能把螺母先装在车架上,让工人站在地上就能拧螺母呢？"这个建议被采纳后，既减轻了劳动强度，又使质量和效率大为提高。另一个工人建议，在把车身放到底盘上时，可使装配线先暂停片刻，这样既可以使车身和底盘两部分的工作容易做好，又能避免发生意外伤害。此建议被采纳后，果然达到了预期效果。正因为如此，他们自豪地说："我们的兰吉尔载重汽车和布朗II型轿车的质量可以和日本任何一种汽车一比高低了！"为了推广雇员参与计划，亨利·福特二世还经常组织由工人和管理人员组成的代表团，到世界各地的协作工厂访问并传经送宝。这充分体现了员工参与和决策的重要性。

（一）团结一致共建福特

20世纪70到90年代，日本汽车大举打入美国市场，势如破竹。1978—1982年，福特汽车销售量每年下降47%，1980年出现了34年来第一次亏损，这也是当年美国企业史上最大的亏损。1980—1982年，三年亏损总额达33亿美元。与此同时，工会也是福特公司面临的一大难题，十多年前，工会工人举行了一次罢工，使生产完全陷入瘫痪状态。面对这两大压力，福特公司却在5年内扭转了局势。原因是从1982年开始，福特公司在管理层大量裁员，并且在生产、工程、设备及产品设计等几个方面进行了突破性变革，即加强内部的合作性和投入感。鉴于福特员工一向与管理层处于对立状态，对管理层极为不信任，因而公司管理层把努力团结工会作为主要目标。经过数年努力，将工会由对立面转变为联手人，终于使福特有了大转机。

（二）全员参与生产与决策

福特公司内部形成了一个"员工参与计划"，这是福特公司在员工管理方法中最突出的一点。员工投入感、合作性不断提高，福特一辆车的生产成本减少了195美元，大大缩短了与日本的差距，而这一切的改变就在于公司上下能够相互沟通，内部管理层、工人和职员改变了过去相互敌对的态度。领导者关心员工，也因此引发了员工对企业的知遇之恩，从而努力工作促进企业发展。公司赋予员工参与决策的权利，缩小了员工与管理者的距离，员工的独立性和自主性得到了尊重和发挥，积极性也随之高涨。全员参与制度的实施激发了员工潜力，为企业带来了巨大效益。参与制不仅在福特公司，而且在美国许多企业，乃至世界各地应用和发展着。实践证明，一旦劳动力参与管理，生产效率将成倍提高，企业的发展将会获得强大的原动力。

参与制的最主要特征是将所有能够下放到基层的管理的权限全部下放，对员工抱以信任的态度并不断征求他们的意见。这使管理者无论遇到什么困难，都可以得到员工的广泛支持。那种命令式的家长作风被完全摒弃。同时，这种员工参与管理制度在某种程度上缓和了劳资间势不两立的矛盾冲突，改变了管理阶层与工人阶级泾渭分明的局面，大大减轻了企业的内耗。

从对福特公司管理的分析中可以看到，有效的员工管理策略是一个企业成败的关键所在。福特公司积极探索新的管理方式和方法，通过员工参与管理，发挥员工的智慧，最终实现了扭亏为盈，顺利渡过难关。

(资料来源：华恒智信网《员工激励和沟通案例——福特汽车公司》，有删改)

第十章

劳动争议处理

知识结构图

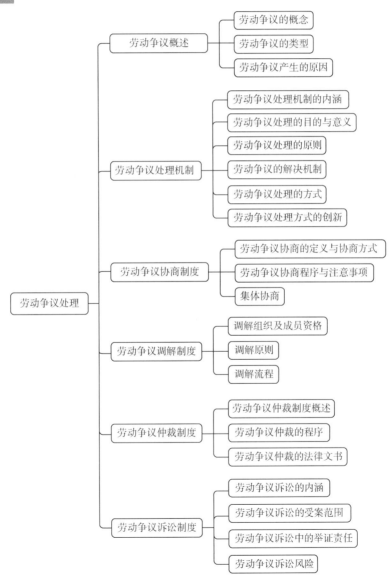

劳动关系管理

学习要点

- 劳动争议的概念
- 劳动争议的类型
- 劳动争议的产生原因
- 劳动争议协商制度
- 劳动争议协商的规范
- 劳动争议协商的程序
- 劳动争议调解制度
- 劳动争议处理原则
- 劳动争议仲裁制度
- 劳动争议仲裁的程序与规范
- 劳动争议诉讼制度
- 劳动争议诉讼原则
- 劳动争议诉讼的程序与规范

学习目标

通过本章的学习，读者首先要理解劳动争议的定义和特征，了解其分类和成因；其次要掌握我国的劳动争议处理机制，学会应用其对具体案例进行分析；最后要了解《劳动争议调解仲裁法》对于劳动争议处理机制的改进和突破。

引导案例

昝某能恢复与用人单位的劳动关系吗？

2012年8月9日，昝某被北京某劳务公司派遣至通州区某居民小区担任保洁员。不久，双方签订了书面劳动合同，合同期限为2012年8月9日至2014年10月30日。2013年8月1日上午，用人单位通知昝某，抽调其到其他小区担任保洁员，因昝某不愿意至新岗位工作，该公司于当日下午通知与其解除劳动关系。事后，公司即以昝某严重违反公司规章制度为由，与昝某解除劳动合同。昝某认为，公司的调岗行为，本人不同意，公司当即向自己开具辞退通知书，无故辞退自己，违反了劳动法，使自己的权益受损。昝某想与公司调解，继续在原岗位上班，遭到拒绝。于是昝某向劳动局申请仲裁，要求公司撤销辞退通知书，恢复双方劳动关系，并以每月1560元的标准支付其自2013年8月1日起至恢复劳动关系之日的工资。公司认为，昝某不服从公司调岗，属严重违反规章制度，故其被辞退符合法律规定，不同意与昝某恢复劳动关系，要求驳回昝某的诉求。

第一节 劳动争议概述

一、劳动争议的概念

1. 劳动争议的内涵

劳动争议亦称劳动纠纷，是指劳动关系双方当事人之间因劳动权利和劳动义务的认定与实现而发生的纠纷。或者说,劳动争议是劳动关系双方当事人在执行劳动法律、法规和履行劳动合同过程中发生的纠纷,即劳动者与所在单位之间因劳动关系中的权利和义务而发生的纠纷。

劳动争议的判定必须满足两大条件:一是主体条件。即争议双方必须是用人单位和与其有劳动关系的员工。如果没有劳动关系,彼此间的争议就不能称为劳动争议。二是内容条件。即劳动争议的内容必须与劳动权利、义务相关,双方发生的争议不一定都是劳动争议。

2. 劳动争议的本质

与一般民事争议不同的是,劳动者在劳动过程中相对于用人单位而言处于不平等地位,劳动者属于相对弱势的一方;而且劳动争议涉及多方面的关系,不仅包括经济关系(劳动力与生产资料结合而产生的关系),还包括社会关系(劳动者与雇主两种主体相结合)和法律的权利义务关系等,如各种社会保险、劳动保护等,都涉及多方面的劳动关系,而不仅限于单纯的民事关系。

所以,劳动争议的本质是劳动关系主体因利益差别而产生的利益冲突。换句话说,劳动争议的本质是当事人之间利益矛盾、利益冲突的外在表现。只要是市场经济体制,只要劳动关系当事人有相对独立的物质利益,劳动争议的产生就具有必然性。

二、劳动争议的类型

1. 按照劳动争议的性质划分

(1) 权利争议

权利争议是指劳动关系双方因劳动合同、集体合同或法律法规有明确规定而引起的权利义务争议,如无效解除劳动合同、不当劳动行为、差别对待、工伤补偿等引起的争议。在这类争议中,当事人的权利义务是明确的,即法律法规有明确规定或劳动合同有明确约定。权利争议的确认相对容易。

(2) 利益争议

利益争议是指劳动者组织(工会)与雇主或雇主团体之间为签订、变更集体协议而产生的争议。在这类争议中,双方所主张的权利义务事先并没有确定,因为双方当事人对这些有待明确的权利义务有不同的要求,争议的目的在于使一方或双方的某种利益得到合同的确认以上升为权利,如劳动者一方要求增加工资、缩短工时等。利益争议的确认与处理更为复杂,其专业性也更强。

以上两种争议在争议的主体、内容、发生时间、处理方式等方面存在很大的差异。如权利争议属于法律上的争议,适用于以劳动法规定的仲裁、诉讼程序来解决争端;利益争议不属于法律上的争议,通常由政府或专业人员出面协商和调解,一般不通过诉讼解决。

2. 按照劳动争议主体划分

(1) 个人争议

个人争议是指劳动者个人与用人单位之间发生的劳动争议。个人争议通常以权利争议为主。

（2）集体争议

集体争议是指多个劳动者或劳动者组织（工会）与雇主组织因劳动关系所产生的纠纷，一般表现为利益争议。主要分为两种：一种是劳动者一方为多人，且发生争议的原因和请求是共同的。劳动者一方应推举代表参与法定的处理程序，处理程序与个人劳动争议相同。另一种为团体争议，即指以工会组织为代表与用人单位在签订和执行集体协议过程中产生的争议。

在劳动争议调解仲裁的过程中，这两种争议依靠的力量差别较大。个人争议主要依靠劳动者个人与用人单位交涉以解决争议；集体争议一般是依靠工会，由工会出面与用人单位交涉来解决争议。显然，后者依靠的力量更为强大。两种争议的社会影响力也不同，集体争议的影响力更大，处理不善会引发罢工、示威、游行等行动，影响社会的稳定。

3. 按照劳动争议的客体或内容划分

（1）因确认劳动关系而发生的争议

劳动关系是指用人单位招聘劳动者为其组织成员后，劳动者提供劳动获得报酬所产生的权利义务关系。在企业用工过程中，劳动合同是明确双方权利和义务关系的合约。在实践中，有些企业签完劳动合同不给劳动者合同，从而使劳动者因为缺乏证据而难以维权。目前，这种争议已被纳入《劳动争议调解仲裁法》的受理范围。

（2）因订立、履行、变更、解除和终止劳动合同而争议

劳动合同是劳动者和用人单位在平等的基础上签订的明确双方权利和义务的协议。在劳动合同的签订、履行、变更、解除和终止（特别是变更、解除和终止）的过程中常常会发生争议。追根溯源，是因为在订立劳动合同的过程中，劳资双方对劳动合同的相关条款或相关细节的沟通不充分、理解存在偏差而产生争议。所以，用人单位和劳动者双方在签订劳动合同阶段一定要深入细致地对合同条款进行协商沟通，只有权利义务明晰化，才能有效避免后续争议。

（3）因除名、辞退和辞职、离职而发生的争议

除名、辞退和辞职、离职都是解除或者终止劳动关系。劳动合同约定了双方的权利义务关系。在劳动关系解除过程中，双方都要严格遵守劳动合同的约定，任何违约的情形都适用《劳动争议调解仲裁法》。

（4）因工作时间、休息休假、社会保险、福利、培训以及劳动保护而发生的争议

工作时间和休息休假的争议主要是就工作时间及休假的合法性产生的分歧。社保争议是就用人单位是否交了社保、社保是不是足额缴纳等问题产生的争议。福利争议主要是关于劳动合同或者公司规章约定的福利能否兑现。培训争议是关于用人单位是否按照合同约定进行了相应的培训。在司法实践中，对于一些高危行业，企业如果不进行相应培训，由此产生的争议，用人单位要承担全部责任。劳动保护争议是用人单位是否按照法律规定为劳动者提供相应的劳动安全保护措施及条件，用人单位有没有提供劳动安全卫生条件及其标准是不是达标等引起的争议。

(5) 因劳动报酬、工伤医疗费、经济补偿或者赔偿金等而发生的争议

劳动者付出劳动获得劳动报酬,而用人单位不发、少发或延迟发放劳动报酬导致争议发生。劳动者在劳动过程中因为个人或者公司原因导致工伤的发生,双方就医疗费用标准产生分歧。按照《劳动合同法》,在劳动合同解除或终止过程中,有些情形需要支付经济补偿金或者赔偿金,用人单位未按法律规定执行,从而产生争议。以上这些争议都适用《劳动争议调解仲裁法》。

(6) 法律法规规定的其他劳动争议

上述情形没有涵盖到的劳动争议,也适用《劳动争议调解仲裁法》。作为人力资源从业人员,需要仔细了解各个区域的地方性劳动法规或文件(省、自治区、直辖市地方性法规;设区的市地方性法规)。

三、劳动争议产生的原因

劳动争议本质上是一种冲突,它产生的原因有很多:

(1) 资源的冲突。因资源有限,用人单位和劳动者基于各自的需求产生资源争夺,从而产生冲突。

(2) 价值观差异。用人单位和劳动者都是通过自己的视角看待和评价周边世界和客观事物的,对事物的看法差异会导致冲突。

(3) 目标差异。用人单位和劳动者双方目标不一致同时很难协调时,就会产生争议。

(4) 不可预测的策略。当用人单位的规章和策略发生变化而没有将这种变化清楚地传达给劳动者时,就会发生混乱和冲突。

(5) 角色冲突。用人单位和劳动者在组织的运行过程中,各自承担不同的角色,因为角色的边界发生错位,冲突自然不可避免。

(6) 利益冲突。这是劳动争议产生的根本原因,即劳资双方追求的利益不同,所以劳动争议是利益冲突的产物。

◇ **小案例**

2013年,李某入职长沙某大型民营公司,填了相关入职资料,并与该公司签订了劳动合同。但之后李某并没来上过班,也未领取过工资,单位也没有解除劳动合同。2014年,该公司集资建福利房,李某要求确认本人与该单位的劳动关系。遭到公司拒绝后,李某将该公司告上法庭,要求确认劳动关系。长沙市某区法院受理此案。法院认为,从法律层面讲,劳动关系是指用人单位招用劳动者为其成员,劳动者在用人单位的管理下提供有报酬的劳动而产生的权利义务关系。从这一法条可以看出,并非双方签订了劳动合同就存在劳动关系,劳动关系的建立,主要是看劳动者与用人单位之间是否有实际的用工关系。《中华人民共和国劳动合同法》第七条规定:"用人单位自用工之日起即与劳动者建立劳动关系。"本案中的李某与单位仅仅只是签订了劳动合同,他因此就认为与该单位存在劳动关系显然是失之偏颇的,还是要看有没有发生实际的劳动用工行为。

第二节 劳动争议处理机制

一、劳动争议处理机制的内涵

"机制"一词最早源于希腊文,原指机器的构造和工作原理。后来,人们将"机制"一词引入经济学、管理学、社会学等学科研究,来表示各构成要素之间相互联系和作用的关系及功能。机制就是指各要素之间的结构关系和运行系统,一般包括组成元素、元素间的相互关系及功能三部分。

劳动争议处理机制,即用人单位和劳动者发生冲突后,基于情、理、法的整体框架达成和解、解决争议,以维持维护劳动关系和谐的结构与运行系统,它是处理劳动争议的一系列制度安排。劳动争议处理机制一般包括争议处理的法律依据、处理机构与部门、处理手段与途径等。

二、劳动争议处理的目的与意义

1. 劳动争议处理的目的

(1) 公正及时地处理劳动争议。
(2) 建立和谐稳定的劳动关系。
(3) 保护劳动争议双方的合法权益。

2. 劳动争议处理的意义

(1) 解决社会问题。一战以后,劳动争议成为各国重要的社会问题。因此,解决劳动争议就意味着不少社会问题得以解决。

(2) 防范社会风险。劳资争议尤其是集体劳动争议往往能引发巨大的社会风险,给劳资双方甚至整个社会带来很大的危害,迅速适当地处理劳动争议,减少、缓和争议,维持社会公共秩序和生产秩序的安宁,事先预防和事后公正处理劳动争议都具有重要意义。

(3) 确保社会和谐。劳动关系是否和谐,事关广大职工和企业的切身利益,事关经济发展与社会和谐,事关国家法治建设与和谐社会建设。

(4) 体现道路自信。构建中国特色和谐劳动关系,是坚持中国特色社会主义道路、促进经济社会持续稳定发展、实现中华民族伟大复兴中国梦的重要基础。

三、劳动争议处理的原则

用人单位作为法人,劳动者作为自然人,有冲突是不可避免的。如何有效地解决劳资冲突和分歧?《劳动争议调解仲裁法》第三条明确规定:"解决劳动争议,应当根据事实,遵循合法、公正、及时、着重调解的原则,依法保护当事人的合法权益。"

1. 合法性原则

合法性原则是指在处理劳动争议过程中,劳动争议处理机构和劳动争议当事人,必须以事实为依据,以法律为准绳,在查清事实的基础上依法协商、依法解决劳动争议。要查清事实,当事人应积极就自己的主张和请求提出证据,劳动争议处理机构也应及时调查取证,两者有机结合,才能达到查清事实的目的。依法处理争议,就是要依据法律规定的程序要求和权利义务要求去解决争议,同时要掌握好依法的顺序,即:有法律依法律,没有法律依法规,没有法规依规章,没有规章依政策。另外,处理劳动争议还可以依据依法签订的集体合同、劳动合同,以及依法制定并经职代会或职工大会讨论通过的企业规章。

新中国成立后,为了规范劳动关系,先后出台了《劳动法》《劳动合同法》《劳动争议调解仲裁法》等一系列法律法规,劳动争议的解决应该以这些法律法规作为根本遵循。合法性原则具体包括:

(1) 主体合法。劳动争议调解组织、仲裁委员会等的主体资格必须符合《劳动争议调解仲裁法》的规定。

(2) 程序合法。《劳动争议调解仲裁法》第十二条规定:"当事人申请劳动争议调解可以书面申请,也可以口头申请。口头申请的,调解组织应当当场记录申请人基本情况、申请调解的争议事项、理由和时间。"第四十三条规定:"仲裁庭裁决劳动争议案件,应当自劳动争议仲裁委员会受理仲裁申请之日起四十五日内结束。案情复杂需要延期的,经劳动争议仲裁委员会主任批准,可以延期并书面通知当事人,但是延长期限不得超过十五日。逾期未作出仲裁裁决的,当事人可以就该劳动争议事项向人民法院提起诉讼。仲裁庭裁决劳动争议案件时,其中一部分事实已经清楚,可以就该部分先行裁决。"

(3) 劳动调解协议、仲裁裁决必须合法。调解、裁决适用的法律必须符合国家及地方法规的规定。

2. 公正性原则

公正即公平、正直,没有偏私。处理劳动争议的公正性原则是指劳动争议处理机构在处理劳动争议的过程中,必须保证双方当事人处于平等的法律地位,享有平等的权利义务,任何一方当事人都不得享有超越法律规定的特权,且处理的程序与结果必须公正,不得偏向任何一方。若调解仲裁机构因某些原因不能公正对待劳动者,或基于舆论同情劳动者是弱者而不顾用人单位的正当合法权益,都违背了公正的原则。

3. 及时性原则

保持沉默或拖延只会让冲突升级或激化。用人单位和劳动者在发生冲突后,应该及时处理冲突。企业劳动争议仲裁委员会对案件调解不成的,应在规定的期限内及时结案,避免当事人丧失申请仲裁的权利;劳动争议仲裁委员会对案件先行调解不成的,应及时裁决;人民法院在调解不成时,应及时判决。及时处理劳动争议对于用人单位和劳动者来说都有裨益。劳动者的很多诉求都集中在经济利益上,这些经济利益能否及时兑现对个体的生活影响是全方位的。《劳动争议调解仲裁法》第四十七条规定:"下列劳动争议,除本法另有规定的外,仲裁裁决为终局裁决,裁决书自作出之日起发生法律效力:(一)追索劳动报酬、工伤医疗费、经济补偿或者赔偿金,不超过当地月最低工资标准十二个月金额的争议;(二)因执行国家的劳动标准在工作时间、休息休假、社会保险等方面发生的争议。"对于公司来说,拖延处理劳动争议会浪费很多时间和精力,有些极端情况下,因为处理得不及时,可能会发生人身伤害的恶性事件。因此,《劳动争议调解仲裁法》对很多程序步骤做了细化的时间规定,目的也是让企业能及时处理。

4. 着重调解的原则

发生劳动争议时,劳动者可以与用人单位协商,也可以请工会或者第三方共同与用人单位协商,达成和解协议。当事人不愿协商、协商不成或者达成和解协议后不履行的,另一方可以向调解组织申请调解。调解贯穿了仲裁和诉讼的全过程,即在仲裁和诉讼前须对争议当事人进行调解。调解须遵循双方的意愿。

四、劳动争议的解决机制

1. 自力救济

所谓自力救济,是指劳动争议的当事人在没有争议主体以外的第三人的介入或帮助下,依靠当事人自身的力量解决纠纷。解决劳动争议的自力救济方式主要为当事人相互协商、和解。自力救济的特征为自治性、争议主体的合意性和非严格的规范性。

2. 社会救济

所谓社会救济,是指依靠社会力量即社会各类调解组织,依据法律、惯例以及道德等规范,对劳动争议当事人的纠纷进行疏导沟通,促成当事人双方相互谅解和让步,从而解决争议。社会救济的突出特征是争议主体的意思自治性、群众性、自愿性以及比较灵活的程序性。

3. 公力救济

所谓公力救济,是指利用国家公权力解决劳动争议的机制,包括劳动争议仲裁裁决和诉讼。

4. 社会救济与公力救济相结合

在一般的民事纠纷解决机制中,不存在此种纠纷的解决机制,只有劳动争议存在这种社会救济与公力救济相结合的纠纷解决机制。这种机制与其他机制相比,有三点显著特征:①贯彻"三方性原则"。贯彻这一原则体现了权利的社会救济机制的特点。②国家的强制性。例如:劳动争议仲裁程序的启动,无须争议主体双方当事人的合意为前提条件,只要一方当事人提起劳动争议仲裁申请,即可启动仲裁程序;劳动争议仲裁庭对争议的裁决是一种强制性判决,无须经过当事人的同意;对于生效的仲裁庭调解或裁决,当事人不履行义务时,可以通过国家强制执行权迫使其履行裁决。③严格的规范性。劳动争议仲裁的申请、劳动争议仲裁机构受理案件与处理劳动争议等都必须严格遵守法律规定的程序。

五、劳动争议处理的方式

1. 一般处理方式

劳动争议一般处理方式包括协商、调解、仲裁和诉讼。在处理劳动争议的过程中,一般先进行协商和调解,如果协商和调解不成,再进行仲裁或诉讼。我国的劳动争议调解仲裁是中国特色劳动争议处理制度的重要组成部分,也是完善劳动人事关系矛盾纠纷多元化解机制的必然要求。我国从新中国成立初期就提出将仲裁作为处理劳动争议的一种主要方式。

根据我国《劳动争议调解仲裁法》,协商、调解、仲裁、诉讼是处理劳动争议的四个渠道,也可以说是四个环节,各有特点和功能,在实践中对于有效化解劳动争议发挥着难以替代的作用。当劳动人事权益受到侵害时,首先要考虑选择协商、调解柔性化解,这样处理成本最小、效果最好。其次是选择仲裁,由仲裁机构经审理后做出裁决;如果对仲裁结果仍有异议的,则可以选择向人民法院提起诉讼,进入司法程序。特别需要强调的是,根据《劳动争议调解仲裁法》的规定,发生劳动争议时,协商、调解不是必经程序,可以由双方当事人自愿选择。但仲裁是诉讼的必经前置程序,只有经过仲裁机构处理的劳动争议,在符合法定条件下人民法院才会受理。也就是说,即使当事人希望选择司法程序维护劳动人事权益,也必须先经过仲裁程序。

其过程如图10-1所示:

图 10-1 劳动争议处理的程序和机构

2. 特殊处理方式

对发生在公众日常生活中必不可少的服务部门或对国民经济有着重要影响的行业,如医疗、消防、铁路、邮电、银行等集体劳动争议案件须采取特殊处理方式。具体如下:

(1) 坚持优先、迅速解决的原则;

(2) 政府在必要时可采取强制仲裁,即停止或限制影响公众利益和国民生活的争议行为;

(3) 采取紧急方法提出解决争议的方案。

六、劳动争议处理方式的创新

1. 《劳动争议调解仲裁法》的新突破

在社会主义市场经济的转型期,由于经济体制和用工制度的转变,劳动争议案件尤其是集体劳动争议的数量不断增加和攀高,在经济不景气或经济下行期间更是如此。我国原有的劳动争议处理立法逐渐难以应对不断出现的新情况、新问题。为了进一步完善劳动争议处理机制,及时解决劳动争议,保护当事人的合法权益,促进劳动关系的和谐稳定,我国自2008年5月1日起正式实行《劳动争议调解仲裁法》,在解决劳动争议的多个方面取得了新的突破。主要是突出调解程序,延长仲裁时效,缩短审理期限,合理分配举证责任,实行有条件的"一裁终局"及降低维权成本。

2. 强化协商和调解的柔性化源头治理方式

劳动人事争议处理是一项重要的社会治理工作,是我国社会矛盾纠纷多元预防调处化解综合机制的重要组成部分,在维护劳动关系和谐与社会稳定中发挥着不可替代的作用。劳动人事争议办理的基本程序是"协商—调解—仲裁—诉讼",这四种处理方式既相互独立,又有机衔接。其中,协商和调解是更前端、更柔性化的化解方式。进一步加强争议协商调解,有利于实现把争议预防在萌芽、化解在源头,打造用人单位与劳动者同心同德同行的事业共同体、利益共同体和命运共同体,更好地维护当事人的合法权益,有效地降低劳动者维权成本。

加强源头治理是劳动人事争议办理的治本之策,是预防化解社会矛盾纠纷的根本途径,也是防范化解劳动关系风险的关键所在。因此,2022年11月,人力资源社会保障部、中央政法委、最高人民法院、工业和信息化部、司法部、财政部、中华全国总工会、中华全国工商业联合会、中国企业联合会/中国企业家协会联合印发了《关于进一步加强劳动人事争议协商调解工作的意见》(人社部发〔2022〕71号),其中明确了源头治理的三方面创新政策措施:

一是充分发挥用人单位基层党组织在劳动关系治理、协商调解工作中的重要作用,完善民主管理制度,推行典型案例发布、工会劳动法律监督提示函和意见书、调解建议书、信用承诺书等制度,发挥中小企业服务机构和律师、法律顾问作用,开展和谐劳动关系创建活动。二是健全劳动人事争议风险监测预警机制。建立健全风险监测机制,完善重大争议风险预警机制,聚焦重要节点、重点群体,强化监测预警,建立完善防范化解重大争议风险台账,制定应对预案。三是加强劳动人事争议隐患排查化解工作。建立重点区域、重点行业、重点企业联系点制度,及时发现和解决苗头性、倾向性问题,完善部门之间信息共享、协调联动,共同加强风险隐患协同治理。

3. 构建高效的新型劳资冲突治理机制

(1) 完善劳资冲突预防预警机制。长期以来,用人单位的败诉率一直居高不下,远远高于劳动者。那么,我们如何预防劳动争议?如何正确应对劳动争议仲裁或诉讼?如何建立以事前预防为主,以事中控制及事后补救为辅的劳动争议风险预防和控制体系?劳动争议应对中有哪些规律可循?这些都是必须重视的大问题,而且还必须从机制的层面来加以解决。因此,我国政府、工会以及企业须完善劳资冲突预防预警机制。这种机制包括预知机制、预警机制、预判机制、预防机制、预控机制等。这些机制的实质是一种矛盾与冲突的排查体系,其作用就是要发挥其信号功能。

(2)建立企业劳资双方的制衡机制。一是构建"以人为本"的经营管理机制。要加强企业人力资源合作机制建设,加快企业管理文化改革,建立现代人力资源管理制度,在企业内部推行人性化管理,形成相互尊重、相互理解的合作机制;引入激励机制,制定企业长期工资增长机制及奖金和福利激励措施,协调个人利益与企业整体利益,增强劳资双方的利益相关性。二是加快工会改革,增强劳动者谈判地位,维权与维稳相统一。三是加强劳动关系约束机制建设。完善劳动合同制度,规范厘清劳资双方的权利与义务,减少工作过程中的摩擦与矛盾;用劳动者的力量约束平衡资方力量,继承发挥我国企业民主管理的"两参一改三结合"制度,加强集体谈判制度与三方协商机制的改革。以上内容其实质属于战略劳动关系管理的范畴。

4. 构建推广劳资冲突四方联动调解机制

四方联动调解机制是指工会调解、人民调解、行政调解(人力资源和社会保障部门、司法行政部门)、司法调解"四合一"的调解模式,完成了司法解决纠纷机制与非诉讼解决纠纷机制的对接,把大量的司法程序和仲裁程序浓缩化、简易化、平民化,降低了维权成本,加快了劳动争议案的结案速度,同时也防止了许多小的劳动争议发展成大的矛盾,甚至是社会问题(图10-2)。

该机制首先由天津市总工会创建,其核心是"一副维权重担四家挑"(市高院、市总工会、市人保局、市司法局),最大限度地整合优化调解劳动争议的社会资源,构建劳动争议纠纷大调解格局,形成推进工作的合力,把问题化解在基层、消灭在萌芽状态,形成一个以基层为主、区域(行业)为主,职责明确,分层负责,调解为主,合理维权,快捷高效,四方联动的劳动争议纠纷大调解格局。随着近年四方联动调解机制的运行和发展,劳动争议案件呈逐年下降趋势。

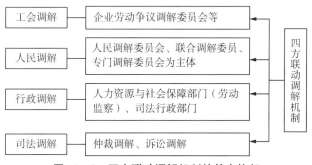

图10-2 四方联动调解机制的基本构架

5. 强化多元处理机制建设

2017年3月,人力资源社会保障部等多部门联合发布了《关于进一步加强劳动人事争议调解仲裁完善多元处理机制的意见》(人社部发〔2017〕26号),强调要完善劳动人事争议调解、仲裁、诉讼衔接机制。在提出的劳动人事争议处理的五项基本原则中,明确了多元处理机制的基本内容。

第一,坚持协调联动、多方参与。在党委领导、政府主导、综治协调下,积极发挥人力资源社会保障部门牵头作用,鼓励各有关部门和单位发挥职能作用,引导社会力量积极参与,合力化解劳动人事关系矛盾纠纷。

第二,坚持源头治理、注重调解。贯彻"预防为主、基层为主、调解为主"工作方针,充分发挥协商、调解在劳动人事争议处理中的基础性作用,最大限度地把矛盾纠纷解决在基层和萌芽状态。

第三,坚持依法处理、维护公平。完善劳动人事争议调解制度和仲裁准司法制度,发挥司法的引领、推动和保障作用,运用法治思维和法治方式处理劳动人事争议,切实维护用人单位和劳动者的合法权益。

第四,坚持服务为先、高效便捷。以提高劳动人事争议处理质效为目标,把服务理念贯穿争议处理全过程,为用人单位和劳动者提供优质服务。

第五,坚持立足国情、改革创新。及时总结实践经验,借鉴国外有益做法,加强制度创新,不断完善劳动人事争议多元处理机制。

该机制的构建执行,在调处劳动争议、维护和谐劳动关系上发挥了较大的积极作用,取得了较好的成果。

第三节 劳动争议协商制度

劳动争议协商制度是总结凝练我国集体协商工作的实践经验和特色成果,顺应劳动关系的时代变革,着力解决劳动争议协商处理立法刚性不足等问题的产物。我国《劳动争议调解仲裁法》第四条明确规定:"发生劳动争议,劳动者可以与用人单位协商,也可以请工会或者第三方共同与用人单位协商,达成和解协议。"

一、劳动争议协商的定义与协商方式

1. 定义

劳动争议协商指的是用人单位和劳动者在发生劳动争议以后,本着平等、合作原则,自主沟通交流,分清责任,相互谅解,最终达成和解协议的行为过程。它是劳动者与用人单位在发生劳动争议时通过缓和方式解决纠纷的一种方式。但只有争议双方的当事人在自愿平

等的基础上才可能展开这一程序。

劳动争议协商并不是处理劳动争议的必经程序,双方当事人可以选择使用或不使用。劳动争议协商制度的优点在于成本低、效率高,有助于尽快恢复劳动关系,减轻司法审判的压力,节约公共司法资源,并能增强劳动者的维权意识和企业的法治意识。

2.协商方式

(1)按参与协商的主体划分。与用人单位发生劳动争议,劳动者可以通过以下三种方式进行协商:一是与用人单位自行协商解决;二是要求所在企业工会参与或者协助其与企业进行协商;三是委托其他组织或者个人作为其代表进行协商。需要注意的是,一方当事人提出协商要求后,另一方当事人应当积极做出口头或者书面回应。五日内不做出回应的,视为不愿协商。

(2)按劳动争议协商人数划分。可分为以下两种方式:一是集体协商。集体协商是指由工会代表劳动者,与用人单位的代表进行谈判,就劳动条件、待遇等问题进行协商。集体协商的具体内容可以包括工资、福利、工作时间、工作条件、劳动保护等方面。集体协商的优点是可以统一劳动者的诉求,增加谈判的力量,保障劳动者的权益。二是个人协商。个人协商是指劳动者与用人单位的代表进行谈判,就个人劳动争议进行协商。个人协商的具体内容可以包括工资、加班费、补偿、辞职等方面。个人协商的优点是可以针对个人的问题进行解决,解决问题的速度相对较快。

(3)按劳动争议协商的形式分。包括集体合同、三方机制、集体行动等。

二、劳动争议协商程序与注意事项

发生劳动争议,劳动者可以与用人单位协商,也可以请工会或者第三方共同与用人单位协商,达成和解协议。在协商解决劳动争议的管理实践中,还应注意如下几点:

(1)及早提出问题。当分歧产生,劳资双方应尽快明确各自的需求。

(2)管控情绪。双方应该处理负面情绪,发生争议时学习如何应对这些情绪显得更加重要。毕竟,负面情绪可以传播,从而可能造成争议双方向不利方向发展的被动局面。

(3)表现出同理心。邀请对方描述他们的立场,询问他们认为自己该如何解决问题,设身处地为对方着想是协商的重要组成部分。

(4)确定冲突的根源,且双方必须真正倾听。

(5)建设性反馈。保持开放的心态,使用积极反馈来帮助达成共识。

(6)能协商不调解、仲裁。企业人力资源管理人员应该学习谈判技巧、冲突化解技巧,及早发现问题,向管理层及时报告,及时提出解决方案,尽最大可能不使冲突进入仲裁、诉讼等程序。

◇ 小案例

解除劳动关系协议书

甲方:__北京A公司__

乙方姓名：__李女士__　性别：__女__　出生日期：__19××__年__3__月__11__日

户籍地址：__北京××区××住宅小区××××室__

身份证号：__32××××19××0311××××__

甲、乙双方依照《劳动法》及相关法律法规的规定，遵照平等自愿、诚实守信、协商一致的原则，过充分协商，就双方解除劳动关系有关事宜达成协议如下，并承诺共同遵守：

一、经甲、乙双方当事人协商一致，从__2016__年__2__月__1__日起解除双方劳动关系。

二、甲方向乙方支付 60000 元解约金。

三、本协议签订后，甲、乙双方的权利和义务即行终止，乙方不得再要求甲方承担任何费用和责任。

四、本协议一式两份，甲、乙双方各执一份，具有同等法律效力。

五、本协议经甲、乙双方签字或盖章后即生效。

甲方：

法定代表人或代理人签字：

乙方签字：

签订日期：　　年　　月　　日

三、集体协商

目前，在我国的劳动争议处理体系中，相关法律法规都没有使用集体谈判的概念，而一直使用的是集体协商和平等协商，并将集体协商和集体合同放在一起进行规定。集体谈判是国际劳动组织使用的概念。

《集体合同规定》第四条："用人单位与本单位职工签订集体合同或专项集体合同，以及确定相关事宜，应当采取集体协商的方式。集体协商主要采取协商会议的形式。"

当然，协商的结果可能是"单赢"，即如果一方获得越多，另一方就要损失越多，协商的焦点只能是对有限资源或成果的分配。这种协商称为竞争型协商。协商的结果也可能是"双赢"，即协商过程中存在着让双方都能获利的解决办法，己方目标的实现有助于他方目标的实现，双方是一种相互增进的关系，此种协商称为合作型协商。我国的集体协商强调的是后一种协商。

现代劳动关系的运行强调工资、工时和一般劳动条件不是由劳动关系某方单方面决定，而是通过双方平等协商决定。平等协商决定以上事项尤其是一般劳动条件，均受到市场各因素的影响。所以，在集体协商时要注意策略的选择。具体选择时主要注意以下四点：

（1）坚持客观标准。协商方案、意见及有关数据要公平，并注重情理，倾听对方的理由，从中汲取合理的部分。还要排除主观判断的恒定性，无条件地要求对方接受自己的观点。

（2）坚持长期共同利益导向。首先明确双方的利益所在，设身处地了解对方现实最迫切的需求，研究对方利益的多重性，并注重对方的其他利益。

（3）对事不对人。因为劳资双方统一在一个协商或谈判组织单位内，双方既存在意思表示的平等性，又存在相互关系的隶属性，加之双方价值评价各不相同，所以协商时应采取对事不对人的原则，以避免将协商内容与双方关系、人际关系相混杂，造成混乱局面。

（4）协商或谈判策略与企业经营战略保持一致。即：树立全局观念，考虑劳动权、经营权与所有权协同的整体利益性；建立以市场为中心的观念；要正确处理激励与效率的相互关系。

第四节　劳动争议调解制度

劳动争议调解是指在劳动争议调解机构的组织下，依照法律、法规、政策和道德规范，在查明事实、分清是非的基础上，通过疏导、说服、劝导，促使争议双方进行协商，自愿达成协议，从而消除争议的方法和活动。

一、调解组织及成员资格

根据《劳动争议调解仲裁法》第十条的规定，可以受理劳动争议的调解组织包括以下三类：

（1）企业劳动争议调解委员会；
（2）依法设立的基层人民调解组织；
（3）在乡镇、街道设立的具有劳动争议调解职能的组织。

企业劳动争议调解委员会由职工代表和企业代表组成。职工代表由工会成员担任或者由全体职工推举产生，企业代表由企业负责人指定。企业劳动争议调解委员会主任由工会成员或者双方推举的人员担任。

劳动争议调解组织的调解员应当由公道正派、联系群众、热心调解工作，并具有一定法律知识、政策水平和文化水平的成年公民担任。

二、调解原则

（1）在当事人自愿、平等的基础上进行调解。
（2）不违背法律、法规和国家政策。
（3）尊重当事人的权利，不得因调解而阻止当事人依法通过行政、司法等途径维护自己的权利。

三、调解流程

着重调解，是解决劳动争议的重要原则。通过调解解决劳动争议，有利于把争议及时解

决在基层,最大限度地降低当事人双方的对抗性,节约仲裁资源和诉讼资源。调解的流程如下:

1. 调解申请

当事人申请劳动争议调解可以书面申请,也可以口头申请。口头申请的,调解组织应当当场记录申请人基本情况、申请调解的争议事项、理由和时间。《企业劳动争议协商调解规定》第二十三条规定,发生劳动争议,当事人没有提出调解申请,调解委员会可以在征得双方当事人同意后主动调解。

目前,随着e-HR或人力资源管理信息系统、电子政务的规范建设,具体的调解申请方法呈现出更加灵活方便的特点。书面申请有线上申请与线下申请两种渠道方法,其中线上申请可以用企业自建的或其他调解主体开发的平台进行。当然,线上调解申请要根据要求填写申请人信息、被申请人信息、其他申请信息,并上传相关证明材料。

◇ 小案例

劳动争议调解申请书

申请人北京市A商贸公司,住所地北京市××区××大厦A座9层。法定代表人孙××,董事长。

被申请人季××,男,1972年3月28日出生,汉族,职工,住北京市××区××住宅小区×××室。

事由:因违反竞业限制义务产生争议,申请调解。

调解请求:1.被申请人返还申请人补偿费8000元并支付违约金40000元;2.被申请人继续履行其与申请人之间签订的《竞业限制协议》。

事实与理由:

被申请人原为申请人公司员工,任职期间从事家装设计师工作。2012年11月13日,申请人与被申请人签订了《竞业限制协议》,约定被申请人在离开申请人公司后一年内,不得组建、参与组建、参股或受雇于建材流通企业生产或经营的企业及与其密切关联的企业。《竞业限制协议》规定,被申请人在离职后应按时向申请人提交实际、有效的从业证明;申请人每年需向被申请人支付离职前一年实际获得工资总额1/3的补偿费。《竞业限制协议》还规定,如果被申请人在竞业限制期限内违反竞业限制义务,除应返还申请人已经支付的补偿款外,还应向申请人支付违约金,违约金的数额为协议约定补偿费总额的60%。

被申请人于2016年5月8日从申请人处离职。2016年6月9日,北京B科技发展有限公司向申请人邮寄了一份被申请人在该公司工作的就业证明。7月1日,申请人向被申请人支付了第一期补偿费8000元。后经申请人调查得知,被申请人离职后实际是到C公司任职。C公司与申请人均是家居建材流通企业,属于同行业有竞争关系的单位。

综上所述,申请人认为,被申请人离职后在竞业限制期限内到C公司任职,因C公司与申请人均属于同行业有竞争关系的单位,因此被申请人的行为违反了《竞业限制协议》的约定,属于违约行为。按照约定,被申请人应向申请人返还第一期补偿费8000元并支付违约金40000元。返还补偿费并偿付违约金后,被申请人仍应继续履行竞业禁止义务。为此,特向××劳动争议调解委员会申请调解,请依法调解。

(申请人签名或盖章)
2016年9月6日

2. 受理

调解组织接到调解申请后,应当及时对调解申请进行审查,在规定时间内作出是否受理的决定。《企业劳动争议协商调解规定》第二十二条规定,调解委员会接到调解申请后,对属于劳动争议受理范围且双方当事人同意调解的,应当在三个工作日内受理。对不属于劳动争议受理范围或者一方当事人不同意调解的,应当做好记录,并书面通知申请人。

3. 调解

调解委员会接到当事人书面调解申请后,应当进行调查研究,查阅有关材料和凭证,听取当事人双方的意见,向当事人双方宣传有关法律、法规、规章和政策,促使争议问题尽快协商解决。《劳动争议调解仲裁法》第十三条规定,调解劳动争议,应当充分听取双方当事人对事实和理由的陈述,耐心疏导,帮助其达成协议。

在查清事实、分清是非的基础上,召开调解会议进行调解。调解会议由调解委员会主任或副主任主持。争议双方当事人必须到会,必要时可邀请有关单位和个人参加调解会议协助调解。

《企业劳动争议协商调解规定》第二十四条规定,调解委员会调解劳动争议一般不公开进行。但是,双方当事人要求公开调解的除外。第二十五条又规定,调解委员会根据案件情况指定调解员或者调解小组进行调解,在征得当事人同意后,也可以邀请有关单位和个人协助调解。调解员应当全面听取双方当事人的陈述,采取灵活多样的方式方法,开展耐心、细致的说服疏导工作,帮助当事人自愿达成调解协议。

4. 调解协议

(1)达成调解协议。我国的劳动争议调解均由特定的劳动争议处理机构作为第三方主持调解,都应在查明事实、分清责任、明辨是非的基础上,通过说服、劝告、建议等方法促成当事人双方进行协商,根据自愿、合法原则达成协议。《劳动争议调解仲裁法》第十四条规定,经调解达成协议的,应当制作调解协议书。调解协议书由双方当事人签名或者盖章,经调解员签名并加盖调解组织印章后生效,对双方当事人具有约束力,当事人应当履行。《企业劳动争议协商调解规定》第二十六条规定,经调解达成调解协议的,由调解委员会制作调解协议书。调解协议书应当写明双方当事人基本情况、调解请求事项、调解的结果和协议履行期限、履行方式等。调解协议书一式三份,双方当事人和调解委员会各执一份。

(2)未达成调解协议。《劳动争议调解仲裁法》第十四条规定,自劳动争议调解组织收到调解申请之日起十五日内未达成调解协议的,当事人可以依法申请仲裁。第十五条规定,达成调解协议后,一方当事人在协议约定期限内不履行调解协议的,另一方当事人可以依法申请仲裁。第十六条规定,因支付拖欠劳动报酬、工伤医疗费、经济补偿或者赔偿金事项达成调解协议,用人单位在协议约定期限内不履行的,劳动者可以持调解协议书依法向人民法院申请支付令。人民法院应当依法发出支付令。

是否达成调解协议必定涉及调解时限的问题。对此,国家有关法律法规均作出了明确规定。如《企业劳动争议协商调解规定》第二十九条规定,调解委员会调解劳动争议,应当自受理调解申请之日起十五日内结束。但是,双方当事人同意延期的可以延长。在前款规定期限内未达成调解协议的,视为调解不成。

◇ 小案例

劳动争议调解书

申请人北京市A商贸公司,住所地北京市××区××大厦A座9层。法定代表人孙××,董事长。

被申请人季××,男,1972年3月28日出生,汉族,职工,住北京市××区××住宅小区×××室。

上列双方因违反竞业限制义务产生争议,申请人于2016年9月6日向本调解委员会提出请求,经本会主持调解,双方协商,自愿达成协议如下:

1. 被申请人返还申请人补偿费8000元并支付违约金40000元;
2. 被申请人继续履行其与申请人之间签订的《竞业限制协议》;
3. 其他无争议。

双方当事人(签名):
调解委员会主任(签名):
××劳动争议调解委员会(公章):
2016年9月14日

第五节 劳动争议仲裁制度

根据《劳动争议调解仲裁法》第五条的规定,发生劳动争议,当事人不愿调解、调解不成或者达成调解协议后不履行的,可以向劳动争议仲裁委员会申请仲裁。

一、劳动争议仲裁制度概述

1. 劳动争议仲裁的内涵

劳动争议仲裁是当事人合意选择的替代性争议解决方式的一种。用人单位和劳动者选择并授权非司法机构劳动争议仲裁委员会对其提交的争议作出具有约束力的裁决。

2. 劳动争议仲裁机构设置

我国遵从方便民众办事原则，规定劳动争议仲裁委员会按照统筹规划、合理布局和适应实际需要的原则设立。省、自治区人民政府可以决定在市、县设立；直辖市人民政府可以决定在区、县设立。直辖市、设区的市也可以设立一个或者若干个劳动争议仲裁委员会。劳动争议仲裁委员会不按行政区划层层设立。国务院劳动行政部门依照《劳动争议调解仲裁法》的有关规定制定仲裁规则。省、自治区、直辖市人民政府劳动行政部门对本行政区域的劳动争议仲裁工作进行指导。

3. 劳动争议仲裁机构组成及仲裁员任职资格

按照《劳动争议调解仲裁法》第十九条的规定，劳动争议仲裁委员会由劳动行政部门代表、工会代表和企业方面代表组成。劳动争议仲裁委员会组成人员应当是单数。劳动争议仲裁委员会依法履行下列职责：(1)聘任、解聘专职或者兼职仲裁员；(2)受理劳动争议案件；(3)讨论重大或者疑难的劳动争议案件；(4)对仲裁活动进行监督。劳动争议仲裁委员会下设办事机构，负责办理劳动争议仲裁委员会的日常工作。

按照《劳动争议调解仲裁法》第二十条的规定，劳动争议仲裁委员会应当设仲裁员名册。仲裁员应当公道正派并符合下列条件之一：(1)曾任审判员的；(2)从事法律研究、教学工作并具有中级以上职称的；(3)具有法律知识、从事人力资源管理或者工会等专业工作满五年的；(4)律师执业满三年的。

4. 劳动争议仲裁机构管辖权

劳动争议仲裁委员会负责管辖本区域内发生的劳动争议。

劳动争议由劳动合同履行地或者用人单位所在地的劳动争议仲裁委员会管辖。双方当事人分别向劳动合同履行地和用人单位所在地的劳动争议仲裁委员会申请仲裁的，由劳动合同履行地的劳动争议仲裁委员会管辖。

5. 劳动争议仲裁的当事人及相关人

发生劳动争议的劳动者和用人单位为劳动争议仲裁案件的双方当事人。劳务派遣单位或者用工单位与劳动者发生劳动争议的，劳务派遣单位和用工单位为共同当事人。与劳动争议案件的处理结果有利害关系的第三人，可以申请参加仲裁活动或者由劳动争议仲裁委员会通知其参加仲裁活动。当事人可以委托代理人参加仲裁活动。委托他人参加仲裁活动，应当向劳动争议仲裁委员会提交有委托人签名或者盖章的委托书，委托书应当载明委托事项和权限。丧失或者部分丧失民事行为能力的劳动者，由其法定代理人代为参加仲裁活动;无法定代理人的,由劳动争议仲裁委员会为其指定代理人。劳动者死亡的,由其近亲属或者代理人参加仲裁活动。

二、劳动争议仲裁的程序

1. 申请

劳动争议申请仲裁的时效期间为一年。仲裁时效期间从当事人知道或者应当知道其权利被侵害之日起计算。一年的仲裁时效,因当事人一方向对方当事人主张权利,或者向有关部门请求权利救济,或者对方当事人同意履行义务而中断。从中断时起,仲裁时效期间重新计算。因不可抗力或者有其他正当理由,当事人不能在规定的仲裁时效期间申请仲裁的,仲裁时效中止。从中止时效的原因消除之日起,仲裁时效期间继续计算。劳动关系存续期间因拖欠劳动报酬发生争议的,劳动者申请仲裁不受规定的一年仲裁时效期间的限制;但是,劳动关系终止的,应当自劳动关系终止之日起一年内提出。

2. 受理

劳动争议仲裁委员会收到仲裁申请之日起五日内,认为符合受理条件的,应当受理,并通知申请人;认为不符合受理条件的,应当书面通知申请人不予受理,并说明理由。对劳动争议仲裁委员会不予受理或者逾期未作出决定的,申请人可以就该劳动争议事项向人民法院提起诉讼。劳动争议仲裁委员会受理仲裁申请后,应当在五日内将仲裁申请书副本送达被申请人。被申请人收到仲裁申请书副本后,应当在十日内向劳动争议仲裁委员会提交答辩书。劳动争议仲裁委员会收到答辩书后,应当在五日内将答辩书副本送达申请人。被申请人未提交答辩书的,不影响仲裁程序的进行。

3. 开庭

劳动争议仲裁公开进行,但当事人协议不公开进行或者涉及国家秘密、商业秘密和个人隐私的除外。

劳动争议仲裁委员会裁决劳动争议案件实行仲裁庭制。仲裁庭由三名仲裁员组成,设首席仲裁员。简单劳动争议案件可以由一名仲裁员独任仲裁。

劳动争议仲裁委员会应当在受理仲裁申请之日起五日内将仲裁庭的组成情况书面通知当事人。

仲裁员有下列情形之一的,应当回避,当事人也有权以口头或者书面方式提出回避申请:(1)是本案当事人或者当事人、代理人的近亲属的;(2)与本案有利害关系的;(3)与本案当事人、代理人有其他关系,可能影响公正裁决的;(4)私自会见当事人、代理人,或者接受当事人、代理人的请客送礼的。

劳动争议仲裁委员会对回避申请应当及时作出决定,并以口头或者书面方式通知当事人。

仲裁员有私自会见当事人、代理人,或者接受当事人、代理人的请客送礼的,或者有索贿受贿、徇私舞弊、枉法裁决行为的,应当依法承担法律责任。劳动争议仲裁委员会应当将其解聘。

仲裁庭应当在开庭五日前,将开庭日期、地点书面通知双方当事人。当事人有正当理由的,可以在开庭三日前请求延期开庭。是否延期,由劳动争议仲裁委员会决定。

申请人收到书面通知,无正当理由拒不到庭或者未经仲裁庭同意中途退庭的,可以视为撤回仲裁申请。被申请人收到书面通知,无正当理由拒不到庭或者未经仲裁庭同意中途退庭的,可以缺席裁决。

仲裁庭对专门性问题认为需要鉴定的,可以交由当事人约定的鉴定机构鉴定;当事人没有约定或者无法达成约定的,由仲裁庭指定的鉴定机构鉴定。根据当事人的请求或者仲裁庭的要求,鉴定机构应当派鉴定人参加开庭。当事人经仲裁庭许可,可以向鉴定人提问。

当事人在仲裁过程中有权进行质证和辩论。质证和辩论终结时,首席仲裁员或者独任仲裁员应当征询当事人的最后意见。

当事人提供的证据经查证属实的,仲裁庭应当将其作为认定事实的根据。劳动者无法提供由用人单位掌握管理的与仲裁请求有关的证据,仲裁庭可以要求用人单位在指定期限内提供。用人单位在指定期限内不提供的,应当承担不利后果。

仲裁庭应当将开庭情况记入笔录。当事人和其他仲裁参加人认为对自己陈述的记录有遗漏或者差错的,有权申请补正。如果不予补正,应当记录该申请。笔录由仲裁员、记录人员、当事人和其他仲裁参加人签名或者盖章。

当事人申请劳动争议仲裁后,可以自行和解。达成和解协议的,可以撤回仲裁申请。

仲裁庭在作出裁决前,应当先行调解。调解达成协议的,仲裁庭应当制作调解书。调解书应当写明仲裁请求和当事人协议的结果。调解书由仲裁员签名,加盖劳动争议仲裁委员会印章,送达双方当事人。调解书经双方当事人签收后,发生法律效力。调解不成或者调解书送达前,一方当事人反悔的,仲裁庭应当及时作出裁决。

4. 裁决

仲裁庭裁决劳动争议案件,应当自劳动争议仲裁委员会受理仲裁申请之日起四十五日内结束。案情复杂需要延期的,经劳动争议仲裁委员会主任批准,可以延期并书面通知当事人,但是延长期限不得超过十五日。逾期未作出仲裁裁决的,当事人可以就该劳动争议事项向人民法院提起诉讼。仲裁庭裁决劳动争议案件时,其中一部分事实已经清楚,可以就该部分先行裁决。

裁决应当按照多数仲裁员的意见作出,少数仲裁员的不同意见应当记入笔录。仲裁庭不能形成多数意见时,裁决应当按照首席仲裁员的意见作出。

裁决书应当载明仲裁请求、争议事实、裁决理由、裁决结果和裁决日期。裁决书由仲裁员签名,加盖劳动争议仲裁委员会印章。对裁决持不同意见的仲裁员,可以签名,也可以不签名。

5. 生效执行

按照《劳动争议调解仲裁法》第四十七条的规定,下列劳动争议,除本法另有规定的外,仲裁裁决为终局裁决,裁决书自作出之日起发生法律效力:(1)追索劳动报酬、工伤医疗费、经济补偿或者赔偿金,不超过当地月最低工资标准十二个月金额的争议;(2)因执行国家的劳动标准在工作时间、休息休假、社会保险等方面发生的争议。

仲裁庭对追索劳动报酬、工伤医疗费、经济补偿或者赔偿金的案件,根据当事人的申请,可以裁决先予执行,移送人民法院执行。仲裁庭裁决先予执行的,应当符合下列条件:(1)当事人之间权利义务关系明确;(2)不先予执行将严重影响申请人的生活。劳动者申请先予执行的,可以不提供担保。

除了先予执行的情况外,当事人对发生法律效力的调解书、裁决书,应当依照规定的期限履行。一方当事人逾期不履行的,另一方当事人可以依照民事诉讼法的有关规定向人民法院申请执行。受理申请的人民法院应当依法执行。

三、劳动争议仲裁的法律文书

劳动争议仲裁法律文书主要包括仲裁申请书、仲裁答辩书和仲裁裁决书等。

1. 劳动争议仲裁申请书

劳动争议仲裁申请书是劳动者的合法权益被用人单位侵犯后,劳动者向劳动争议仲裁委员会提交的相关法律文件,也是劳动争议仲裁委员会立案审理的重要依据。

《劳动争议调解仲裁法》第二十八条明确规定了仲裁申请书应当载明的事项。劳动争议仲裁申请书应当载明下列事项:(1)劳动者的姓名、性别、年龄、职业、工作单位和住所,用人单位的名称、住所和法定代表人或者主要负责人的姓名、职务;(2)仲裁请求和所根据的事实、理由;(3)证据和证据来源、证人姓名和住所。

◇ 小案例

劳动人事争议仲裁申请书

申请人			被申请人			
姓名	胡××		姓名或单位名称	天津××建材有限公司		
单位性质			单位性质			
法定代表人		职务	法定代表人	刘××	职务	经理
性别	女	年龄	35	性别	男	年龄	
民族或国籍		用工性质		民族或国籍		用工性质	
工作单位			工作单位			
住址	河东区中山门友爱东里×××		住址	河西区×××路×××建材大厦		
电话	13920346××		电话			
邮编	300181		邮编	300220		

请求事项：

1. 要求被申请人支付申请人 2013 年 9 月至 2014 年 1 月工资 10000 元。2.要求被申请人支付申请人 2010 年至 2013 年 3 年采暖费总计：2080 元。3.要求被申请人支付申请人 2011 年至 2013 年防暑降温费总计：1263.2 元。4.要求被申请人支付申请人 2011 年 1 月 1 日至 2013 年 8 月 31 日期间的法定节假日单休加班费总计：12312 元（本人档案关系现仍在被申请人处）。

2. 申请人胡××于 2010 年 12 月进入被申请人天津××建材有限公司从事销售工作，于 2011 年 7 月 12 日签订了劳动合同，本人 2013 年 9 月 1 日至 2013 年 10 月 11 日分别向被申请人递交了 4 天产前病假条，但被申请人未向申请人支付相应工资。本人于 2013 年 11 月 4 日生产歇产假。但被申请人在申请人歇产假期间拒绝向申请人支付产假工资。由于本人从事销售工作，被申请人不允许本人休法定节假日和双休日，但也从未支付过本人相关的法定报酬。被申请人未向本人付过 2010 年至 2013 年采暖费和 2011 年至 2013 年防暑降温费。

2. 劳动争议仲裁答辩书

劳动争议仲裁答辩书是劳动争议案件的被申请人为了维护自己的合法权益，针对申请人提出的请示和理由，依法进行申辩的书面文件，也是一种非常重要的仲裁文书。它不仅是被申请人维护自己权利的重要手段，而且也是仲裁庭了解案情，认定事实真相，做出公正、合理裁决的重要依据。一般来说，答辩的内容可以针对实体方面的内容，也可以针对程序方面的内容。

◇ 小案例

劳动争议仲裁答辩书

天津市××区劳动争议仲裁委员会：

你委第××号仲裁通知书已收悉，关于答辩人与申请人经济补偿金劳动争议案，现答辩如下：

我公司有完善的薪酬管理制度，公司会按时足额发放员工工资。胡××提出的病假和产假工资，我司都已经全额支付。具体公司发放详见我司的工资表及银行流水记录。

我司按照天津市劳动条例的规定，结合胡××的工种特殊性，已经申请了综合工时，故不存在法定假日及双休日不休息的问题。

我司已经在工资中把采暖费和防暑降温费一并包含，故不存在单独发放的问题。

我司不同意胡××的请求。

答辩人：

（单位印章）2014 年 9 月

3. 劳动争议仲裁裁决书

劳动争议仲裁裁决书是由劳动争议仲裁委员会制作的,记载劳动争议仲裁裁决结果的具有法律拘束力的文书。仲裁裁决书的内容主要是对仲裁案件程序事项和实体事项所作决定的书面陈述。劳动争议仲裁裁决书还要列明仲裁机构的名称和地址、裁决书编号、双方当事人的基本情况、代理人的情况、仲裁庭组成情况、审理过程等内容。根据《劳动争议调解仲裁法》第四十六条的规定,劳动争议仲裁裁决书应当载明仲裁请求、争议事实、裁决理由、裁决的结果和裁决日期。裁决书由仲裁员签名,加盖劳动争议仲裁委员会印章。对裁决持不同意见的仲裁员,可以签名,也可以不签名。

◇ 案例链接

天津市河西区劳动人事争议仲裁委员会仲裁裁决书

津西劳人仲裁字(2014)第××号

申请人:胡××,女,35岁,原天津××建材有限公司员工
地址:河东区中山门友爱东里×××
委托代理人:张××,男
被申请人:天津××建材有限公司
地址:河西区×××路×××建材大厦×层
法定代表人:刘××,被申请人经理
委托代理人:郑××,被申请人处员工
案由:工资等

申请人因工资等事项与被申请人发生劳动争议,于2014年1月22日向本委提出仲裁申请,经本委审查于2014年1月27日立案并组成仲裁独任庭,现已审理完结。

申请人诉称:本人于2010年12月入职被申请人处,2011年12月签订了劳动合同。本人于2013年9月1日至2013年10月11日分别向被申请人递交了4张产前病假条,但被申请人未向本人支付相应工资。本人于2013年11月4日生产歇产假,但被申请人未支付本人产假期间的工资。本人在被申请人处没有休过法定节假日和双休日,被申请人从未支付本人加班费。被申请人从未支付过本人防暑降温费及冬季取暖补贴。

现申请人要求被申请人:1.支付2013年9月1日至10月病假工资及2013年11月至2014年1月产假工资10000元;2.支付2010年至2013年采暖费2080元;3.支付2011年至2013年防暑降温费1263.20元;4.支付2011年1月1日至2013年8月31日期间的法定节假日和单休加班费12312元。

被申请人未提交书面答辩,当庭辩称:

1.病假工资已支付申请人,产假工资还未支付申请人。

2.合同中有支付防暑降温费及冬季取暖费的标准。

3.法定节假日及休息日加班都已安排调休,合同中对加班费也有相关的约定。

经查:双方于2011年7月11日签订了期限为2011年7月11日至2012年12月31日

的《劳动合同书》，后续签至2015年12月31日。申请人2013年9月1日至2013年10月26日向被申请人请病假并提交病假条。申请人10月20日开始休产假。被申请人支付申请人工资至2013年9月，被申请人未支付申请人产假工资。申请人在被申请人处工作期间每周单休，除春节以外其他法定节假日均上班。申请人每月工资为2000元加提成。被申请人未支付过申请人防暑降温费及冬季取暖补贴。

本委认为：

1. 申请人自2013年9月至10月休病假，被申请人应依据关于印发《天津市工资支付规定》的通知第二十五条的规定，应支付申请人病休期间的病假工资，因被申请人已支付申请人2013年9月工资，故被申请人应支付申请人2013年10月的病假工资。依据《关于实施〈天津市城镇职工生育保险规定〉有关问题的通知》(津劳局〔2005〕238号)的通知，被申请人应支付申请人生育期间的工资。

2. 依据《劳动争议调解仲裁法》第二十七条及本市相关规定，被申请人应支付申请人2012、2013年度的冬季取暖补贴及2013年度夏季防暑降温费。

3. 申请人工作时间为每周单休，依据《劳动争议调解仲裁法》第二十七条及关于印发《天津市工资支付规定》的通知第十五条，被申请人应支付申请人2012年2月至2013年8月期间的单休加班工资。

经本委主持调解无效，据实裁决如下：

1. 被申请人支付申请人2013年10月病假工资1600元(壹仟陆佰元整)。

2. 被申请人支付申请人2013年11月至2014年1月的产假工资6000元整(陆仟元整)。

3. 被申请人支付申请人2012、2013年度的冬季取暖补贴670元(陆佰柒拾元整)，2013年度夏季防暑降温费464元(肆佰陆拾肆元整)。

4. 被申请人支付申请人2012年2月至2013年8月期间的单休加班工资13977.01元(壹万叁仟玖佰柒拾柒元零壹分)。

2000元÷21.75天×4天×19个月×200％＝13977.01元

5. 申请人的请求事项本委不予支持。

本裁决书一式三份，由申请人、被申请人、仲裁委员会各执一份。一方当事人对本裁决不服的，应自接到本裁决书之日起15日内，向具有管辖权的人民法院起诉。逾期不起诉的，本仲裁裁决书即发生法律效力；一方当事人逾期不起诉，又不自觉履行的，对方当事人可向人民法院申请强制执行。

第六节 劳动争议诉讼制度

一、劳动争议诉讼的内涵

劳动争议诉讼是指国家审判机关即人民法院,依照法律法规的规定,在当事人和其他诉讼参与人的参加下,依法解决争议的活动。除了仲裁为终局裁决的,双方当事人如果对仲裁结果不服的,在规定的时间内(自收到仲裁裁决书之日起十五日内)可以申请诉讼。

对于劳动纠纷诉讼,我国实行二审终审制。双方当事人可以自己出庭或者聘请代理人。当事人应在规定的期限内,向法院提交申请,双方提供证据。法院首先进行调解。调解不成则按照民事诉讼法规定的程序进行审理。一审不服,可以进行二审。最终的判决会送达双方,并按照判决结果执行。

二、劳动争议诉讼的受案范围

劳动争议诉讼的受案范围明确了法院和其他国家机关、社会团体等在解决民事纠纷方面的职责划分;管辖则确定了法院系统内部同级人民法院或上下级人民法院受理第一审民事案件的分工和权限。在具体的民事诉讼中,无论是法院还是当事人,首先要明确所解决的纠纷是否属于法院的受案范围,然后进一步确定管辖。

法院受理民事案件的范围,即民事诉讼主管,是指法院主管民事案件的职责和权限。具体是指人民法院依法受理、审理民事案件的职权范围,实质上也就是确定人民法院和其他国家机关、社会团体之间解决民事纠纷的分工和职权的范围。法律规定由人民法院主管的民事案件,人民法院应当受理和审理;反之人民法院无权行使审判权。

对于劳动争议的处理,《劳动争议调解仲裁法》第五条确立了先裁后审的模式,即劳动者与用人单位发生劳动争议后,可以向劳动争议仲裁委员会申请仲裁,对仲裁裁决不服的,除法律另有规定的外,可以向人民法院提起诉讼。第四十七条规定追索劳动报酬、工伤医疗费、经济补偿或者赔偿金,不超过当地月最低工资标准十二个月金额的争议,以及因执行国家的劳动标准在工作时间、休息休假、社会保险等方面发生的争议,仲裁裁决为终局裁决,裁决书自作出之日起发生法律效力。劳动者对第四十七条规定的仲裁裁决不服的,可以自收到仲裁裁决书之日起十五日内向人民法院提起诉讼。用人单位有证据证明第四十七条规定的仲裁裁决具有法定撤销情形之一的,可以自收到仲裁裁决书之日起三十日内向劳动争议仲裁委员会所在地的中级人民法院申请撤销裁决。仲裁裁决被人民法院裁定撤销的,当事人可以自收到裁定书之日起十五日内就该劳动争议事项向人民法院提起诉讼。对于《劳动争议调解仲裁法》第四十七条规定以外的其他劳动争议案件,并非裁决书作出即生效。当事人对该仲裁裁决不服的,可以自收到仲裁裁决书之日起十五日内向人民法院提起诉讼;期满不起诉的,裁决书才发生法律效力。

当然,对于劳动争议的处理,劳动者可以与用人单位协商,也可以请工会或者第三方共同与用人单位协商,达成和解协议。还可以向调解组织申请调解,通过调解达成调解协议。对于劳动争议的协商和调解,都要基于双方当事人的自愿,如果当事人不愿意协商和调解,或协商、调解不成,则需要通过劳动仲裁解决,对劳动仲裁裁决不服的,才可以向人民法院起诉。

三、劳动争议诉讼中的举证责任

民事诉讼中,基于一定的诉讼规则运用证据解释、发现案件事实的活动即为证明。诉讼证明由证据的收集、提供、质证、认证等一系列具体环节构成。通过证明责任、举证时限等相关制度设计,诉讼证明过程的公正和效率得以实现。

证明责任,也称举证责任、证明负担或立证责任等,指作为裁判基础的法律要件事实处于真伪不明的状态时,一方当事人因此须承担不利诉讼后果的风险。基于法院不得拒绝裁判原则,即使案件事实真伪不明,法官也要对当事人之间的争议进行判决,而判决的后果必然对其中一方当事人不利。特定法律要件事实处于真伪不明状态时所导致的由一方当事人承担不利诉讼后果的风险就是证明责任。

证明标准,指法院在诉讼中认定案件事实所要达到的证明程度,也是证明主体对案件事实进行证明必须达到的程度。唯有达到证明标准,证明主体才能卸去其所承担的证明责任;同时,也只有依据证明标准,法官才能衡量证明对象是否已经得到了证明。所以,无论对当事人还是对法官来说,证明标准都是一个重要、实际的问题。

举证时限,指负有举证责任的当事人必须在法律规定或法院指定的期限内向法院提交证据,无正当理由逾期提交证据,将承受不利法律后果。举证时限由两部分内容构成:其一,举证的期限,即由法院指定或由当事人协商确定的当事人向法院提交证据的期限;其二,逾期举证的法律后果,即当事人无正当理由不在举证时限内提交证据,即会承担证据失权、赔偿经济损失以及训诫、罚款等不利后果。

证据交换,是指开庭审理前,双方当事人在人民法院的组织和主持下,互相交换自己持有的证据以了解各自掌握证据情况的诉讼活动。证据交换是民事诉讼审理前准备程序中的重要内容。通过证据交换,双方当事人能够了解和掌握对方所持有的证据信息,明确诉讼的争点,从而为庭审做好充分准备。

所谓质证,是指在法官的主持下,双方当事人针对在法庭审理过程中出示的证据材料,围绕其证据能力的有无和证明力的大小,进行说明、辨认、质疑和辩驳的活动。质证是诉讼证明过程中的一个重要环节,它既是法官选择、采信证据的必经程序,也是当事人进行民事诉讼的一个重要程序保障。基于此,《民事诉讼法》第68条明确规定:"证据应当在法庭上出示,并由当事人互相质证。"《民事诉讼法司法解释》第一百零三条进一步规定,未经当事人质证的证据,不得作为认定案件事实的根据。

所谓认证,是指对于经过法庭质证或者当事人在审理前准备阶段认可的证据,审判人员按照法定程序对其客观性、关联性和合法性进行审查判断,决定是否将其作为认定案件事实依据的诉讼活动。认证是诉讼证明活动的重要一环,它和举证、质证一起构成了民事诉讼庭审活动的核心内容。

我国《劳动争议调解仲裁法》第六条规定:"发生劳动争议,当事人对自己提出的主张,有责任提供证据。与争议事项有关的证据属于用人单位掌握管理的,用人单位应当提供;用人单位不提供的,应当承担不利后果。"

四、劳动争议诉讼风险

(1) 诉讼请求不当的风险。当事人的诉讼请求不完全,未请求部分将被视为弃权,法院不予审理未请求部分。原告增加、变更诉讼请求或被告提出反诉,必须在法定期限内进行,否则法院将视为当事人放弃该项权利。

(2) 不按时交纳诉讼费用的风险。原告起诉和增加诉讼请求、被告反诉、当事人申请保全措施,必须按时交纳费用(有特殊经济困难的,提交相关证明,符合减、免、缓交情况的除外),否则法院将不予受理。

(3) 不能充分提供证据的风险。原告起诉或被告反诉,对自己提出诉讼请求所依据的事实或者反驳对方诉讼请求所依据的事实,有责任提供证据加以证明。没有证据或证据不足的,负有举证责任的当事人将承担不利甚至败诉的后果。

(4) 超时提供证据的风险。证据必须在规定期限内提出。超过规定期限提供证据的,该证据不得在法庭上出示,也不得在法庭上质证(对方当事人同意质证的除外),不能作为定案证据。超时举证方将承担所主张事实不予认定的不利后果。

(5) 不能提供原始证据的风险。向法庭提供证据应当提供原件或原物。若证据系在域外形成的,还应履行相应的证明手续,否则将导致该项证据无效的后果。提供证人证言的,非因特殊情况,证人须亲自出庭作证,否则法院将不予采信该项证人证言。

(6) 申请评估、鉴定中的风险。当事人申请评估、鉴定,必须按照举证通知书的要求。在规定期限内提出申请并预交评估和鉴定费用、提供相关材料,否则将承担不利甚至败诉的后果。

(7) 申请法院调查收集证据中的风险。当事人申请法院调查收集证据,必须按照举证通知书的要求在规定期限内提出,否则将承担不利甚至败诉的后果。

(8) 不按时出庭的风险。各方当事人必须按照规定时间参加庭审。不按规定时间参加庭审或者迟到三十分钟以上的,原告方承担自动撤诉的后果,被告方承担缺席审理的后果。

(9) 一方当事人下落不明的风险。一方当事人下落不明,会导致审理时间过长、无财产可供执行及虽交纳诉讼费用却达不到预期目的的不利后果。

(10) 一方当事人没有财产或无足够财产可以提供的风险。一方当事人没有财产或不能提供足够财产,会导致财产保全不能实现或不能完全实现和申请保全费用不予退还的风险,还会导致无财产可供执行的风险。被执行人财产不足以抵偿全部欠款,会导致剩余欠款执行拖延甚至不能履行的后果。

(11) 不认真阅读判决书、裁定书的风险。判决书、裁定书送达当事人以后,当事人提出上诉的,必须在判决书、裁定书明确的法定上诉期限内提出;申请执行的,必须在生效法律文书法定期限内提出,超过法定期限提出将被视为放弃该项权利,导致判决、裁定无法上诉或无法执行的后果。

本章小结

本章的核心内容是劳动争议,在了解劳动争议的基本内涵和特征的基础上,依据丰富的劳动争议案例,依次解析了劳动争议处理机制、劳动争议协商制度、劳动争议仲裁制度、劳动争议诉讼制度的概念、特点、程序和规范。

关键术语

劳动争议(labor dispute)

劳动争议协商(labor dispute consultation)

调解协议(mediation/reconciliation agreement)

劳动争议仲裁(labor dispute arbitration)

劳动争议裁决书(labor dispute award)

劳动争议调解仲裁法(labor dispute mediation and arbitration law)

劳动争议诉讼(labor dispute litigation)

复习思考题

1. 结合现实案例简述劳动争议的内涵。
2. 处理劳动争议的原则是什么?
3. 劳动争议调解达成协议的书面结果是什么?
4. 列举劳动争议仲裁裁决生效的条件。
5. 劳动争议仲裁的法律文书有哪些?
6. 简述劳动争议仲裁的基本制度。

◇ 案例拓展

北京市朝阳区劳动人事争议仲裁委员会

裁决书

京朝劳仲字〔2014〕第07××号

申请人:李××,女,1978年2月10日出生,原北京远东家华建材有限公司员工;住址:河北省保定市定兴县××乡××村。

委托代理人:靳××,山东××律师事务所律师。

被申请人:北京远东家华建材有限公司;住所地:北京市朝阳区十八里店乡××庄××建材市场B区12号。

法定代表人:孙××,总经理。

委托代理人:陈××,天津××律师事务所律师。

劳动关系管理

申请人李××申请被申请人北京远东家华建材有限公司(以下简称"远东家华公司")要求支付双倍工资等争议一案,本委受理后,依法由仲裁员吴×独任审理。本案经公开开庭审理,李××及其委托代理人靳××、远东家华公司的委托代理人陈××到庭参加了仲裁活动。本案现已审理终结。

李××申请称:我于2006年10月29日入职远东家华公司,从事业务员工作,月平均工资8235.6元,每月以打卡和现金形式领取工资。工作期间未足额缴纳保险,克扣工资,拖欠工资,未休年假,2014年4月22日我以上述理由依法解除劳动关系。我要求:1.确认2006年10月29日至2014年4月22日期间存在劳动关系;2.支付2006年10月29日至2011年4月30日期间未缴纳养老保险损失13608元,农民工失业保险损失3390元;3.支付2012年1月1日至2014年4月22日年假工资11359.44元及25%经济补偿金2840元;4.支付解除劳动关系的经济补偿金57649.2元;5.支付2006年10月29日至2011年4月30日克扣的工资59940元;6.支付2014年1月1日至2014年4月22日拖欠的工资37060.2元及25%经济补偿金9265元;7.返还职保金2400元;8.支付2014年1月1日至2014年4月22日未签劳动合同双倍工资差额37060元。庭审中,李××撤销申请书中第5项请求。

远东家华公司辩称:第一项请求认可2011年1月1日至2013年12月31日期间双方存在劳动关系,其他期间不认可,双方于2011年1月1日签订劳动合同,约定劳动合同期限为2011年1月1日至2013年12月31日,李××的主张与事实不符,我公司是2008年8月15日才成立的,李××最后工作日为2013年12月31日,也是离职日;第二项请求同意按养老保险每月252元、失业保险每月678元,支付2011年1月1日至2011年4月30日的补偿;第三项请求不认可,我公司已安排李××休2012年、2013年的年假,部分请求过了时效;第四项请求同意按2300元的标准支付李××2011年1月1日至2013年12月31日终止劳动合同经济补偿金;第五项请求李××已经撤销;第六项、第七项、第八项请求没有事实及法律依据。

经查:远东家华公司于2008年8月15日成立,李××系远东家华公司员工,李××的工资支付到2013年12月31日。

李××主张其2006年入职北京远东丽华集团,后北京远东丽华将其安排到远东家华公司工作,主张入职时间为2006年10月29日,其工作到2014年4月22日。李××提交录音、远东丽华人事任命决定(照片)及照片为证。李××称远东丽华人事任命决定中的何××是录音中的对话对象。远东家华公司对上述证据的真实性均不予认可。远东家华公司主张李××2011年1月1日入职,双方签订劳动合同,李××工作到2013年12月31日,提交劳动合同书、考勤表及证人证言为证。劳动合同书显示签订日期为2011年1月1日,劳动合同期限为2011年1月1日至2013年12月31日,合同中约定李××的工资及福利补助为:工资1160元,保险补助300元,预付加班费155元,福利补助包括劳动保护费100元、误餐费300元、安家费285元等;证人未到庭作证;考勤表系李××2013年1月至12月的出勤情况,其中显示2013年1月22日至1月31日休年假,2014年2月1日至2月8日,2月16日至2月20日休年假。李××认可劳动合同书的真实性,称只是其中一份劳动合同,合同没有约定试用期不符合常理,终止时间不是其离职时间,对证明目的不予认可。李××对考勤表及证人证言的真实性均不予认可。

李××主张其月工资构成为底薪2600元加业务提成,月平均工资8235.6元,约定2006年10月至2011年4月是签字领取现金的形式支付工资,2011年5月开始至离职时每月15日以银行打卡形式支付上月自然月整月工资。李××提交工资条及银行打卡记录证明工资支付情况及扣除职保金的情况,工资条未显示有远东家华公司确认的信息,银行打卡记录未显示出与远东家华公司之间的直接关联性。远东家华公司不认可工资条的真实性,认可银行对账单的真实性,对关联性和相证明目的均不予认可。远东家华公司主张李××的月工资2300元,实际也是按照2300元支付,约定每月20日前以签字领取现金的形式支付上月自然月整月工资,在举证期限内未提交有李××签字的工资支付记录为证。

李××主张因公司拖欠工资提出解除劳动关系,双方劳动关系于2014年4月22日解除;提交解除劳动关系通知书、快递单及查询单为证,解除劳动关系通知书显示李××因公司未支付其2014年1月至3月的工资提出解除劳动关系,邮寄日期显示为2014年4月22日。远东家华公司对上述证据的真实性均不予认可,主张双方劳动关系到期终止,公司不与李××续订劳动合同。远东家华公司提交通知函、快递单及查询记录为证,通知函显示:公司通知因李××自合同到期后至今仍未到公司上班,李××以自己的行为表明不再与公司建立劳动关系,并告知李××因其到竞争对手公司工作违反双方的竞业限制条款,限李××在收到通知之日起3日内,依法解除与竞争对手公司的劳动合同,要求李××继续履行竞业限制;通知函的做出日期显示为2014年6月30日,邮寄日期亦为2014年6月30日。李××对上述证据的真实性及证明目的均不予认可。

另查,李××提交社保个人权益记录证明劳动关系及社会保险缴纳情况,该证据显示远东家华公司为李××缴纳了2011年5月至2014年2月的社会保险。远东家华公司只认可缴纳社会保险的情况。李××在举证期限内未提交证据证明其连续及累计工作年限。

以上事实有开庭笔录、双方当事人的陈述及双方当事人向本委提交的证据证实。

本委认为:劳动合同书显示合同期限自2011年1月1日起,李××提交录音、远东丽华人事任命决定(照片)及照片无其他客观证据相佐证,李××亦没有其他证据证明其所主张的北京远东丽华将其安排到远东家华公司工作的主张,远东家华公司对上述证据及李××的主张均不予认可,李××的主张证据不足,本委无法采信;故对远东家华公司关于李××2011年1月1日入职的主张,本委予以确认。依据《中华人民共和国劳动争议调解仲裁法》第六条的规定,劳动者的工资支付情况应属于用人单位应当掌握的事项,远东家华公司主张其以签字领取现金的形式支付李××工资,但在举证期限内未提交证据证明李××领取工资的情况,故对李××关于其月平均工资8235.6元的主张,本委予以采信。依据《中华人民共和国劳动争议调解仲裁法》第六条的规定,劳动者的最后工作时间应属于用人单位应当掌握的事项,远东家华公司主张李××工作到2013年12月31日,其公司没有与李××续订合同,双方劳动关系因合同到期终止,但没有提交证据证明双方办理了劳动合同的终止手续;公司又在2014年6月30日给李××发通知函,在通知函中称李××自合同到期后未到公司工作,以自己的行为不再与公司建立劳动关系,其主张相互矛盾,证人亦未到庭作证,远东家华公司提交的考勤表证明李××正常工作到2013年12月31日,但不足以证明之后李××是否出勤的情况,且远东家华公司为李××缴纳了2014年1月及2月的社会保险,亦未对此作出合理说明,故对李××关于其工作到2014年4月22日的主张,本委予以采信。依据《中华人民共和国劳动合同法》第三十条第一款的规定,远东家华公司应支付李××2014年1月1日至2014年4月22日期间的工资30765.17元(税前:8235.6×3+8235.6+21.75×16);李××要求支付未支付工资25%经济补偿金的请求,依据《中华人民共和国劳动合同法》第八十五条的规定,应先经劳动行政部门处理,本委不予处理。李××因远东家华公司未支付其2014年1月至3月的工资提出解除劳动关系,要求支付解除劳动关系经济补偿金,符合《中华人民共和国劳动合同法》第三十八条的规定,远东家华公司应支付李××解除劳动关系的经济补偿金28824.6元(8235.6元×3.5个月)。自2013年12月31日起双方未签订劳动合同,依据《中华人民共和国劳动合同法》第八十二条的规定,远东家华公司应支付李××2014年1月1日至2014年4月22日期间未签订劳动合同的双倍工资差额30765.17元。李××在举证期限内未提交证据证明其连续工作年限,根据本委认定的情况,李××2011年不应享受带薪年假,2012年及2013年每年享受5天年假,2014年李××主动提出解除劳动关系;远东家华公司提交的考勤表李××不予认可,但未提交证据加以反驳,该考勤表显示李××休年假的天数不低于其在职期间应休年假的天数,故其要求未休年假工资及25%经济补偿金的请求,缺乏事实依据及法律依据,本委不予支持。

因本委确认2011年1月1日起双方才存在劳动关系,李××要求支付2006年10月至2010年12月未缴纳养老及失业保险赔偿的请求,缺乏事实依据,本委不予支持。远东家华公司同意按每月252元的标准支付2011年1月至4月未缴纳养老保险补偿,不低于法律规定的标准,本委不持异议。因2011年1月至4月未满一年,李××要求支付未缴纳失业保险赔偿的请求,不符合法律规定,本委不予支持。李××提交工资条证明公司扣发工资作为职保金,但该证据未显示有远东家华公司确认的信息,远东家华公司对该证据及李××的主张均不予认可,李××关于职保金的主张,证据不足,其要求返还职保金的请求,缺乏事实依据,本委不予支持。

经本委主持调解,双方未达成一致,依据《中华人民共和国劳动争议调解仲裁法》第六条、第四十二条第一款及第四款,《中华人民共和国劳动合同法》第三十条第一款、第八十二条的规定,现裁决如下:

一、确认李××与远东家华公司2011年1月1日至2014年4月22日期间存在劳动关系;

二、远东家华公司自本裁决书生效之日起五日内,支付李××2011年1月1日至2011年4月30日期间未缴纳养老保险的赔偿金1008元;

三、远东家华公司自本裁决书生效之日起五日内,支付李××解除劳动关系的经济补偿金28824.6元;

四、远东家华公司自本裁决书生效之日起五日内,支付李××2014年1月1日至2014

年 4 月 22 日期间工资 30765.17 元；

五、远东家华公司自本裁决书生效之日起五日内,支付李××2014 年 1 月 1 日至 2014 年 4 月 22 日期间未签订劳动合同的双倍工资差额 30765.17 元；

六、驳回李××的其他申请请求。

如不服本裁决,可在接到仲裁裁决书之日起十五日内,向有管辖权的人民法院提起起诉,逾期不起诉,本裁决书即发生法律效力。

参考文献

[1] 刘莹,陈淑英,王沙力.劳动关系管理[M].长沙:湖南师范大学出版社,2017.
[2] 刘向兵.劳动关系概论[M].北京:高等教育出版社,2022.
[3] 《人力资源管理》编写组.人力资源管理[M].高等教育出版社,2023.
[4] 段海宇,廖能.人力资源全流程法律风险管理手册:实务操作·成本管理·案例分析[M].北京:中国法制出版社,2015.
[5] 肖胜方.劳动合同法下的人力资源管理流程再造[M].4版.北京:中国法制出版社,2016.
[6] 刘素华.劳动关系管理[M].杭州:浙江大学出版社,2012.
[7] 刘瑛.劳动关系与劳动法实用案例教程[M].北京:海洋出版社,2015.
[8] 唐鑛.战略劳动关系管理[M].上海:复旦大学出版社,2011.
[9] 廖为建.公共关系学[M].北京:高等教育出版社,2011.
[10] 程延园,王甫希.劳动关系[M].北京:中国人民大学出版社,2021.
[11] 常凯.劳动关系学[M].北京:中国劳动社会保障出版社,2005.
[12] 郭庆松.企业劳动关系管理[M].天津:南开大学出版社,2001.
[13] 吴晓巍,孙劲悦.企业劳动关系管理[M].4版.大连:东北财经大学出版社,2020.
[14] 陈维政,李贵卿,毛晓燕.劳动关系管理:理论与实务[M].2版.北京:科学出版社,2017.
[15] 唐鑛,嵇月婷.人力资源与劳动关系管理[M].北京:中国人民大学出版社,2022.
[16] 方伟.大学生职业生涯规划咨询案例教程[M].2版.北京:北京大学出版社,2015.
[17] 苏文平.职业生涯规划与就业创业指导[M].北京:中国人民大学出版社,2016.
[18] 赵军合.大学生职业生涯规划与就业创业指导[M].石家庄:河北人民出版社,2016.
[19] 马文彬.大学生职业生涯规划系统研究[M].北京:清华大学出版社,2016.
[20] 朱勇国.职位分析与职位管理体系设计[M].北京:对外经济贸易大学出版社,2010.
[21] 袁声莉,毛忞歆.工作分析与职位管理[M].北京:科学出版社,2014.
[22] 萧鸣政.工作分析的方法与技术[M].5版.北京:中国人民大学出版社,2018.
[23] 朱颖俊.组织设计与工作分析[M].北京:北京大学出版社,2018.
[24] 中国就业培训技术指导中心.国家职业资格培训教程:企业人力资源管理师(二级)[M].北京:中国劳动社会保障出版社,2014.
[25] 中国劳动社会保障出版社法制图书编辑部.劳动合同法[M].北京:中国劳动社会保障

出版社,2019.
[26] 全国人民代表大会常务委员会法制工作委员会.中华人民共和国劳动合同法释义[M]. 北京:法律出版社,2007.
[27]《中华人民共和国劳动合同法》起草小组.《中华人民共和国劳动合同法》理解与适用[M].北京:法制出版社,2013.
[28] 王桦宇.劳动合同法实务操作与案例精解[M].8版.北京:中国法制出版社,2020.
[29] 法规应用研究中心.劳动合同法一本通[M].8版.北京:中国法制出版社,2021.
[30] 张思星.企业劳动用工风险提示与防范指南[M].北京:中国法制出版社,2022.
[31] 桂维康.劳动关系全流程法律实务解析[M].北京:中国法制出版社,2023.
[32] 陈元,王红梅,何力.劳动争议仲裁诉讼实战宝典[M].北京:法律出版社,2023.
[33] 吴在存.劳动争议案件裁判规则与法律适用[M].北京:法律出版社,2020.
[34] 法律出版社法规中心.2023年版中华人民共和国劳动和社会保障法律法规全书:含全部规章[M].北京:法律出版社,2023.
[35] 中国法制出版社编.中华人民共和国劳动争议调解仲裁法:立案·管辖·证据·裁判[M].北京:中国法制出版社,2015.
[36] 刘家兴,潘剑锋.民事诉讼法学教程[M].5版.北京:北京大学出版社,2018.
[37] 帕特森.关键冲突:如何化人际关系危机为合作共赢[M].2版.毕崇毅,译.北京:机械工业出版社,2017.
[38] 赵汉根.商事仲裁法律与实务[M].北京:中国法制出版社,2020.
[39] 侯怀霞.人民调解理论与实务(2022)[M].上海:上海交通大学出版社,2022.
[40] 杨志明.新业态劳动用工的发展趋势[J].中国人力资源社会保障,2021(4):26-28.
[41] 杨志明.发展新时代的和谐劳动关系[J].中国劳动关系学院学报,2023,37(2):17-22.
[42] 中共中央国务院关于构建和谐劳动关系的意见[J].当代劳模,2015(4):14-17.
[43] 李春宇.浅析现阶段我国劳动关系的特点及价值取向[J].中国劳动关系学院学报,1998(2):78.
[44] 李雄,黄琳涵.新就业形态下劳动关系认定的创新研究[J].河北法学,2023,41(7):84-106.
[45] 吴清军.构建中国特色和谐劳动关系的基本理念与工作体制[J].工会博览,2021(22):27-28.
[46] 张静,陈海玉,郭学静.劳动关系目标价值取向及层级结构模型研究[J].全国商情·理论研究,2015(19):48-49.
[47] 陈洋.共享经济下劳动关系的认定困境与完善[J].法制博览,2023(17):105-107.
[48] 常凯.中国特色劳动关系的阶段、特点和趋势:基于国际比较劳动关系研究的视野[J].武汉大学学报(哲学社会科学版),2017,70(5):21-29.
[49] 陈露红.浅谈企业工会在构建和谐劳动关系中的作用[J].福建轻纺,2016,327(8):52-54.

[50] 轩俊生.发挥工会优势构建企业和谐劳动关系[J].中国经贸导刊(理论版),2018,900(17):93-94.

[51] 戢太雷."劳资命运共同体":构建和谐劳动关系的新探索[J].特区实践与理论,2019(3):60-62.

[52] 孙贺,贲放.新中国劳动关系协调机制的演进逻辑与基本经验[J].求是学刊,2023,50(2):72-80.

[53] 张进昌.国有企业知识型员工的职业生涯规划系统研究[D].云南:昆明理工大学,2015.